The Feminist Porn Book
Die Kunst, Lust zu vermitteln
Band 2

The Feminist Porn Book
Die Kunst, Lust zu vermitteln

Band 2

Herausgegeben von
Tristan Taormino, Celine Parreñas Shimizu,
Constance Penley und Mireille Miller-Young

Übersetzt aus dem Englischen von
Roswit Kolla und Joachim Körber

Louisoder Verlag 2014

Erste Auflage

Müllerstraße 27, 80469 München

www.louisoder-verlag.de

Published in 2013 by The Feminist Press at the City University of New York
Übersetzung: Roswit Kolla und Joachim Körber
Korrektorat: Ilona Buth
Covergestaltung: Zero Werbeagentur, München
unter Verwendung einer Vorlage von Herb Thornby, herbthornby.com
Druck: Kessler Druck + Medien GmbH & Co. KG, Bobingen
ISBN: 978-3-944153-09-4

Inhalt

TEIL III

Feminist Porn in Europa

Laura Méritt

Dr. Laura Méritt, Kommunikationswissenschaftlerin, Sex-Aktivistin und Autorin, betreibt seit über zwanzig Jahren Sexclusivitäten und führt Aufklärungskampagnen durch. Sie hält freitäglich den Freudensalon in Berlin ab, um Austausch und Kommunikation über Sexualität zu fördern. Sie ist Initiatorin von PorYes, Feminist Porn Award Europe und Herausgeberin u. a. von „Frauenkörper neu gesehen", „Mehr als eine Liebe" und „Alltägliche Ekstase".

Spätestens seit der 2. Jahrtausendwende wird der sexpositive Feminismus in Europa öffentlich thematisiert. Die Hinwendung zu einer anderen, respektvolleren und „authentischeren" Darstellung von expliziter Sexualität, die auch als Paradigmenwechsel in der Pornografie bezeichnet wird, basiert auf vielfältiger feministischer Vorarbeit. Vor allem junge Leute, Frauen und viele Männer haben von PorNo-Filmen den Kanal voll und suchen oder erstellen selbst explizite Alternativen. Um auf sexpositive Filme hinzuweisen und auch die Werke früherer Filmschaffender bekannt zu machen, wird seit 2009 in Berlin der Poryes-Award, der Feministische Pornfilmpreis Europa, verliehen. Mit der Prämierung von Personen und Produktionen verschiedener Generationen und Kulturen nach bestimmten Kriterien wird auch feministische Film- und Sexgeschichte geschrieben.[1] Festivals wie der Porna Award in den Niederlanden, das Pornfilmfest Berlin oder das Cinema Sex Barcelona in Spanien beachten zunehmend stärker feministisch orientierte Sexfilme und tragen somit zu einer größeren Sichtbarkeit der Bewegung bei.

Im Folgenden stelle ich einige herausragende Persönlichkeiten und Produktionen des Feminist Porn Europas vor, die ich kurz im Vorwort zum ersten Band erwähnt habe.

Feminismen gestalten sich in unterschiedlichen Ländern je nach gesellschaftlichem Kontext und den sozioökonomischen Bedingungen aus. In welchen Ländern die sexpositive Bewegung greifen kann und feministische Pornos produziert werden, gibt daher Aufschluss über die Regulierung von Sexualität und den jeweiligen Stand der Geschlechtergerechtigkeit. Frankreich beispielsweise hat schon immer starke Theoretikerinnen und Praktikerinnen vorzuweisen, trotz oder wegen einer recht starren und konservativen Geschlechterpolitik. Hier dauerte es relativ lange, bis mit Emilie Jouvet 2006 unter heftigsten Diskussionen frischer Wind aus Paris, der Stadt der Liebe kam. Deutschland fährt traditionell den pragmatischen und mehrgleisigen Weg (durch die Institutionen wie außerhalb), Skandinavien profiliert sich mit progressiver Geschlechterpolitik, die auch auf dem Gebiet der Sexualität Nachhilfe leistet. Italien wies zumindest in früheren Zeiten eine starke linke Politik und Frauenbewegung auf. In Spanien öffnete sich nach Franco ein Freiraum, der vieles auch im Sexualpolitischen ermöglichte und immer auch eine stark anarchistische Bewegung kannte. Die Niederlande experimentieren bodenständig mit Kulturen, Geschlechtern und verschiedensten Ansätzen. Insgesamt kann im „guten alten Europa" ein fest verankertes Bedürfnis nach Hinterfragen und Kritik festgestellt werden, das sich auch in der Betrachtung von sogenannten „alternativen" Ansätzen niederschlägt.

Deutschland/Österreich – Starke Frauen und verqueertes Begehren

Fast alle Filmemacherinnen beschäftigten sich in den Anfängen mit dem eigenen Körper, oftmals weg von der Körperoberfläche hin zu den Säften, zum Blut, zum schönen Schleim. In diesen Körperentdeckungsfilmen geht es um die Überwindung physischer und psychischer Normierung und Unterdrückung hin zu Öffnung, Austausch und Transformierung.[2]

Die Österreicherin **Valie Export** ist eine der bekanntesten Vertreterinnen experimenteller Kunst, die mit „Genitalpanik" ein bleibendes Bild einer potenten Frau hinterlassen hat, dem „Tapp- und Tastkino" 1968 einen interaktiven Projektionsraum eröffnete und in zahlreichen Filmen wie „Orgasmus" 1969 oder „Mann&Frau&Animal" der Möse ins Auge blickte.

Mit einem Endoskop filmte **Monika Funke-Stern** (Deutschland) „Parfait d´Amour", mit dem sie unmittelbar an und in den Körper gehen konnte und mit Bildern aus Mund und Möse überraschte. Claudia Schillinger, Eva Heldmann, Stefanie Jordan u. a. liefern in den 80ern/ 90ern **„Love Bites"**.

Zum Zwecke der anatomischen Sexualaufklärung wurden Mösen explizit zur Schau gestellt (Klitoris-Show des Feministischen Frauengesundheitszentrums FFGZ ab 1975, Pussy-Galerie in „Frauenkörper neu gesehen" 2012) oder in Kurzfilmen z. B. die weibliche Ejakulation erklärt, „Nice girls don't do it" (80er Kathy Daymond). Viele der Erotik- und Sexfilme wurden unter heißen Diskussionen auf den in den 70ern entstehenden zahlreichen Frauenfilm-Festivals gezeigt, auch weil sie oft nicht der weiblichen Zuschreibung entsprechend sanft und „schön erotisch" daherkamen. Die Frauen setzen alle verfügbaren Techniken ein (Super 8, 16 mm, Video, Trickfilm, multimedial) und überschreiten alle Grenzen, lassen sich nicht einordnen. Im Feminist Film wie im Feminist Porn geht es um Dekonstruktion und Transgression von Kategorien, sowohl was das Filmgenre betrifft als auch die Zuordnungen innerhalb des Mainstream-Pornos.

Eine und sicherlich *die* deutsche sexpositive Pionierin schlechthin, die sich in Spielfilmen mit Sexualität beschäftigt hat, ist **Monika Treut**. Alle ihre Filme zeigen Sexualitäten im positiven Sinne, ermuntern zum Ausprobieren, liefern sexuelle Bildung und erweitern den Horizont. Mit „Verführung – die grausame Frau" (1985), den sie mit der ausgezeichneten Kamerafrau und Filmemacherin Elfie Mikesch zusammen realisierte, liefert sie nicht nur den Film zu ihrer Doktorinnenarbeit über das Frauenbild bei Sader-Masoch, sondern auch einen der wichtigsten und originellsten Spielfilme zu SM. Immer geht es Monika Treut auch um die politische Dimension von Sexualität und die kulturelle Einbettung. So ist die grausame Frau eine Männerfantasie, die für Männer und Frauen gleichermaßen faszinierend und angstbesetzt ist. Je mehr das Weibliche in patriarchalen Ordnungen gezähmt wurde, umso stärker fürchtet man die unangepasste Frau, die als grausam daherkommt. Eine befreite Frau innerhalb einer unfreien Gesellschaft lässt sich dann nur als Monstrum denken. Sie hält die Spannung von Lust und Leid, Genuss und Unterwürfigkeit unaufgelöst aufrecht. Hinter der Korsage steckt eine späte Vertreterin matriarchaler Macht, die nur noch mit Angst und Schrecken geliebt werden kann.[3]

Dieser außergewöhnliche Film ist ein eindeutiges Statement des Feminismus, inhaltlich und formal wird der Frau ihr Körper und ihre Begierde zurückgegeben. Mit fast immer schrägen Kamerawinkeln wird die Kamera aus der Horizontalen befreit, filmische Konventionen aufgebrochen und der Blick der Zuschauenden in Vielfältigkeit geschult, ganz wie es die feministische Filmtheorie der 70er gefordert hatte.

Mit Humor und Liebe zu ihren SchauspielerInnen zeigt Treut „abweichendes Sexualverhalten", ob es um SM-Praktizierende, Dominas, Lesben, Transgender oder andere Identitäten geht. Sie porträtiert „starke" Frauen, die aus der Rolle fallen: „Female Misbehavior" und „Didn't do it for love". In „Die Jungfrauenmaschine", der zu einem Kultfilm der Lesbenszene avancierte, hinterfragt eine junge Frau die herrschende Sexualität und lernt die bunte sexpositive Szene San Franciscos kennen, der damaligen Sex-Metropole. „My father is coming" behandelt die Turbulenzen, wenn ein Familienmitglied zu Besuch kommt und sich der Vielfalt der sexuellen Möglichkeiten öffnet.

Immer nimmt Treut mehrere Perspektiven ein, arbeitet grenzüberschreitend, zeigt Meta-Ebenen und spiegelt die Funktion von Gesellschaft, Kultur, Wissenschaft und Medien auf Sexualität und Identität.

Performance-Künstlerin, Fotografin und Filmemacherin ist die ebenfalls in Hamburg lebende Österreicherin **Krista Beinstein**. Ihre Hafen-Bilder sind spannende und sexuelle Vorlagen, die auf provokante Weise und in bislang nicht gesehener Vielfalt die sexpositive lesbische Szene Deutschlands der 80er und 90er inszenieren. Die extravagante Vorreiterin Beinstein spielt mit verborgenen Wünschen, realisiert Mythen in Fleisch und Blut und bringt schon früh Geschlechter und Körperteile in allen Dimensionen durcheinander. „Bad Girls", „Boundless", „Titten-Dominanz", „Gewaltige Obsessionen", „Isaac und Pascal", „Vagina Dentata" sind Titel, die auf das kreative und Angst einflößende Potenzial der Pionierin verweisen.

In Deutschland machte sich die Gruppe **S.A.F.E.**, Sapphos allerotische Film Edition, Anfang der 90er an das Thema Safer Sex und Lesben. Der

1993 entstandene Film ist positiv legitimierend mit „Du darfst" betitelt und spielt auf die sexuellen Verbote und Normen an und auf das noch stärkere Tabu von HIV-positiven Personen und Sexualität. In dem hier integrierten Porno „Latex Hearts" wird neben der integrativen Darstellung von Safer Sex auch noch sogenannte „behinderte Sexualität" positiv dargestellt. 1994 folgt der Film „Airport" von Silke Dunkhorst & Manuela Kay, die Berliner Lesbenszene abbildend. Mit „Kundalini Berlin" wird 2005 die Sexszene Berlins vom Netzwerk Freudenfluss in ihrer Vielfalt festgehalten, die sich von Sex-Partys über SM, Tantra, Freiluft-Ficken bis zu verschiedenen Körper-, Alters- und Fähigkeitstypen erstreckt. Die Filmemacherin Ulrike Zimmermann produziert Lehrfilme wie „Blissfull Bondage" und beleuchtet in „Vulva 3.0." die weibliche Sexualität „Zwischen Tabu und Tuning".

Marit Ostberg ist Teil der aktuellen queerfeministischen Pornszene der Hauptstadt und hat schon in Dirty Diaries einen Berlin-Beitrag für ihr Heimatland Schweden abgeliefert, der sich um Autoritäten dreht und wie Machtverhältnisse ausgehebelt und sexuell umgewandelt werden können. Ostberg dreht sehr mitreißend, ihre Figuren sind Identifikationsflächen. In „Share" zeigt sie eine Dreierszene und beobachtet die Dynamiken zwischen den sexuell Agierenden. „Sisterhood" (2012) bringt die Hintergründe zu diesem Film und lässt die SchauspielerInnen über Beziehungen, Sexualität und Politik aus feministischer Perspektive diskutieren.

„Fucking different" von Kristian Petersen vereint seit 2005 schwule, lesbische und trans* Sex Filmende aus verschiedenen Städten und will die Stereotype über die jeweils anderen und über das, was „normal" ist, aufbrechen. „Stiftet Verwirrung und feiert die Vielfalt!", heißt die Devise.

Der große Durchbruch für „weiblichen" Porno auf europäischer und internationaler Ebene gelang der in England lebenden deutschen Medienfrau und Filmemacherin **Petra Joy**. Ihre Filme beziehen alle Geschlechter mit ein, setzen weibliche Fantasien um: Szenen ohne Penetration, nicht auf den Cumshot ausgerichtet, Safer Sex, Heterosex, masturbierende Männer und Frauen, lesbische, auch schwule Szenen und Dreierszenen, die die übliche Variante des „Ein Mann vögelt alle Frauen" hinter sich lässt. Vom Mainstream-Großhandel herausgeschnitten wurde dabei ein Akt, in dem sich eine Lady dreier schwuler Jungs auf einem öffentlichen Klo für „dreckigen" Sex bedient. Auch das Cover von „Feeling it!" wurde zensiert, weil der abgebildete schwarze Mann Erwartungen auf exotischen Sex und eine Schwanzlänge weckt, die nicht eingehalten würden. Dieses Vorgehen dokumentiert neben dem Sexismus auch den Rassismus, der überall in der traditionellen Porn-Industrie herrscht. Petra Joy setzt sich über diese Zensuren hinweg, die Nachfrage nach den unzensierten Fassungen gibt ihr recht.

Großbritannien – Lesbische Komödien

Mit **Rusty Caves** Filmen Anfang des neuen Jahrtausends hielten endlich europäische Lesbenpornos mit einer der europäischen Szene stärker entsprechenden Darstellung lesbischer Sexualität Einzug. Davor existierten vorwiegend Pornos aus den USA, genauer die „Fatale-Media"-Filme der 90er aus San Francisco, die sich durch eine starke Butch-Femme-Aufteilung charakterisierten und für Europäerinnen durchaus „penetrationsfixiert" wirkten. Jetzt kamen, wie schon längst begehrt, andere Modelle aufs Bett, die nicht in dieses Pärchen-Schema passten. Besonders beeindruckend waren die extensiven und lustvollen Leckszenen zu Beginn in „Madam & Eve", ein fast schon öffentlich vergessenes und schließlich stattfindendes Spektakel. „Rusty Cave" brilliert in einem ganz speziellen Genre, der Porno-Komödie. Schon ihr Name „rostige Höhle" ist voller Ironie und so geht sie mit typisch britischem und klar feministischem Humor Klischees und Vorurteile gegen Frauen und Lesben an und nimmt ihnen somit den Wind aus der Hose. Die Charakterisierung von Frauen als vertrocknete Pflaumen, rostige Höhlen, dunkle Löcher wird hier parodiert. Besonders Feministinnen und Lesben wird Sex als solcher abgesprochen (Heilige), oder sie werden ins Gegenteil zu Nymphomaninnen und als Huren abgestempelt. Damit einher geht auch das Vorurteil, Frauen, Feministinnen und Lesben hätten keinen Humor. Die Verbindung von *humor, humores*-Feuchtigkeit und Sexualität wird hier offensichtlich, von ihr geht eine Gefahr aus, die gebändigt werden muss. Die Geschichte der Kontrolle über weibliche Sexualität ist auch eine Geschichte des Maulverbotes für

Frauen. Frauen sollen ihren Mund, diese sexuelle Öffnung, nicht zeigen und erst gar nicht das Maul groß aufmachen.

Rusty Cave setzt sich darüber hinweg. Sie macht sich lustig über diese Verbote und sexuelle Mythen und zeigt Frauen, die ihre Sexualität lustvoll und spielerisch leben. Dazu ersinnt sie witzige Geschichten wie das Krankenhaus Eden, in das sexuell unterversorgte Frauen eingeliefert und in der Ambulanz notversorgt werden. „Madam & Eve" bricht auch das heterosexuell normative Grundmuster in witziger Weise und räumt mit dem patriarchalen und biologistischen Urmythos auf.

Demgegenüber betont sie eine Matri-Linie, die von Müttern auf ihre Töchter übergeht. Hier ist eine andere Welt, die auch „Eden" genannt werden kann, in der vom patriarchalen (Sex-)System erkrankte Menschen Zuflucht finden. Und tatsächlich wurde dieser Film in und mit einer lesbischen matriarchalen Sex-Kommune gedreht, die in einem ehemaligen Kloster in England lebt.

Auch in ihren früheren Filmen springt der Funke über. In „Tic Toc" überwacht ein Hausmeister per Video alle Wohnungen und erfreut sich an den äußerst unterschiedlichen Weisen der dargebotenen Sexualitäten. Zu sehen sind auch sehr unterschiedliche Typen von Körper, Gender und Kulturen, wodurch der sonst gängige Sizeismus und Rassismus in feministische Vielfalt aufgelöst werden.

Rusty Caves Höhle ist eine quietschbunte, sie führt in eine farbenfrohe Welt der Sexualität und das auf hohem professionellem Niveau.

Frankreich – Gesellschaftsanalysen und Aufklärung

In Frankreich profiliert sich seit den 60ern **Catherine Breillat** als die Grande Dame des internationalen Eklats. Schon früh greift sie sexuelle Themen auf und weist auf sexuelle und gesellschaftliche Abhängigkeitsstrukturen hin. In dem bis 1999 verbotenen Film „La fille" von 1976 zeigt sie die Herausforderung für ein junges Mädchen, ihre Sexualität und Potenz zu entdecken bzw. zu entfalten. Aufklärung und Sprechen über Sex finden nicht statt, das Mädchen reizt und spielt (un-)bewusst mit den wissenden Erwachsenen.

In „Romance" engagiert sie unter großem öffentlichem Aufruhr einen Sexarbeiter für die männliche Hauptrolle, „weil er der Einzige ist, der diese Rolle spielen kann". „Sex is Comedy" zeigt die Inszenierung von Sexualität im Privaten wie im Öffentlichen, die gesellschaftliche und mediale Zurichtung von Sexualität.

Eine Generation weiter erregt der Film „Baise moi" von **Virginie Despentes** und Coralie Trinh Thi aus dem Jahr 2000 Aufsehen, in dem zwei junge Frauen, die sexuelle Gewalt erlebt haben, sich zusammentun und ihre Sexualität mit Gewalt zurückerobern. Despentes ist eine explizite Vertreterin des Pro-Sex-Feminismus und plädiert für die Befreiung aller durch die Frauen. In ihrer „King-Kong-Theorie" vertritt sie die interessante These, dass der Mainstream-Porno Frauen produziert, die die Männer gerne wären. Das aber ist in der Realität verboten, weil sexuelles Begehren in seiner vielfältigen Form unterdrückt wird.[4]

In der lesbischen bzw. queeren Szene Frankreichs wurde lange über das öffentliche Zeigen von weiblicher Sexualität diskutiert. Schließlich schaffte die Fotografin und Aktivistin Emilie Jouvet 2004 den filmischen Durchbruch und ist mittlerweile eine der wichtigsten europäischen, sexpositiven Filmemacherinnen. In all ihren Filmen verbindet sie lustvolle Bildproduktion mit aufklärerischen Ansinnen.

„Pour une nuit" von 2006 ist der erste von Lesben produzierte Porn Frankreichs – einem Land, in dessen Mainstream-Kultur die Opposition der Norm-Geschlechter vielleicht besonders stark ist. Es ist ein feministischer Porn und eine Dokumentation über lesbischen und Transgender-Sex in einer coolen Szene, inklusive Interviews mit den ProtagonistInnen, in denen diese über ihre Erfahrungen mit der Selbstdarstellung vor der Kamera sprechen. Diese erklärenden Interviews sind ein wesentlicher Bestandteil von Feminist Porn, da sie persönliche Informationen liefern und zum Nachdenken und zu sexuellem Austausch anregen. Emilie Jouvets Kamera ist eine direkte, aber respektvolle und sich fast unsichtbar machende, die den Fokus ganz auf die untereinander Agierenden legt. Dabei betreibt sie wie nebenbei Aufklärung, auch über Safer Sex, wofür ihr 2014 ein öffentlicher Auftrag für einen Safer Sex Clip erteilt wurde, der modern, sexy und sehr erfolgreich ist. In Tradition politisch motivierter Lesbensexfilme werden ganz selbstverständlich Handschuhe, Gummis, Gleitgel eingesetzt und Tampons und Blut während des Sex gezeigt. Auffallend ist auch die Musik aus der lesbisch-queeren Subkultur, die das Umfeld der DarstellerInnen betont. 2010 entstand die Road-Movie-Dokumentation „Too much pussy" über die Queer X Show auf Tour durch Europa. Der Film begleitet Sex-AktivistInnen und ihre provokative Show; in dem Streifen verbinden sich das Private, das Sexuelle und das Politische. Eine moderne Umsetzung des frauenpolitischen Mottos: „Das Private ist politisch."

Eine Amerikanerin in Paris ist die Filmemacherin **Maria Beatty**, die in ihren Werken ihre eigenen Präferenzen für Fetisch- und lesbischen BDSM äußerst ästhetisch umsetzt. So hat sie in ihren Films Érotique Noir („The elegant spanking & The black glove"/„Seven deadly sins and lusts"/ „Berlin Ecstasy") wunderschöne schwarz-weiße Stummfilme geschaffen, die romantische und nostalgische Bilder im Zwanziger-Jahre-Stil liefern. In „Silken Sleeves" widmet sie den Jahreszeiten sexuelle Rituale. Beatty greift Themen wie die erotische Besetzung von Müttern durch ihre Töchter auf, sexuelle Initiierung von jungen Frauen durch erfahrene, sexuell ausgereifte Frauen („Vampirinnen") oder inszeniert die Liebe einer Frau zu einer Puppe, die dann zur Sexpartnerin erweckt wird („Sex Mannequin"). In „Apocalypse Cowgirls" haben ebendiese in der Wüste den dritten Weltkrieg überlebt und lieben jetzt frei aller patriarchalen Einschränkungen drauflos. Maria Beatty rückt ihre DarstellerInnen und die selten zu sehenden Praktiken positiv ins Bild und bricht derart Normen und Tabus: Ob es Achselhaare sind, die von der Sexpartnerin leidenschaftlich geleckt werden, Milch aus einer Brust in den geöffneten Mund der Wartenden fließt, Pickel auf den geröteten Arschbacken oder im strahlend vor Erwartung erhitzten Gesicht glühen, die Frauen kommen authentisch sexy daher. Oft dürfen wir am verbalen sexuellen Austausch teilnehmen, der als animierender Bestandteil der Sexszene geschätzt und entsprechend im Ton festgehalten ist. Die Kamera fängt zusätzlich den Blick- und Körperkontakt ein und betont hier die Hingabe an Lust wie an Schmerz. Respekt- und lustvoll sind auch Latina- und schwarze Frauen integriert, deren sexuelle Potenz auch keine positiven Vorurteile bedient. In Teil 2 der „Apocalypse" sehen wir eine äußerst attraktive dicke schwarze Frau in Aktion (beide Rollen spielend, S&M), ebenso ist eine Transfrau vollkommen und selbstverständlich dabei.

Schweden – Staatlich geförderte sexuelle Vielfalt

„Dirty Diaries", zusammengestellt von Mia Engberg, kam 2009 mit einem Manifest heraus, das sich für unser aller Schönheit ausspricht, auf unser Recht, geil auf eigene Art zu sein, für mannigfaltige und facettenreiche Sexualität und eigene sexy Filme à la „Mach es selbst". Dazu wurde öffentlich aufgefordert, feministische pornografische Kurzfilme einzureichen. Die Handyfilme zeigen eine wunderbare Vielfalt von Hetero-, Homo-, Genderplay-Szenen, verschiedene künstlerische Ansätze (Doku, Comic, Fantasie etc.), humorvolle und wilde Szenen, oftmals ohne direkt sichtbare Höhepunkte, Exhibitionismus, die Eroberung öffentlichen Raums für weibliche Sexualität oder Fantasien, in denen Männer lustvoll als Dildo benutzt werden. Insgesamt ein breites Spektrum an Praktiken, Identitäten und Sexualitäten, die lustvoll aufklärenden Charakter haben und zu vielfältiger Nachahmung einladen.

Dänemark – Puzzy Power

Die dänische Produktion erkannte Ende der 90er das Bedürfnis nach frauenfreundlicheren Filmen und brachte drei äußerst erfolgreiche Streifen heraus, die nach folgenden Kriterien ausgerichtet waren: Sie sollten Frauen in den Mittelpunkt stellen, eine Geschichte nachvollziehbar zur sexuellen Aktion führen und humorvoll sein. Der erste Film, „Pink Prison", spielte mit der Fantasie einer sich durch den Männerknast vögelnden Frau. Als Journalistin recherchiert diese vor Ort und bewegt sich voyeuristisch vorwärts, von einer Zelle zur nächsten, vom Waschraum zum Untersuchungsarzt und zum Koch und erlebt dabei die unterschiedlichsten Praktiken von zärtlich weich bis hart, von eher aktiv bis hingebend. Das Ganze ist auch durch irreal lustig wirkende Dialoge klar als Fantasie erkennbar und mündet in eine überraschende Schlussszene. Besonders gelungen ist der Voyeurismus der Frau, die sich ganz unverschämt an ideal inszenierten Männerkörpern erfreut und zur Nachahmung anregt. Die Darstellenden waren auch in den beiden folgenden Filmen „Constanze" (eine ältere Frau führt eine jüngere in die Künste der Liebe ein) und „All about Anna" (die polyamouröse Anna findet zu ihrem ersten Freund zurück) mit idealen Körpermaßen ausgestattet und äußerst normgerecht attraktiv.

Italien/Spanien – Tabubruch

Die international anerkannte Filmemacherin **Liliana Cavani** behandelt wie viele ihrer Kolleginnen dieser Zeit das Thema Sexualität und stellt die Machtfrage. Mit „Der Nachtportier" (1975), der von einer sexuellen Beziehung zwischen einer ehemaligen jüdischen KZ-Inhaftierten zu ihrem SS-Oberst handelt, die sich nach Kriegsende wiedertreffen, zeigte sie den strukturellen und gesellschaftlichen Einfluss auf Sexualität und leistet einen wichtigen Beitrag zur Aufarbeitung von Kriegserlebnissen. Mit diesem Skandale auslösenden Film werden gleich mehrere Tabus gebrochen, u. a. dass eine Frau Sex mit ihrem „Peiniger" genießen kann. Vor allem aber wird eines der wichtigsten sexpositiven Kriterien demonstriert, dass Sexualität keiner Einmischung, Wertung oder Kommentierung bedarf.

Girlswholikeporn sind seit 2002 eine spanische künstlerisch feministische Gruppe, die in Workshops zu eigenen Pornofilmen motivieren, hinter die verinnerlichten Normen blicken und eigene Bilder zu erschaffen suchen. **Maria Llopez** und in ihrem Umfeld viele andere Filmemacherinnen wie **Lola Clavo** entwickeln weitere künstlerisch interessante Perspektiven auf Sexualität. **Pornoterrorismo** nennt sich eine andere revolutionäre Gruppe Spaniens, die die Befreiung des Körpers mit Performances, direkten Bildern und aufregenden Aktionen angeht. Auf der anderen Seite steht **Erika Lust**, die als Schwedin in Spanien extrem ästhetische „Hot Stories" mit normiert schönen Körpern und meist traditioneller Gender-Aufteilung erfolgreich vermarktet.

Niederlande – Emotionaler Realismus

Jennifer Lyon Bell zeichnet sich durch die Darstellung intimer und expliziter heterosexueller Sexualität aus, die sie in „Echtzeit"-Langsamkeit dreht und „emotionalen Realismus" nennt (die sie in Arthouse-Ästhetik taucht). In „Headshot" (2006) sehen wir nur das Gesicht eines Mannes beim Sex, in „Matinée" schauen wir einem Schauspielpärchen und der Herausforderung zu, Sexualität auf die Bühne zu bringen. Durch den Theaterrahmen wird eine Verfremdung erreicht, beim Betrachten des Publikums und der Bühne wird das eigene Betrachten bewusst. In „Skinlikesun" begleitet Bell ein junges Pärchen in Echtzeit in einem leer stehenden Haus bei zahlreichen Liebesspielen und bebildert „Slow Sex". „Silver Shoes" von 2014 spielt mit queerer Sexualität, verweigert sich eindeutiger Zuordnung von männlich und weiblich und zeigt Wellen in der Sexualität.

Feministisches Fazit:

Europa wartet ab den 60ern mit Experimentellem, Aufklärung und Machtanalyse der Sexualität in Spielfilmen auf. In den 80ern kommt Eindrucksvolles aus der SM-Bewegung mit dazu, ab den 90ern explizite und oft politisch motivierte Lesbenpornos. Um 2000 schaffen es sexpositive Filme in den Mainstream. Die feministische Szene erweitert sich um queere oder Trans*filme, gendersensible schwule oder cis*-Personen werden in queere Filme integriert und vereinzelt auch schwule Filme feministisch produziert.

Auf Basis der feministischen Grundlagenarbeit erfolgt eine zunehmende Ausdifferenzierung, die weiter neu entstehenden Subkulturen erlaubt, ihre eigenen Filme zur (sexuellen) Identitätsfindung zu drehen. Auf der anderen Seite werden zunehmend jegliche begehrenden Personen im Feminist Porn integriert und somit die Abschaffung der Kategorien ermöglicht. Das wiederum ist und war immer erklärtes Ziel des Feminismus. Europa ist also auf dem besten Weg zu fließenden sexuellen Grenzen. **Europa einig Freudenhaus.** Viva la Vulva!

Anmerkungen

1 Zur Geschichte der sexpositiven Bewegung s. Vorwort in Band 1
2 Einen guten Überblick über weibliche Gegenbildästhetik, Erotik und Pornografie bis zu den 90ern findet sich in Rote Küsse, Film Schau Buch. Sabine Perthold (Hg.). Konkursbuch 1990
3 Vgl. Monika Treut, Die grausame Frau. Zum Frauenbild bei de Sade und Sacher-Masoch. Frankfurt am Main 1990
4 Vgl. Virginie Despentes, Kong-Kong-Theorie. Berlin 2007

Filmografie und Adressen:

Love Bites Vol.1–3. Sammlung erotischer Kurzfilme von Frauen aus den 80er-/90er-Jahren. Konkursbuch
Monika Treut: www.hyenafilms.com
Krista Beinstein: kristabeinstein.de/Filme aus den 90ern „Boundless" und Bad Girls" sind bei petrajoy.com
www.fucking-different.de
Airport: sexclusivitaeten.de
Rusty Cave: sexclusivitaeten.de/poryes.de
Catherine Breillat: Ihre Filme sind in gut sortierten Videotheken erhältlich.
www.emiliejouvet.com
Maria Beatty: www.bleuproductions.com
www.dirtydiaries.org
www.puzzypower.dk/UK/
http://www.mariallopis.com
www.lolaclavo.com
Jennifer Lyon Bell: blueartichokefilms.com
www.poryes.de

„Eine Feministin, die Pornografie lehrt? Das ist wie Scopes beim Evolutionsunterricht!"

Constance Penley

Constance Penley ist Professorin für Film und Medien und Co-Direktorin des Carsey-Wolf Center an der Universität von Kalifornien, Santa Barbara. Ihre hauptsächlichen Forschungsinteressen liegen in den Bereichen Film- und Mediengeschichte und -theorie, feministische Theorie, kulturelle Studien, zeitgenössische Kunst sowie Wissenschafts- und Technikforschung. Sie ist Gründerin und Herausgeberin von *Camera Obscura: Feminism, Culture, and Media Studies* und Herausgeberin bzw. Mitherausgeberin der einflussreichen Sammlungen *Feminism and Film Theory, Male Trouble, Technoculture* und *The Visible Woman: Imaging Technologies, Science and Gender*. Sie ist Autorin von *The Future of an Illusion: Film, Feminism, and Psychoanalysis, NASA/TREK: Popular Science and Sex in America* und von *Teaching Pornography*. Zu ihren künstlerischen Gemeinschaftsprojekten zählen „MELROSE SPACE: Primetime Art by the GALA Committee" und „Biospheria: An environmental opera", bei der sie Kolibrettistin war. Penley gewann 2009 den MacArthur Foundation Digital Media and Learning Award.

„Eine Feministin, die Pornografie lehrt? Das ist wie Scopes beim Evolutionsunterricht!" Was hat Pastor Pat Robertson wohl gemeint, als er diese Worte wählte, um den Kurs über pornografischen Film anzuprangern, den ich seit 1993 an der Universität von Kalifornien, Santa Barbara, hielt? Dieses bemerkenswerte Statement machte er in einer Spezialausgabe des *The 700 Club* von 1994 zur „Gottlosigkeit an den öffentlichen Schulen", unmittelbar nachdem er meinen Kurs als „ein neues Tief des menschlichen Exzesses" bezeichnet hatte (was ich stolz als Klappentext für mein neues Buch *Teaching Pornography* zu benutzen gedenke). Er verglich eine Feministin, die in den frühen 1990ern Pornografie unterrichtete, mit dem Wissenschaftsdozenten John Scopes, der Mitte der 1920er Evolution lehrte – ungeachtet eines Gesetzes von Tennessee, das verbot, „jede Theorie, welche die göttliche Schöpfungsgeschichte des Menschen, wie sie in der Bibel dargestellt ist, verneint und stattdessen lehrt, dass der Mensch von einer minderwertigen Reihe von Tieren abstammt", zu verbreiten.

Ähnlich erpicht auf die Idee einer Pornografie lehrenden Feministin war das Oberhaupt der Santa Barbara County Citizens Against Pornography (SBC-CAP), die über die örtlichen Kirchen operieren. Er rief zuerst das Rektoratsbüro der Universität Santa Barbara an und wurde dann nacheinander zum Vizerektor, dem Verwaltungsdirektor, dem Dekan und schließlich zu meiner Lehrstuhlabteilung heruntergereicht, wo er verlangte, dass ich gefeuert und mein Kurs sofort gestrichen werden solle. Er war überrascht, als das nicht geschah, und sogar noch mehr, als er erfuhr, dass ich eine doppelte Stelle sowohl für Frauenforschung als auch für das Filmstudium innehatte. Wie kann eine Feministin Pornografie unterrichten?

Die Journalisten kapierten es auch nicht. „Was sagen Feministinnen zu Ihrem Kurs?", war unweigerlich die erste Frage bei jedem Interview. Ich erklärte ihnen gewissenhaft, dass ich eine Professorin für Film, jedoch auch eine Professorin für Frauenforschung und auch eine gründende Herausgeberin der *Camera Obscura* sei, dem am längsten existierenden feministischen Medienjournal in Englisch. Die Reporter pflegten dann zu sagen: „Okay, gut, was haben *andere* Feministinnen zu Ihrem Kurs gesagt?" Selbst nach meiner Mitteilung, ich hätte nichts als Interesse und Unterstützung von den Feministinnen auf meinem Campus und im ganzen Land erhalten, pflegten sie wegzugehen und zu schreiben, Feministinnen hätten massiv gegen meinen Kurs protestiert.

Ich bedauere es, dass ich nicht die Chance hatte, das US Department of Justice (DOJ) mit diesem vermeintlichen Paradox einer Pornografie lehrenden Feministin in gleicher Weise zu verwirren, als ich 2010 im föderativen Obszönitäts-Prozess *Vereinigte Staaten gegen John Stagliano* in Washington, D.C., als Sachverständige berufen wurde. Das DOJ musste die Zwangsaushändigung der Lehrpläne für meinen pornografischen Filmkurs gerichtlich verfügen, nachdem ich sie auf Anfrage nicht aushändigen wollte. Nicht nur missfiel mir die Vorstellung, meine Unterrichtsmaterialien von Staatsseite überprüfen zu lassen, ich wollte die Staatsanwaltschaft auch nicht wissen lassen, wie ich den Unterricht der Pornografie als Genre und Industrie, als Film und Populärkultur anging. Wenn sie meinen Lehrplan genau lesen würden (oder irgendeine meiner Forschungsarbeiten über Frauen, Pornografie, Kunst und Populärkultur), könnten sie vor dem Prozess herausfinden, wie ich aussagen würde. Sie würden verstehen, wie diese feministische Pornografie-Lehrerin die Filme im Prozess – Belladonnas *Fetish Fanatic 5*, Joey Silveras *Storm Squirters 2: Target Practice* und Jay Sins *Milk Nymphos* – wegen vorhandener (oder nicht mangelnder), seriöser künstlerischer und politischer (feministischer) Werte leicht und mit viel Autorität verteidigen könnte, ganz zu schweigen von dem wissenschaftlichen Wert, nachdem sie in einem Grundkurs für Forschung an der Universität gezeigt und studiert worden waren. (Teams meiner StudentInnen transkribierten hilfsbereit die angeklagten Videos, meine Klasse kurzzeitig in „The Innocence Project for Porn" verwandelnd.)

Letztendlich waren die angeklagten Videos (und ein Website-Trailer) der Starregisseurinnen von Staglianos Unternehmen Evil Angel im Grunde Frauen-Spielpartys, ein populäres Subgenre, das man auf HBOs *Real Sex* sehen kann. Wie konnten handwerklich gut gemachte Filme, die Frauen beim Austausch von Körperflüssigkeiten zeigten, mit etwas leichtem Bondage, zur obszönsten Sache im Land werden, mit mehreren Zehnmillionen Strafwert?

Es wäre faszinierend gewesen, die Chance zu erhalten, dem Obersten Gerichtshof Beweise für den künstlerischen und politischen Wert solcher Materialien zu liefern, der nur über die Art von kombinierten geschichtlichen, ästhetisch-inhaltlichen, ethnografischen und industriellen Ansätzen, die in meinem Unterricht zu finden sind, aufgezeigt werden kann. Der Richter machte entscheidende, anfechtbare Fehler, die eine Anhörung beim Obersten Gerichtshof sichergestellt hätten, wie die Nichtzulassung von Sachverständigen und die Suspendierung der Obszönitäts-Gesetzesentscheidung, damit die Jury über das belastete Material als Ganzes entscheiden könne. Dies wurde jedoch alles irrelevant, als der Fall vollständig ohne Berufungsmöglichkeit zusammenbrach und kurzerhand wegen strafrechtlicher Nichteignung abgewiesen wurde. Zumindest die Nichteignung und die sich daraus ergebende Blamage für das DOJ bedeutete das Ende der Obscenity Prosecution Task Force von Bush!

Dass eine Feministin Pornografie nicht nur lehrte, um sie zu denunzieren, sondern auch als ernsthaftes Studium der Geisteswissenschaften anbot, erschien all diesen Parteien aus zumindest zwei Gründen verwirrend. Seit den 1970ern und während der 1980er und 1990er, und jetzt mit dem Wiedererwachen des Anti-Porno-Feminismus in den 2000ern, ist die allgemeine Auffassung über Feminismus, dass er ein und dasselbe wie die Anti-Porno-Bewegung sei, selbst wenn diese Bewegung damals und leider heute erneut mit den Kräften des religiösen rechten und konservativen Denkens über Frauen und Sexualität verschmilzt. Die gängige Vorstellung, alle Feministinnen seien per Definition Anti-Porno, wird von Medien genährt, die es lieben, die reißerische Geschichte des Feminismus wie im neunzehnten Jahrhundert erneut zu verkünden, degenerierend in eine Bewegung der moralischen Hygiene oder des öffentlichen Anstands. Dieser journalistische Kurs ist zugegebenermaßen pikanter, als zu versuchen, die Komplexität feministischer Gedanken zur sexuellen Darstellung und ihre beeindruckend breite und vielfältige Palette an Sichtweisen zu erklären.

Ebenfalls glauben Porno-GegnerInnen nicht, dass eine Feministin Pornografie lehren könnte, weil sie denken, sie könne nicht studiert werden – entweder weil es da nichts zu studieren gibt (sie ist eine derart niedrige Kulturform, dass sie nicht einmal zur Kultur zählt) oder weil sie zum Studieren zu gefährlich sei. Die örtlichen Anti-Porno-AktivistInnen bezichtigten mich beispielsweise, Kinder in meinem Unterricht der Pornografie auszusetzen, ganz zum Ärger und Entsetzen meiner StudentInnen, die in Briefen an den Herausgeber der Lokalzeitung lauthals gegen ihre Charakterisierung als Kinder protestierten.

Aus religiöser Sicht ist es nicht nur irreführend, dass eine Feministin Pornografie unterrichtet, sondern auch ein Verrat gegen die Allianz des Anti-Porno-Feminismus mit der religiösen Rechten, die in den frühen 1980ern begann.

Während eines fünfundvierzigminütigen Telefongesprächs mit dem Oberhaupt der SBC-CAP (nebenbei bemerkt war das namentliche Oberhaupt eine Frau, das gesamte Gespräch wurde jedoch von einem Mann geführt) erkannte er allmählich, dass diese Feministin keinerlei Absicht hegte, einer neuen Bewegung der sexuellen Mäßigung vorzustehen. Vielmehr plante sie, Pornografie als Genre und Industrie, Film und Populärkultur innerhalb eines streng kritischen Medienstudienplans zu unterrichten. Ich denke, er verstand – und befürchtete zu Recht –, dass ein Studium der Pornografie, Pornografie studierbar zu machen, diese in das Spektrum aller anderen Formen des Films und der Populärkultur einreihen würde. Dieses Studium würde somit normalisierend wirken, Pornografie vielleicht sogar harmloser als einige dieser anderen Kulturbeispiele erscheinen lassen.

Ich war überrascht zu sehen, wie die Verzweiflung des SBC-CAP-Oberhaupts ihn dazu verleitete, seine Karten aufzudecken: Er gestand, dass die Kirchen die Leute nicht mehr dazu bringen könnten, Pornografie aus religiösen oder moralischen Gründen abzulehnen, sodass sie die wissenschaftlichen Studien der Universitäten zur Schädlichkeit der Pornografie bräuchten, um irgendeinen Fortschritt mit ihrem Verbot zu erzielen. Deswegen war er so bestürzt, als er erkannte, dass meine Art von geisteswissenschaftlicher Forschung und Unterricht seiner Gruppe nicht die universitätsgeprüften Werkzeuge liefern würde, die sie für eine „wissenschaftlich" gestützte Argumentation über die Schädlichkeit der Pornografie und ihre verderblichen gesellschaftlichen Auswirkungen benötigte.

Nach einem enttäuschenden Besuch beim Frauenstudienprogramm in der vergeblichen Hoffnung, natürliche Verbündete gegen mich zu finden, versuchte er, andere solche Verbündete unter den namhaften „Porno-Effekt"-Forschern in der Kommunikationsabteilung des Sozialwissenschaftszweigs, von mir aus nur den Flur runter, aufzutun. Edward Donnerstein und Dan Linz teilten ihm mit, sie freuten sich über meinen Lehrstuhl, weil sie meinten, er biete einen historischen, inhaltlichen und institutionellen Zusammenhang zu ihren quantitativen Laborstudien. (Die Porno-Effekt-Professoren und ich hatten übrigens einige interessante Diskussionen über unsere jeweiligen erzieherischen Methoden, als ich herausfand, dass sie gewalttätige Exploitation-Filme wie *Tool Box Murders* in ihren Laborstudien als stellvertretend für pornografische Filme einsetzten, um die Auswirkungen der Pornografie auf männliche Aggressionsstufen zu messen. Ich war auch verwundert zu sehen, dass sie zum Testen ihre eigenen Filme machten, indem sie einen vorhandenen Pornofilm nahmen und ihn neu schnitten, um irgendeine Geschichte, einen Dialog oder Darsteller zu entfernen. Sie testeten also mit einem Film, den es nirgendwo in der wirklichen Welt gab.) Zur endgültigen Enttäuschung des SBC-CAP-Chefs schickten sie ihm diese letzte Spitze hinterher, als er nach seinem gescheiterten Versuch, die Sozialwissenschaftler gegen mich zu mobilisieren, auf den Flur zusteuerte: „Übrigens, Sie haben unsere Daten all diese Jahre missbraucht. Sie bedeuten nicht das, was Sie gerne hätten, dass sie bedeuten", wie sie mir berichteten. Die Anti-Porno-AktivistInnen hatten ihre Laborstudien zitiert, um zu behaupten, das Betrachten von explizitem Sex mache Männer aggressiver und veranlasse sie, Frauen zu vergewaltigen und herabzuwürdigen. Donnerstein und Linz bestanden jedoch darauf, dass ihre Studien keinen Zusammenhang zwischen dem Betrachten von explizitem Sex und gesteigerter Aggression aufzeigten, wenngleich sie einen gewissen Zusammenhang beim Betrachten einer Auswahl von Proben mit einem eher hollywoodmäßigen Mix von Sex und Gewalt feststellten. Und was bot dieser religiöse Anti-Porno-Aktivist als Berechtigungsnachweis dafür, dass er seine Stimme gegen die Schädlichkeit des Pornografie-Gebrauchs und des Pornografie-Unterrichts erhob? Er verkündete mir stolz, er habe noch niemals einen nicht jugendfreien Film gesehen.

Weder der gute Pastor, der religiöse Anti-Porno-Aktivist, der Journalist oder wahrscheinlich die föderativen Staatsanwälte konnten verstehen, warum eine Frau speziell bei diesem Thema mit der Wissenschaft, sprich dem weltlichen Humanismus, verbündet sein sollte. „Der Evolutionsbaum", eine Illustration auf dem Umschlag von Christopher J. Toumeys faszinierender anthropologischer Studie *God's Own Scientists: Creationists in a Secular World*, zeigt, wie der Glaube in die biologische Evolution – mit seinen Wurzeln im „Unglauben" – sich in die Sünden Kommunismus, Hard Rock, Humanismus, Alkohol, Abtreibung, Homosexualität, Sexualerziehung, schmutzige Bücher und „Frauen- und Kinderemanzipation" verzweigt – neben weiteren moralischen Gräueltaten.[1] Die Lösung lautet nicht, jede Sünde einzeln zu verfolgen, sondern den biologischen Evolutionsstamm mit der Axt des wissenschaftlichen Kreationismus zu fällen. Wie Toumey zeigt, glauben die Kreationisten (oder Intelligent Designer, wie sie sich derzeitig namentlich umgestylt haben), der einzige Weg, der Etablierung von „schlechter" Wissenschaft (basierend auf dem Unglauben) entgegenzutreten, sei ihre „gute" Wissenschaft (basierend auf der wörtlichen Auslegung der Schrift und einer geistreichen Interpretation der fossilen Vorgeschichte). Ich möchte den Vergleich zwischen der Lehrmeinung der Anti-Porno-AktivistInnen und dem Kreationismus nicht überstrapazieren, ich denke jedoch, dass sie sich in ihrem Widerstand gegen die theorie- und beweisbasierte Wissenschaft im Namen einer übergeordneten Wissenschaft, begründet auf Anekdoten, Bezeugungen von Andersdenkenden (von genesenden Pornostar-„Opfern") und biblischen Ansichten über die gebührliche Rolle von Sex und sexuellen Beziehungen, ähnlich sind. Wie Feona Attwood und Clarissa Smith im ersten Band aufzeigen: „Tatsächlich, auch wenn einige der jüngsten Schriften wie die von Karen Boyle redigierte Sammlung *Everyday Pornography* als wissenschaftliche Arbeit vorgestellt werden und obgleich sie behaupten, sich auf Theorie und Beweise zu stützen, steht der Anti-Porno-Feminismus wissenschaftlicher Arbeit allgemein immer mehr und immer offener ablehnend gegenüber als in der Vergangenheit ... Porno wird als ‚intellektuelles Spiel' für AkademikerInnen beschrieben, die in Zusammenhängen arbeiten, die ‚darauf ausgelegt sind, fast roboterhaft bestimmte Arten von Einwänden abzurufen'." Boyle stellt es so dar: „Wenn man Beispiele dazu anführt, was Frauen bei [Anti-Porno-]Diashows sagen oder fühlen oder denken, werden Akademiker entgegnen, ‚Das kann nicht wahr sein, weil es nicht wissenschaftlich untersucht wurde' oder ‚Zeigen Sie mir den Beweis dafür'." Hier wird jedes akademische Festhalten an forschungsbasierten Nachweisen als nicht mehr denn ein Ausdruck falschen Bewusstseins angesehen, ein akademischer Verrat am Feminismus.

Wie also gehen Anti-Porno-AktivistInnen, deren Forschung von Ideologie und Theologie geleitet wird, mit der Herausforderung einer Wissenschaft um, die auf historischen, inhaltlichen, institutionellen oder ethnografischen Studien beruht? Falls sie diesen Methoden überhaupt Achtung schenken, schmälern sie diese, indem sie behaupten, eine rein inhaltliche Analyse berücksichtige nicht die institutionellen Aspekte, sie sei nicht fundiert, weil sie ihre Ausrichtung nicht von Opfern und AktivistInnen beziehe, oder es handle sich um eine sichere Wissenschaft, gemacht, um keine Wellen in den Bildungsanstalten zu schlagen. Andererseits – wie gehen KreationistInnen mit der Herausforderung der fossilen Vorgeschichte um? Sie sagen, diesem geologischen Beweismaterial könne nicht getraut werden, da es Lücken habe, vertikal nicht in der angenommenen evolutionären Ordnung aufeinanderfolge oder – die endgültige Aberkennung – der Schöpfer habe diese scheinbar sehr alten Gegenstände hingelegt, um unseren Glauben an eine junge Erde zu testen, deren Geschichte nur mit der Flut erklärt werden könne, die in den ersten Tagen der Schöpfung stattfand. Und am vernichtendsten, die Forschung zum Klimawandel betreffend, behaupten sie, Wissenschaftler studierten nur das, was ihnen die Einrichtungen an Forschung finanzieren würden, und nichts, was das von der Elite anerkannte Wissen bedrohen könnte. Es würde einiges mehr an anthropologischer und rhetorischer Forschung erfordern, um zu verstehen, warum die aktiven Anti-Porno-WissenschaftlerInnen und die Kreations-WissenschaftlerInnen ein solch starkes Bedürfnis haben, ihre Argumente im Namen der Wissenschaft vorzubringen, selbst wenn es eine Wissenschaft nach ihren eigenen Maßstäben ist. Hatte das Oberhaupt der SBC-CAP es adäquat beschrieben, warum die religiösen Anti-Porno-AktivistInnen so erbittert daran festhielten, den Stempel der Wissenschaft zu tragen – weil die Menschen letztendlich mehr an die Wissenschaft als an die Religion glaubten?

Selbst wenn Anti-Porno-AktivistInnen sowohl vom religiösen als auch vom wissenschaftlichen Typus alles, was von weltlichen HumanwissenschaftlerInnen hervorgebracht wird, kurzerhand ablehnen würden, ist es trotzdem nützlich, die fossile Vorgeschichte des Pornos aufzuzeigen, die entdeckt werden kann, wenn man Porno historisch als Genre und Industrie, als Film und Populärkultur lehrt, mit allen Methoden und Mitteln, die wir beim Studium anderer Medien und Kulturformen einsetzen. Was geschieht, wenn eine Forschungsstudienklasse die gleiche Art von Fragen über Porno stellt, die sie bereits in ihren anderen Kursen über Film und Mediengeschichte und -theorie gestellt hat, also genaue Analyse, Genres, digitale und neue Medien, Independent-, experimentelle und Hollywood-Filmproduktion, Vertrieb und Rezeption? Wie haben sich die Stile, Strategien und Inhalte des Genres mit der Zeit verändert? Welches waren die Produktions- und Vertriebsweisen des Pornos? Welches waren die Schauplätze und das Publikum für die Rezeption des Pornos? In welcher Beziehung steht Porno zur Entwicklung und Veränderung der Technologien? Wie hat das gesetzliche Klima in einem beliebigen Gebiet alles Obenstehende beeinflusst? Erst nach dem Verständnis dieser Geschichte kann man beginnen, über die Vielfalt der Pornografien – anstatt von einer monolithischen „Haupt"-Pornografie – zu sprechen. Erst dann kann man beginnen zu fragen, was und für wen Porno ist. Erst dann kann man beginnen, Behauptungen darüber aufzustellen, was Porno eigentlich ist und wie seine Produktion und sein Konsum mit allen anderen Produktions- und Konsumformen interagiert; und wie er als Verbindung gedient hat, über die fast jede moralische, ästhetische, politische und philosophische Frage erörtert werden kann. Ich biete hier einige Schlüsselerkenntnisse an, die als unanfechtbare fossile Vorgeschichte des Pornos gelten sollten, zu denen meine StudentInnen und ich während der Beschäftigung mit den Filmen, Lesungen und den zahlreichen GastdozentInnen der Mainstream-Porno-Industrie und seiner Independent-Randerscheinungen kamen.

Als Einleitung lassen Sie mich jedoch anmerken, wie der Porno-Unterricht die bestmögliche Lektion zur Natur der akademischen Freiheit bietet, eine oft missverstandene Idee, die für die freie Beschäftigung mit dem Wissen in einer Universitätseinrichtung so äußerst wichtig ist. Als ich den Kurs zum ersten Mal startete, kam es vor, dass Studierende sich mir heimlich näherten und beinahe flüsterten: „Wieso haben sie Ihnen erlaubt, es zu tun?" Ich antwortete dann: „Wer ist sie?" Ich erkläre ihnen, dass keiner aus moralischen oder religiösen Gründen etwas gegen meinen Unterricht und meine Forschung einwenden könne, weder ein anderer Professor, die Hochschulverwaltung oder irgendjemand aus der Regierung, den Kirchen oder der Gemeinschaft. Akademische Freiheit schützt das Recht der freien Recherche von DozentInnen und ForscherInnen. Wenn ich sage, ich hätte das Bedürfnis, in einem Medienstudien-Lehrplan einen Kurs über Pornografie anzubieten, weil sie das beständigste und produktivste aller Film-Genres ist, weil es da draußen Hunderttausende Titel gibt und es ein Milliarden-Dollar-Geschäft ist, konzentriert im San Fernando Valley nur achtzig Meilen südlich von hier, dann kann man nur widersprechen – und wieder nicht aus moralischen oder religiösen Gründen –, indem man meine Fakten widerlegt. Nein, es ist nicht das beständigste und produktivste aller Film-Genres ... Oder sie könnten versuchen, meine wissenschaftliche Qualifikation für die Ausübung solchen Unterrichts und solcher Forschung infrage zu stellen – das wäre schwierig. Oder sie könnten versuchen zu hinterfragen, ob meine StudentInnen fähig seien, mit den Materialien umzugehen – man hat bereits gesehen, wohin das führt (als meine Studenten und Studentinnen darauf beharrten, akademische Freiheit sollte auch für sie gelten). Hier also einige Highlights dessen, was wir bei jener freien Wahrheitssuche, von der das Allgemeinwohl abhängt, entdeckt haben:

Porno ist nicht, was Sie denken, ganz gleich, was Sie darüber denken. Ich beginne meinen Kurs immer mit dem Money Shot der Porno-Geschichte: *Deep Throat* (1972). Die meisten Studierenden haben ihn nie gesehen. Sie haben vielleicht genügend darüber gehört, um zu denken, sie würden ihn kennen, sie tun es jedoch nicht. Sie sind verwundert, dass es ein echter Film mit einer Handlung, Dialogen, sich entwickelnden Charakteren, Kulissen und Spezialeffekten ist. Er ist viel experimenteller, komischer und übertriebener, als sie erwartet hätten, insbesondere in seiner Satire auf die Werbung und den Konsum von Massenkultur, wie den entliehenen Werbesongs und den stark unpassenden Produktplatzierungen für Coke und Old Spice. Falls die StudentInnen wirklich aufpassen, können sie sogar sein überraschendes Jane-Eyre-Ende erkennen, wo der Held von der Heroine erst angenommen wird, nachdem er seine Kastration akzeptiert hat. In den ersten Kurswochen habe ich auch eine Menge Zeit auf den Herren-Film verwendet, anonym produzierte schwarz-weiße Einakter, die von umherreisenden Filmvorführern an traditionellen Männer-Orten wie der Bruderschaftsloge, dem Burschenschaftshaus, der Junggesellenparty oder im Hinterraum des Herrenfriseurladens gezeigt wurden. Die Studenten und Studentinnen erleben eine echte Überraschung, wenn nicht einen erkenntnistheoretischen Schock, wenn sie Leuten, die wie auf Fotos ihrer Urgroßväter aussehen, beim oralen Sex, analen Sex, gemischtrassigen Sex, BDSM, Mädchen/Mädchen, Sodomie, Anschnallen von Dildos, Spielen mit Vibratoren, Überziehen von Kondomen und sogar – neben dem heterosexuellen Mix – beim gelegentlichen Abgleiten in etwas männliche Homosexualität, was heute fast nicht mehr zu finden ist, zusehen.

Es gibt mehr über Porno zu lernen, als Sie jemals erwarten würden. Am zweiten Kurstag führe ich *Inside Deep Throat* (2005) vor, den Dokumentarfilm von Fenton Bailey und Randy Barbato, produziert von Brian Glazer. Er zeigt Szenen aus dem Film, Nachrichten aus der Zeit und Interviews, sowohl aus dem Archiv als auch für den Film verfasste, mit Regisseur Gerard Damiano, Darsteller Harry Reems, Schauspielerin Linda Lovelace, Gore Vidal, Larry Flynt, Hugh Hefner, John Waters, Erica Jong, einem Staatsanwalt, Reems Verteidigung, Geldeintreibern der Mafia und anderen am Film beteiligten oder ihn kommentierenden Personen. Ein Großteil des Materials wurde aus etwa achthundert Stunden Interview- und Archivmaterial zusammengeschnitten, das von den Filmemachern gesammelt wurde. Der Dokumentarfilm greift die Kontroverse um den Film als kulturelles Phänomen auf und enthüllt nicht nur die kritische und lückenhaft dokumentierte Geschichte der Strafverfolgung von Obszönität, sondern auch die unglaubliche Ahnungslosigkeit des Gerichts in Bezug auf die weibliche Sexualanatomie. Ich stelle meinen StudentInnen diesen Film als hohe Messlatte für einfallsreiche, tiefgründige Porno-Forschung hin, die sie anstreben sollten. *Inside Deep Throat* ist das perfekte Gegenargument zu der Behauptung, dass „es da nichts gibt", wenn es um Porno geht – d. h., es gäbe da nichts, was der Erforschung wert wäre.

Die kritische Haltung des Einzelnen zum Porno ist allein Geschmackssache, insbesondere wenn sie unbewusst oder uneingestanden ist. Die erste Leseaufgabe des Kurses besteht darin, die zum Kurs und zur Porno-Industrie erschienenen Zeitschriften- und Zeitungsartikel genau zu studieren. Bei Artikeln in der *New Yorker*, in

Hustler, Lingua Franca, Time, dem *New York Times Magazine* und anderen fordere ich meine StudentInnen auf, nach dem elitären „Manöver" oder „Umschwung" Ausschau zu halten, der unvermeidlich gegen Ende der Reportage stattfindet, selbst wenn diese Reportage überraschend präzise und sinnvoll war. Entweder fühlt sich der Herausgeber oder der Autor verpflichtet, eine Schlussfolgerung wie „Aber brauchen wir tatsächlich einen ganzen Lehrstuhl, der dem Porno gewidmet ist – schließlich sind das einfach schmutzige Filme?" anzubieten – oder die Journalisten beschließen ihre Gesamtschau der Industrie mit Kommentaren über die überraschende Banalität der Leute und des Lebens in der Porno-Industrie oder mit willkürlichen Bemerkungen über ihren schlechten Geschmack bei der Wohnungseinrichtung. Wir lernen, die reflexartige Angewohnheit der Kritiker, Porno in eine Quarantänezone zu stellen, um ihr eigenes Zartgefühl vor jeder Porno-Ansteckung zu schützen, zu erkennen.[2] Im Idealfall lernen wir, nicht selbst diese gedankenlose Haltung einzunehmen.

Porno ist eine viktorianische Erfindung. Die StudentInnen lernen, dass explizites erotisches Bildmaterial eine lange Geschichte hat, jedoch erst zur „Pornografie" wurde, nachdem männliche Gelehrte beschlossen, die höchst erotischen Kunstgegenstände, die in den Ruinen von Pompeji entdeckt wurden, in ein geheimes Museum zu sperren, davon ausgehend, sie seien die Einzigen mit der erforderlichen Bildung und Sensibilität, um nicht von ihnen beeinflusst zu werden. Wieder ist es ein erkenntnistheoretischer Schock für meine Studentinnen und Studenten, zu begreifen, dass Porno kein einzigartiges, geschichtsloses Ding ist, sondern vor allem eine soziale Konstruktion, zumindest ausgelöst durch Klasse, Geschmack und Angst. Fenton Bailey hat den höchst informativen Dokumentarfilm über Porno und die moralische Panik wegen der (aufgrund der technischen Entwicklung) steigenden Demokratisierung koproduziert – den Sechsteiler *Pornography: A Secret History of Civilization* (1999) für Großbritanniens Channel Four. Bailey ist ein häufiger Gast in unserem Kurs. Sein Unternehmen, World of Wonder, das er mit Barbato leitet, ist der führende Produzent von Spielfilmen, Dokumentarfilmen und Fernseh-Shows über Sex, Populärkultur und all die Dinge, die *anders* sind. Wir beginnen mit Bailey eine sich über den Kurs fortsetzende Konversation über die enormen Herausforderungen, seriöse und doch fesselnde Dokumentarfilme über Porno zu drehen – mit inbegriffen etliche gescheiterte Versuche von Linda Williams und mir, unsere außerordentlich erfolgreiche zweistündige „History of Hardcore"-Vorführung beim Telluride Film Festival von 1994 in einen Film zu verwandeln, sowie meinen eigenen vereitelten Versuch, *Porn 101 with Professor Penley* für HBO zu machen, der dann zu *Katie Morgan's Porn 101* wurde.

Porno ist nicht umsonst unanständig. Wir lesen diese Behauptung über die soziale und politische Funktion des Pornos in Lynn Hunts *The Invention of Pornography: Obscenity and the Origins of Modernity, 1500–1800.*[3] Die an diesem Band Beteiligten liefern eine Fülle von Beispielen über die Art, wie Porno während jener Zeit verwendet wurde, um die absolutistische politische Obrigkeit und die kirchliche Doktrin infrage zu stellen, je nach Lage der Dinge wechselnd verknüpft mit freiem Denken, Häresie, Wissenschaft und Naturphilosophie. Doch während das Genre immer mehr massenkulturell und zunehmend „geschmacklos" wird, lässt sich da der geschichtliche Zusammenhang des Pornos mit der avantgardistischen, revolutionären Kunst, mit populistischen Kämpfen oder jeder Art von gegenkulturellen Impulsen nach wie vor erkennen? Meine Antwort würde „Ja" lauten. Ich würde als naheliegendstes Beispiel die Porno-Parodien Hollywoods zitieren, die uns seit *The Casting Couch* von 1923 mit ihrem „Mack Sennet"-artigen Charakter begleiten. Der missbraucht darin seine Macht, um Mädchen auf die Keystone-Casting-Couch zu kriegen, bis hin zu *The Sperminator* von 1993, einem schwulen Männerfilm mit einem Arnold-Schwarzenegger-Verschnitt. In dem Film tun sich John Conner und Kyle Reese zusammen, um den Sperminator zu sperminieren, und verspotten so die heimliche Homosexualität der Bodybuilder-Welt und Hollywoods.

Porno ist Film. Mit ihrem wegweisenden *Hard Core: Power, Pleasure, and the „Frenzy of the Visible"* (1989) war Linda Williams die erste feministische Medien-Wissenschaftlerin, genau genommen die erste Medien-Wissenschaftlerin, die eine historische und theoretische Beschreibung eines Film-Genres und einer Industrie geliefert hat, deren niedriger sozialer und kultureller Status sie bis dato für ernsthafte WissenschaftlerInnen ausgegrenzt hat.[4] In Rückgriff auf feministische, marxistische, kulturelle und psychoanalytische Theorien, inhaltliche und narrative Analysen sowie Archiv-Recherchen lieferte sie nicht nur Argumente dafür, dass Porno studiert werden könne, sondern auch, dass es studiert werden müsse, um sowohl die Filmgeschichte und -theorie als auch den feministischen Diskurs über Sexualität und Darstellung voranzubringen. Ihre ursprüngliche Entdeckung war, dass die frühesten Pornofilme, die „Stags", „Blue Movies" oder „Smokers", das beglückende Versprechen, uns Dinge zu zeigen, die unser bloßes Auge nicht sehen konnte – entweder in Großaufnahme oder exotisch weit weg – mit dem frühen Stummfilm teilten. Das filmische Versprechen des Pornos war es, dass er uns das Unsichtbarste und Unbekannteste überhaupt zeigen konnte: den weiblichen Orgasmus, der innen stattfindet und sogar vorgetäuscht werden kann. Diese Entdeckung führt Williams zu dem gegenintuitiven Schluss, Porno könnte tatsächlich vorrangig Männerwünsche ansprechen, aber er müsse zumindest einen langen Umweg über die Frage der weiblichen Wünsche nehmen.

Zu den zwei weiteren diesbezüglichen Studien, die sich als außerordentlich nützlich für unser vergleichendes Verständnis von Porno als Film, als Genre und als Industrie erwiesen haben, zählt Eric Schaeffers großartige Geschichte der „Kissing Cousins" des Pornos, der „Exploitation-Film" *Bold! Daring! Shocking! True!: A History of Exploitation Films, 1960–1979*, wo er das Umfeld des Pornos beleuchtet, indem er ihn mit einem Genre vergleicht, das den Bedarf, Filme über Sex und andere Tabuthemen herzustellen und zu vertreiben, auf sehr unterschiedliche Weisen bewältigt hat.[5] Jon Lewis' Buch *Hollywood v. Hardcore: How the Struggle Over Censorship Saved the Modern Film Industry* (2000) zeigt, wie Hollywood die Zukunft des pornografischen Hardcorefilms grundlegend prägte, indem es ihn aus dem industrieweiten Filmbewertungssystem Motion Picture Association of America ausschloss und somit sexuell explizite Filme aus dem Mainstream und, mit einer Reihe von Entscheidungen des Obersten Gerichtshofs, aus dem Kinovertrieb verstieß.[6] Diese theoretischen und historischen Studien darüber, was pornografischer Film ist und wie es dazu kam, widersprechen allen monolithischen Behauptungen, beginnend mit dem Inhalt des

Genres bis zu seinen Produktions-, Vertriebs- und Konsumweisen. Die kraftvolle Analyse dieser Filmwissenschaftler lässt uns pornografischen Film nicht als irgendeine Fußnote der Filmgeschichte oder einen unbedeutenden Seitenzweig sehen, sondern als Schlüsselkomponente jener Geschichte.

Porno ist Populärkultur. Während es Linda Williams' kühner Schachzug war, pornografischen Film in das Spektrum aller anderen Genres und Filmproduktionsarten für ernsthafte Studien einzureihen, haben andere ForscherInnen einschließlich mir Porno produktiv in den Bereich der Populärkultur eingebettet. Ein eher kulturwissenschaftlicher Denkansatz konzentriert sich sowohl auf Fragen der Rezeption und des Konsums als auch der Ästhetik der Produktion, Fragen, die zwangsläufig die Klasse, den Geschmack und das Alltagsleben in die Betrachtung einbeziehen werden. Aber auch hier ist erst einmal genaues Hinsehen wichtig. In ihrem maßgebenden Essay „(Male) Desire, (Female) Disgust: Reading *Hustler*" erzählt uns Laura Kipnis, wie sie sich selbst zwang, das zu überwinden, was sie für ihre natürliche weibliche Abscheu gegen das Magazin hielt, um sich eines Tages hinzusetzen und es tatsächlich anzuschauen. Sie entdeckte, dass dies höchst geschmähte Beispiel eines Massenauflagen-Pornos auch eine der explizitesten klassenantagonistischen Zeitschriften aller Genres ist, die sich der harten Kritik jeder sozialen, politischen oder intellektuellen Heuchelei und Anmaßung verschrieben hat. Ihre genaue Interpretation von *Hustlers* Fotos, Karikaturen, Artikeln, Anzeigen und Essays enthüllt auch eine Welt, in der Sex eine Arena für die Demütigung des Mannes ist, nicht für die Beherrschung der Frau: „Das Fantasieleben hier wird animiert von kultureller Entmachtung in Bezug auf ein sexuelles Kastensystem und ein soziales Klassensystem."[7] *Hustler*, sagt sie, stellt eine männliche Fantasie infrage, die Macht, Geld und Prestige als unerlässlich für den sexuellen Erfolg sieht, und verspottet jene, die den vornehmen Versprechungen von *Playboy* und *Penthouse* Glauben schenken. Kipnis war somit eine der ersten WissenschaftlerInnen, die die Behauptungen der Anti-Porno-AktivistInnen über den monolithischen Pornokonsum von Männern als einen, der sich an der Beherrschung und Herabwürdigung von Frauen weide, widerlegte.

Wie Kipnis haben auch Eithne Johnson und Eric Schaeffer den Wert der Analyse von Filmen und kulturellen Materialien, die als so gering erachtet werden, dass sie der ernsthaften Forschung unwürdig erscheinen, überzeugend aufgezeigt – vom Exploitation-Film und dem Beaver-Film bis zur modernen Legende des Snuff-Films. Ich führe meinen StudentInnen ihr Essay „Soft Core/Hard Gore: *Snuff* as a Crisis in Meaning" als beispielhaft für eine Forschung vor, die interdisziplinär und aus einer Vielzahl von Quellen informiert ist, inklusive Zeitungen und Zeitschriften, sowohl aus dem Mainstream als auch aus der Industrie, aus Archivberichten, Interviews und unter akribischer Beachtung der Filmstruktur.[8] Indem sie die Kontroverse um einen Exploitation-Film von 1976 (mit Originaltitel *The Slaughter*) analysieren – dem ein hinzugefügtes, offensichtlich vorgespieltes (jedoch für real gehaltenes) Ende gegeben wurde, bei dem der Regisseur hinter der Kamera hervorkommt und den weiblichen Star foltert und ausweidet –, zeigen sie, wie der Film eingesetzt wurde, um „die Definition der Pornografie zu verschieben – von der sexuellen Darstellung zu einem buchstäblichen Einmeißeln der männlichen Dominanz über die Frau".[9] Sobald die Anti-Porno-Feministinnen eine Darstellung hatten, die tödlich sein könnte, konnten sie sich leicht an „einer größeren diskursiven Formation, welche die niedrige Kultur regulierte, indem sie das Publikum für ‚ungesunden' Appetit anklagte, Interessensgruppen für sozialen Protektionismus bildete, moralisch verdächtiges Material kontrollierte und es durch Kampffeld-Rhetorik ausgrenzte", beteiligen.[10] Mit anderen Worten, wenn *Snuff* nicht existierte oder nicht stellvertretend für alle Snuff-Film-Legenden hätte stehen können, hätten die Anti-Porno-Feministinnen ihn erschaffen müssen. Der Untertitel von Kipnis' Buch *Bound and Gagged*, in dem die *Hustler*-Studie ein Kapitel bildet, ist *Pornography and the Politics of Fantasy in America*.[11] Johnson und Schaeffer nehmen sich der Politik jenes Fantasiegebildes in einem kulturellen Phänomen, „dem Snuff-Film", ebenfalls an, das alles in allem der Linie von *Hustler* entspricht.

In *At Home with Pornography: Women, Sex, and Everyday Life* (1998) wählt Jane Juffer einen kulturwissenschaftlichen Ansatz, um einen entscheidenden Eingriff in das vorzunehmen, was sie als fruchtlose Debatte bezeichnet, ob Frauen in Bezug auf Porno unglückliche Opfer oder übergriffige Akteurinnen sind. Wenn manche WissenschaftlerInnen einzelnen Filmen oder Magazinen wie *Snuff* und *Hustler* überdeterminierende Kraft zuschreiben, das Leben von Männern, Frauen und Kindern zu beeinflussen, können wir, meint sie, wichtigere, wenn auch weniger spektakuläre Fragen dazu nicht einmal stellen, wie Frauen Porno in ihrem täglichen Leben konsumieren. „Welches sind die materiellen und diskursiven Bedingungen, in denen verschiedene Arten von Pornografie produziert, vertrieben, erworben und konsumiert werden?"[12] Über das Studium einer Reihe von Produkten wie erotische Frauenliteratur, Masturbations-Diskurse, Porno-Kabelprogramme, Pornovideos für Paare, Cybersex, Sexspielzeuge für Frauen, Unterwäschekataloge und sexuelle Selbsthilfebücher zeigt Juffer, wie Porno für Frauen in einer Art domestiziert wird, die die traditionelle Vorstellung von Heim und Häuslichkeit sowohl infrage stellt als auch festigt. Frauen sind aktive Pornokonsumentinnen, sobald wir das Genre auf eine Palette von Produkten, Stilen und Darstellungen ausweiten, die die weibliche Lust ansprechen.

Einen ebenfalls originellen Beitrag zum Pornografie-Verständnis im alltäglichen Leben von Frauen bietet David Andrews, indem er der erste ist, der zeitgenössische Softcore-Filme als eine Pornografie-Form für Normalverbraucher untersucht, die doppelsinnig zwischen Hardcore und Hollywood angesiedelt ist. Wie Juffer steht Andrews – insbesondere da es eines der wichtigsten Erkennungsmerkmale von Softcore ist, eine weibliche Hauptfigur zu haben – feministischen Porno-WissenschaftlerInnen kritisch gegenüber, die dem Hardcore, der als übergriffiger, avantgardistischer und „maskuliner" gesehen wird, so viel Beachtung schenken, gleichzeitig ignoriert er die „feminine" Sanftheit des Softcore-Genres. Im Rückgriff auf ursprüngliche Untersuchungen der Industrie, ausgedehnte Probenverfahren und weitreichende Forschungen beleuchtet *Soft in the Middle: The Contemporary Softcore Feature in Its Contexts* (2006) die Geschichte des Genres, formale und ideologische Konventionen, Neben-Genres, Stile und Motive, sowie auch seine einflussreichsten Studios, RegisseurInnen und Texte.[13] Andrews zeichnet die Vorgeschichte des Softcore-Films akribisch nach, von den nackten

Schätzchen und den possenhaften Filmen der 1930er und 1940er bis zu den „Sexploitation"-Filmen der 1960er und weiter zu den heutigen Softcore-Filmen, diskret versteckt im spätabendlichen Kabelfernsehen. Wir lernen eine Menge von WissenschaftlerInnen wie Juffer und Andrew, die sich auf einzelne Texte und Genres konzentrieren, jedoch nur, um ihre Bedeutungen für den alltäglichen Gebrauch weiblicher Konsumenten zu zeigen.

Eine große Stärke der kulturwissenschaftlichen Annäherung an die Pornografie und an Fragen des Geschmacks, der Klasse und des Alltagslebens ist die unvermeidliche Erkenntnis, dass, sobald man sich im Bereich der Populärkultur befindet, nichts unverfälscht ist. Jeder kulturelle Vorgang ist sowohl ideologisch als auch utopisch, sowohl Zurückhaltung als auch Widerstand, sowohl begehrlich als auch ängstlich. Diese Lektion von Gayatri Spivak, Stuart Hall, Frederic Jameson und anderen kann der feministischen Porno-Forschung helfen, zu verhindern, einen Geschmack gegen einen anderen auszuspielen, um die Wirkung des Geschmacks selbst zu untersuchen.

Porno ist rassistisch, aber er ist viel mehr als das, viel mehr. Ich bin nicht die einzige Porno-Professorin, die den Mangel an Abhandlungen über Rassen im Porno bedauert. Wäre da nicht Susie Brights infam abgeschossener Beitrag von 1986 für AVN, „The History of Inter-racial and Black Adult Video" (später veröffentlicht in *Susie Bright's Journal* und jetzt online in *The Erotic Screen*, Band 1), wüssten wir nichts über Jim Crow und das Pornovideo, nichts über die Stimmen der RegisseurInnen und DarstellerInnen, die innerhalb der und gegen die schlimmsten Stereotypen und schrecklichsten Vorurteile zu arbeiten versuchten – wie Sahara, Jeannie Pepper, Angel Kelly und, auf seine eigene, zugegebenermaßen perverse Art, Greg Dark. Bright zeigt: die Porno-Industrie der 1970er und 1980er war so rassistisch, dass sie nicht einmal erkannte, wie sie aus einem ungeplünderten Bereich der Kreativität ihren Vorteil ziehen konnte: „Bezüglich gemischtrassiger und schwarzer Videos gibt es ein weites, nie erprobtes Gebiet der Kreativität und des Selbstausdrucks für gemischtrassige und schwarze Videos, das denen, die es zu erkunden wagen, sowohl Reichtum als auch Ehre bringen könnte."[14] Doch etwas schenkt sie der Welt des Pornovideos, „die dummschwätzende Cousine von Hollywood": „[Sie] ist ehrlicher in ihren Vorurteilen als ihre Gegenstücke in der gängigen Industrie. Wir werden niemals eine Hollywood-Schauspielerin schwarz auf weiß sagen hören, sie lehne romantische Szenen mit einem schwarzen Mann ab."[15]

Ich bin außerordentlich glücklich, Celine Parreñas Shimizu und Mireille Miller-Young als meine Kolleginnen zu haben (welches Glück ist es, drei Porno-Professorinnen an einer Universität zu haben?), die Pionierarbeit für die Forschung über diesen „ungeplünderten Bereich der Kreativität" leisteten und ihre Untersuchungen großzügig mit meinen StudentInnen teilen. In *The Hypersexuality of Race: Performing Asian/American Women on Screen and Scene*[16] bewegt sich Shimizu über Anklagen der negativen, sexualisierten Darstellungen von asiatisch-amerikanischen Frauen hinaus, um für eine differenziertere Herangehensweise zu plädieren: „produktive Perversion", die diesen Frauen und anderen farbigen Frauen erlaubt, Anspruch auf ihre eigene Sexualität und Begierde als Schauspielerinnen, Produzentinnen, Kritikerinnen und Zuschauerinnen zu erheben. Sie verbindet theoretische und inhaltliche Analyse mit Interviews und ethnografischen Studien, um die Darbietung asiatisch-amerikanischer Frauen in Filmen zu untersuchen, die vom Stag-Film der 1940er bis zum Internet- und Video-Porno der 1990er reichen. Shimizus neuestes Buch, *Straitjacket Sexualities: Unbinding Asian American Manhoods in the Movies*, ist fast eine Fortsetzung, die die gleiche Rolle des Widerstands und der Handlungsmacht, die sie der Darbietung asiatischer Frauen zuschrieb, auf die asiatische Männlichkeit ausweitet.[17] In ihrer Neuerscheinung, *A Taste for Brown Sugar: Black Women, Sex Work, and Pornography*, führt Miller-Young den Begriff „verbotenes erotisches Labor" ein, um die Bestrebungen schwarzer DarstellerInnen zu umschreiben, über selbst inszenierte Auftritte, die innerhalb von und gegen Stereotypen zu agieren versuchen, einen erfolgreichen Raum für den kreativen Ausdruck zu schaffen.[18] Auch besteht die Stärke ihrer Arbeit darin, inhaltliche, erzählerische und darstellerische Analysen mit Vor-Ort-Interviews mit schwarzen AkteurInnen des „Golden Age" zu verbinden, wie Angel Kelly und Jeannie Pepper (von *Hustler* als die „Rosa Parks of Porn" betitelt, weil sie die erste afroamerikanische Frau war, die in die AVN Hall of Fame aufgenommen wurde), bis zu Afro-

Freak-Webmistress Sinnamon Love. Die Arbeit von Shimizu und Miller-Young über Rassen in der Pornografie – dargestellt mit all ihren Widersprüchen und in all ihrer Komplexität – stellt die grundlegende Behauptung der Anti-Porno-Feministinnen infrage, Porno sei schlicht und einfach rassistisch, ohne jegliche Möglichkeit der Einwirkung oder Kritik von außen oder innen.

Porno ist gay oder „Warum muss das schwule Zeug so gut sein?". In den ersten Jahren meines Kurses pflegten die männlichen Studenten in Scharen abzuwandern, wenn ich zum schwulen, männlichen Porno kam, beginnend mit den 1940er- und 1950er-Filmen, von Bob Mizers *Athletic Model Guild* und weiter über Wakefield Pooles *Boys in the Sand* (1970), Christopher Rages 1970er und 1980er Rough-Trade-Filme in New York City, Joe Gages „Working Man's Trilogy (1976–1979)", William Higgins' Catalina-Filme, wie *Pizza Boy: He Delivers* (1985), Jerry Douglas' *More of a Man* (1990) und natürlich all die großartigen schwulen, männlichen Porno/Avantgarde-Mischungen, wie Kenneth Angers *Scorpio Rising* (1963) und Andy Warhols *Blow Job* (1964). Die Protestabwanderungen waren immer ein Grund zur Unruhe in der Klasse, besonders wenn die Frauen, die standhaft alles durchgesessen hatten, die Männer aufzogen, indem sie Dinge wie „Angst, davon angetörnt zu werden?!" von sich gaben. Inzwischen ist es, sehr allmählich, fast uncool geworden, zu gehen und sich selbst auf diese Art zu outen. Ich erhalte auch keine weiteren Beschwerden von verunsicherten männlichen Studenten: „Warum muss das schwule Zeug so gut sein?" Als Filmstudenten erkennen sie widerwillig die relativ höhere Kunst und Fertigkeit bei den schwulen, männlichen Filmen im Vergleich zu vielen der heterosexuellen Produkte an, sie sind jedoch immer noch etwas verdutzt, wie sehr sie sich von den Filmen als solchen angezogen fühlen.

So können sie auch nichts weiter tun, als an den sehr guten Dokumentarfilmen über die Herstellung schwuler, männlicher Pornofilme interessiert zu sein, wie etwa Ronnie Larsens *Shooting Porn* (1997), der die einzigartigen Regiestile von Chi Chi LaRue und dem häufigen Gastdozenten Gino Colbert schildert. Meine Studenten und Studentinnen wissen auch genügend über Film, um fähig zu sein, die Behauptungen bekannter homosexueller Historiker und Kritiker – wie etwa Thomas Waugh – über schwulen, männlichen Porno und den Unterschied zum heterosexuellen Porno zu beurteilen. Sein *Hard to Imagine: Gay Male Eroticism in Photography and Film from Their Beginnings to Stonewall* (1996) fördert nicht nur die Geschichte des Bewegtbildes im homosexuellen, männlichen Film zutage, sondern trägt auch dazu bei, die monolithische Anti-Porno-Charakterisierung als eine Darstellung von Männern, die Frauen herabwürdigen und brutalisieren, zurechtzurücken.[19] Weitere frühe Schlüsselstudien, die wir als nützlich empfinden, sind Waughs „Men's Pornography: Gay vs. Straight"[20], Richard Dyers „Coming to Terms: Gay Pornography"[21], Kobena Mercers „Skin Head Sex Thing: Racial Difference and the Homoerotic Imaginary"[22], Richard Fungs „Looking for My Penis: The Eroticized Asian in Gay Video Porn"[23] und Earl Jackson jr.s „A Graphic Specularity"[24]. Die Studierenden können von diesen Essays einen dauerhaften Eindruck von dem gesteigerten Grad der affektiven Beteiligung am Porno gewinnen, wenn die Gemeinschaft, die ihn produziert und konsumiert, eine ausgegrenzte sexuelle oder ethnische Minderheit ist. Dies ist auch eine weitere Einsicht, die Porno als nur *ein* Ding widerlegt.

Porno ist ein Geschäft. Eine der ersten Aufgaben in meinem Kurs ist es, in eine Buchhandlung und online zu gehen, um die zwei führenden Fachzeitschriften der Porno-Industrie, *AVN* und *XBIZ World*, eine Art *Variety* und *Broadcasting and Cable* des Pornos, zu vergleichen und gegenüberzustellen. Die Studierenden wissen von ungefähr, dass Porno ein Geschäft ist, sogar ein großes Geschäft, sie wissen jedoch nicht, dass es ein Geschäft mit Studios und Konzernen bis hin zu privaten Tante-Emma-Läden ist, mit seinen eigenen News Outlets, Fachkongressen und Berufsverbänden, wie die Free Speech Coalition, welche die legalen, ethischen, legislativen, finanziellen und gesundheitlichen Belange seiner Mitglieder regelt. Indem sie diese Journale genau anschauen, beginnen die Studierenden sowohl den Sinn der Porno-Industrie als auch die außerordentliche Schwierigkeit, Behauptungen über ihr Geschäftswesen zu machen, zu erkennen, wie Joseph Slade im Kapitel zu diesem Thema in seinem unschätzbaren Führer *Pornography and Sexual Representation* zusammenfasst.[25] Wie kann man zuverlässig behaupten, Porno sei eine 10- bis 12-Milliarden-Industrie (eine Zahl, die sich anscheinend jemand in den 1990ern aus den Fingern gesaugt hat und die von Kritikern, Journalisten und Mainstream-Wirtschaftsanalytikern endlos wiederholt wird), wenn es schon schwer ist, festzustellen, woraus die Industrie überhaupt besteht? Wir können die Unternehmenszahlen nicht kennen, da wenige öffentlich gehandelte Firmen Verbindungen zur Industrie haben – und wenn sie diese haben, sind sie oft in viel größeren Einkommenserklärungen anderer Firmengeschäfte vergraben. Wir können uns nicht auf Einkommenserklärungen von Amateur- oder Independent-PornografInnen stützen, da sie zu sehr im Untergrund und dezentralisiert agieren. Wir können Film- oder Videoproduktionen nicht von den damit verbundenen Industrien isolieren, die vom Einzelhandelsverkauf von „Neuigkeiten", Tanz bis zum Escort-Service reichen. Und natürlich lässt sich das Internetgeschäft schwer quantifizieren, ganz gleich in welchem Industriezweig. Um zu verstehen, inwiefern Porno in unserer Gemeinde ein Geschäft ist, machen wir einen Ausflug zum örtlichen Videogeschäft. Einige der Studierenden vergleichen den gehobeneren Porno-Shop der Stadt, einen sauberen, gut ausgeleuchteten Raum mit zehntausend Titeln, von Paar-Erotik bis Hintertür-DVDs, mit einem viel spärlicher beleuchteten, älteren Porno-Laden mit „Vorschaukabinen" in Downtown. Wir lernen eine Menge über die wechselnden Geschäftsmodelle der Porno-Industrie (homo- und heterosexuelle) von GastdozentInnen, die WirtschaftsjournalistInnen und KritikerInnen, StudioleiterInnen, RegisseurInnen, DarstellerInnen, Web-Mistresses, RechtsanwältInnen, Vorsitzende von Berufsverbänden und unabhängige ProduzentInnen von queeren, feministischen, andersartigen und alternativen Variationen sind.

Porno ist Arbeit. Dies ist eine nützliche Lektion der HBO-Serie *Pornucopia: Going Down in the Valley* (für die ich als akademische TV-Sprecherin tätig war). Ich machte dem Produzenten Dan Chaykin ein großes Kompliment, als ich ihm sagte, *Pornucopia* sei für die Porno-Industrie, was die *Artworlds* (1984) des Soziologen Howard Becker für die Welt der Kunstproduktion waren, indem sie das kooperative Netzwerk von KünstlerInnen, ZuliefererInnen, PerformerInnen, KunsthändlerInnen, KritikerInnen und Konsumenten erkundeten, die gemeinsam ein Kunstwerk „produzierten". Ich bin dankbar für die Nähe meines Kurses zur Porno-Industrie von San Fernando Valley und Nord-Hollywood und dankbar für die Freizügigkeit all jener Menschen, die in meiner Klasse Gastvorträge halten und sowohl ihre Erfahrungen mit den täglichen Arbeitsabläufen der Industrie als auch persönliche Details darüber weitergeben, was es heißt, sich eine Porno-Karriere aufzubauen. Zu diesen zählen Candida Royalle, Nina Hartley, Ernest Greene, Annie Sprinkle, Susie Bright, Carol Queen, Tristan Taormino, Gino Colbert, John Stagliano, Veronica Hart, Jeannie Pepper, Eon McKai, Joanna Angel, Kimberly Kane, Dana DeArmond, Bobbi Starr, Buck Angel, Christian Mann, Steven Hirsch, Sinnamon Love, Sean Michaels, Lee Roy Myers, Sam Hain, Jacky St. James, Eddie Powell, Jessica Drake und Graham Travis, um nur einige zu nennen. Hinzu kommen JournalistInnen, DokumentarfilmerInnen, AkademikerInnen, RechtsanwältInnen und Vorsitzende von Berufsverbänden und Gesundheitseinrichtungen wie Mark Kernes, Leslie Zemeckis, Fenton Bailey, Dan Chaykin, Jeff Koga, Linda Williams, Celine Parreñas Shimizu, Mireille Miller-Young, Allan Gelbard, Jeffrey Douglas, Diane Duke und Sharon Mitchell. Wie würde es unsere Ansichten über Pornografie verändern, wenn wir die Menschen im Porno nicht als schäbig-glamouröse Pornostars ansehen würden, sondern als arbeitende Spießer und hungrige Künstler?

Porno ist komisch. Für mich und meine StudentInnen ist ein überraschendes Merkmal der Filme, die wir – vom Beginn des zwanzigsten Jahrhunderts bis heute – untersuchen, die allgegenwärtige Verwendung von Humor, und nicht nur irgendeiner Art von Humor, sondern unanständige, humorvoll anzügliche und obszöne Sprache und Situationen. Und ebenfalls eine Überraschung ist es, dass Männer oft mehr als Frauen die Zielscheibe der Lachnummern sind. Mein Essay „Crackers and Whackers: The White Trashing of Porn" betrachtet Porno als männliche Populärkultur. Er ist ein Versuch, zu verstehen, was die Konsumenten und Produzenten von all diesen Filmen haben[26] – von den frühen Herrenfilmen wie *Getting His Goat* (ca. 1923) und den Nachkriegsfilmen wie *The Dentist* (1947–1948), *Doctor Penis* (1949–1952) und *Divorce Attorney* (1996–1997) bis zu den Boulevard-Star-Pornos wie *John Wayne Bobbitt: Uncut* (1994). Warum würden die Männer, die diese

Filme drehen – vermutlich für das Vergnügen anderer Männer –, die Männer im Film wegen ihrer Heucheleien und Anmaßungen, sowohl persönlicher als auch beruflicher, sowie wegen ihrer sexuellen und sozialen Ignoranz lächerlich machen und verhöhnen? Das genaue Studium des Pornos als männliche Populärkultur – ein Studium, das begreift, dass Populärkultur nicht populär sein kann, sofern sie nicht sowohl die Sehnsüchte als auch die Ängste ihres Publikums anspricht (Cultural Studies 101) – enthüllt, dass Porno einer der wenigen Orte in unserer Kultur ist, wo Männer fortfahren, humorvoll und possenhaft einen kritischen Dialog über die Schwächen und Fehlschläge der Männlichkeit zu führen. Dies ist es, was ich an den Geisteswissenschaften so liebe: du findest nicht immer, was du ursprünglich gesucht hast, hier eine überraschende und wichtige Lektion für den Feminismus darüber, was die Pornografie für Männer bedeutet und wie sie nicht nur eine Übung in patriarchalem Heterosexismus ist.

Porno ist Sexualerziehung, ganz gleich ob geplant oder nicht. Als ich mir das erste Mal bewusst wurde, dass ich einen Porno-Kurs halten wollte, musste ich entscheiden, ob ich ihn in Frauenforschung oder im Filmstudium unterrichten sollte. Ich befürchtete, wenn ich den Kurs in Frauenforschung hielt, würden alle Studierenden, die am Kurs teilnahmen, davon ausgehen, meine Position wäre eine schlichtweg anklagende und ich würde bestimmt nichts „Offensives" zeigen. Ich erkannte schnell, falls ich den StudentInnen einen theoretischen, geschichtlichen und institutionellen Einblick in den pornografischen Film vermitteln wollte, *bevor* sie begannen, ihre eigenen (nunmehr fundierten) Meinungen dazu zu äußern, ich ihn im Filmstudium anbieten musste, wo die Studierenden es als selbstverständlich ansahen, wenn ihre Studienfächer das Sichten von Filmen beinhalteten, die schwierig, kontrovers und geradezu offensiv waren (falls wir unseren Job richtig machten). Ich wusste zudem, dass unsere Soziologieabteilung über drei Jahrzehnte einen ausgezeichneten Kurs zur menschlichen Sexualität angeboten hatte, und hatte so auch nicht das Gefühl, dieses Gebiet in meinem Kurs abdecken zu müssen, sondern konnte mich strategisch darauf konzentrieren, Porno als Film und Populärkultur zu unterrichten.

Ich hatte recht, ihn nicht in Frauenforschung anzubieten, jedoch unrecht zu glauben, mein Filmstudienkurs würde sich nicht in eine gute alte Sexualkundestunde verwandeln. Warum? Zum Teil liegt es an dem trostlosen Zustand der Sexualerziehung an den US-Schulen. Studierende müssen sich ihre Sexualerziehung holen, wo immer sie können. Ich erinnere mich, dass ich in einem der ersten Kurse, die ich gab, neben einer meiner Studentinnen saß, als wir unsere erste anale Sexszene ansahen. Sie rutschte in ihrem Sitz nach unten und, ihre Augen nur halb verdeckend, flüsterte sie laut: „Ich wusste nicht, dass man das tun kann." Mit meiner Strategie, Porno in meinem Kurs wie jedes andere Genre zu behandeln, gebe ich keine speziellen Warnungen oder Ausschlussklauseln aus: Ich tue es nicht in meinem anderen Genre-Kurs über Science-Fiction-Film, also auch hier nicht. Wenn ich jedoch spüre, dass eine Studentin oder ein Student dabei ist, sich selbst zu beschämen, werde ich freundlich daran erinnern, dass wir uns nicht immer anmaßen können, zu wissen, was für andere gut oder schlecht ist, was andere anmacht oder nicht. Ich hörte einmal einen Studenten verkünden, eine orale Sexszene, die wir soeben gesehen hatten, sei „sexistisch", weil „jeder weiß, dass Frauen das Blasen hassen". Mehrere Studentinnen drehten sich abrupt in ihren Stühlen um, um ihn anzustarren, ich auch, bevor ich mich zusammennahm und einen Weg zu finden versuchte, ihn vom Haken seiner eigenen, so peinlich vorgeführten sexuellen Unwissenheit zu lassen. (Und glücklicherweise habe ich immer weniger das Problem männlicher Studierender, die sagen, was die feministische Professorin ihrer Meinung nach hören will, was die politisch korrekte Antwort wäre.)

Folglich bietet der Mainstream-Porno Sexualerziehung an, ganz gleich, was man von ihm hält. Aber ein weiterer Grund, warum sich mein Kurs zu einem Sexualkundekurs entwickelt hat, liegt darin, dass sowohl die Mainstream-Industrie als auch die feministischen und unabhängigen Porno-Bewegungen die Sexualerziehung als soziale Leistung aufgegriffen haben – und eine mit viel Marktpotenzial, insbesondere in den gemeindebasierten, von Frauen betriebenen Sex-Einzelhandelsläden, die im ersten Band von Lynn Comella mit vielen ethnografischen Details beschrieben wurden. Es ist wahrscheinlich nicht überraschend, dass mehrere der alterfahrenen, feministischen Porno-DarstellerInnen und SexarbeiterInnen ErzieherInnen für sexuelle Gesundheit geworden sind, wie die äußerst bemerkenswerte Nina Hartley (RN), Annie Sprinkle und Sharon Mitchell, frühere Vorsitzende der Adult Industry Medical Health Care Foundation. Einmal, als Annie Sprinkle Gastdozentin in meiner Klasse war, fragte sie mich, wie die Erfahrungen meiner StudentInnen in Bezug auf Sexualerziehung gewesen seien. Ich sagte, ich wüsste es nicht, also fragte sie prompt meine StudentInnen. Ihre Antworten reichten von reinen Abstinenz-Programmen über einigermaßen informativen Mittelschulunterricht bis zu „den Nonnen, die einen Fötus im Glas in der Klasse herumreichten". Susie Bright und Tristan Taormino sind Sexautorinnen und Journalistinnen, die Sexualerzieherinnen wurden – mit Taormino als gutem Beispiel einer Sexualerzieherin der jüngeren Generation, die als Pornografin tätig wurde und mit ihrem Filmschaffen einen Weg sieht, einige der zwischenmenschlichen und gesellschaftlichen Probleme rund um den Sex zu thematisieren, insbesondere den Raum für Fantasien und Rollenspiele. Ich wusste sicher, dass mein Kurs sich zur Zentrale für Sexerziehung entwickelt hatte, als die Beraterin für Sex und Beziehungen im Campus mich bat, regelmäßig sechs bis acht Plätze in meinem Kurs für sie zu reservieren. Letztendlich stellte ich fest, dass es da draußen einen wahren Hunger nach einem urteilsfreien Ort gab, wo Leute über Sex reden und lernen können. Ich nehme an, mein Kurs ist es.

Porno ist gute Pädagogik. Jeder von uns, der einen Kurs über Pornografie hält oder, was häufiger geschieht, sexuell explizites Material in Kursen zu allgemeineren Themen, wie Darstellung und Sexualität oder Geschlecht und Gesetz, integriert, fühlt sich verpflichtet, Ratschläge darüber anzubieten, wie er gelehrt werden sollte. Mein Rat, ausgehend von all meinen Erfahrungen, lässt sich in einer Maxime zusammenfassen: Mache aus Pornografie niemals eine Ausnahme. Dieses Prinzip führt zu pädagogischen Strategien, die dem Ratschlag anderer zuwiderlaufen könnten, insbesondere dem fast schon reflexartigen Anspruch, der Lehrer müsse Warnungen oder Ausschlussklauseln bezüglich des Kursmaterials ausgeben und den Studierenden erlauben, die Klasse zu verlassen, wenn ein emotionales Problem auftritt. Auf diese Weise soll die eigene Sensibilität gegenüber dem Ziel ausgedrückt werden, einen sicheren und ungezwungenen Ort zu bieten, an dem ein freier und toleranter Austausch stattfinden kann. Wer möchte keinen Unterricht, in dem ein freier und toleranter Austausch stattfindet? Aber ist die Vorabeinordnung des Kurses als abartig und gefährlich der beste Weg, dies zu tun? Ist es eine gute Idee, den Studierenden im Voraus zu suggerieren, sie könnten von dem Kursmaterial so traumatisiert werden, dass sie eventuell irgendwann fliehen müssten? Nicht nur sind diese Warnungen gegenüber den Studierenden respektlos und bevormundend, sie bieten dem Lehrer auch keinen wirklichen Schutz (selbst wenn sie ihm das Gefühl geben könnten, einfühlsamer und pflichtbewusster zu sein) und setzen der Klasse – tatsächlich – ein Ziel. Natürlich ist es hilfreich, dass „Porno" im Titel meines Kurses steht. Keiner kann sagen: „Ich habe das nicht erwartet." Ich versuche auch nicht, meine StudentInnen zu „beschützen", indem ich mein Klassenzimmer zu einem unantastbaren Raum erkläre – sein Umfeld ist ziemlich fluktuierend. Obwohl ich sie bitte, nicht ihre gesamte StudentInnenverbindung, ihr Basketballteam oder ihre Stockwerksgenossen und -genossinnen zu Vorführungen oder Gastvorträgen einzuladen, dürfen sie einen oder zwei oder drei ZimmerkameradInnen, LiebhaberInnen oder alte FreundInnen von außerhalb der Stadt mitbringen. Sie haben sogar schon ihre Eltern mitgebracht. Ich versuche auch nicht, sie vor der Presse zu schützen. Wenn ein Journalist oder eine Journalistin einer Kurseinheit beiwohnen oder mit StudentInnen sprechen will, frage ich die StudentInnen, was sie tun möchten. Sie haben noch nie „Nein" gesagt und hatten einige interessante Diskussionen und gelegentliche Meinungsverschiedenheiten, wenn nicht Auseinandersetzungen mit ihnen, sobald sie dachten, sie würden den Kurs falsch darstellen. Meine StudentInnen haben mich sogar wissen lassen, sie seien enttäuscht, dass es keine Proteste mehr über den Kurs gäbe, weil sie glaubten, der Umgang mit den Protestierenden, das Briefeschreiben an die Redakteure usw. sei ein wichtiger Teil ihrer Erfahrung mit diesem Kurs. (Die SBC-CAP-Leute baten mich schließlich, den ReporterInnen nicht mehr zu sagen, sie würden gegen meinen Kurs protestieren, da sie befürchteten, als „bigotte Bücherverbrenner" porträtiert zu werden und jegliche Gemeindeunterstützung, die sie hatten, zu verlieren.)

Ich erlaube es auch anderen nicht, meinen Kurs als Ausnahme hinzustellen, besonders wenn sie zu „helfen" versuchen. Beispielsweise hatten wir 1994 in unserem interdisziplinären, geisteswissenschaftlichen Zentrum eine Pornografie-Fokusgruppe, die als Teil einer jahrelangen, landesweiten Serie von Konferenzen über „Zensur und Schweigen: Praktiken der kulturellen Regulierung" eine eintägige Pornografie-Konferenz organisieren wollte. Zu den Sprechern zählte eine herausragende Reihe von Wissenschaftlern und Autoren, die Pornografie ausgehend von verschiedenen Disziplinen studiert hatten, wie Linda Williams, Walter Kendrick, Anne McClintock, Abigail Solomon-Godeau, Dan Linz und Susie Bright. Der Leiter des geisteswissenschaftlichen Zentrums bestand darauf, wir sollten Catherine MacKinnon einladen, um „die andere Seite" zu vertreten, und ich entgegnete: „Welche andere Seite, die Seite, die nicht an interdisziplinäre Wissenschaft glaubt?" Der amtierende Dekan insistierte darüber hinaus, wir sollten das gesamte Werbematerial für die Konferenz mit Warnungen versehen und das Gebäude – für alle Fälle – mit zusätzlichen Sicherheitskräften umgeben und am Eingang die Ausweise kontrollieren, um zu gewährleisten, dass keiner unter achtzehn Zutritt hatte. Ich lehnte natürlich ab und fragte sie, ob sie die gleichen Vorsichtsmaßnahmen für die bevorstehende Konferenz über die Unruhen in Nordirland zu treffen gedachten. Ich hatte niemals auch nur das kleinste Problem mit meiner Entscheidung, meine Klasse nicht zu überwachen oder zu therapieren, außer dem einen Mal, als ein Student einen Freund mitbrachte, der etwas zu betrunken enthusiastisch über die Anwesenheit von Nina Hartley als Gastdozentin war. Einer der Gründe, warum ich meinen Kurs offen halten möchte, ist, dass es die beste Sache in meiner Klasse fördert: der Unterricht geht weiter. Meine StudentInnen erzählen mir, sie müssten, kaum hätten sie die Klasse verlassen, ihren ZimmerkameradInnen, FreundInnen, Eltern, Leuten daheim in Australien berichten, was in dem Kurs an jenem Tag los war. Sie müssen den Kurs ständig erklären – warum es wichtig ist, Pornografie zu studieren, warum es entscheidend ist, fundierte Ansichten zu haben. Sie werden noch nach Jahren ein Restaurantgespräch über den Kurs führen: „Du hast diesen Pornografie-Kurs besucht? Erzähl uns alles darüber." Es ist der Kurs, der fortfährt, zu unterrichten.

Anmerkungen

1 Christopher J. Toumey, *God's Own Scientists: Creationists in a Secular World* (New Brunswick: Rutgers University Press, 1994).
2 Andrew Ross, *No Respect: Intellectuals and Popular Culture* (New York: Routledge, 1989).
3 Lynn Hunt (Hg.), *The Invention of Pornography: Obscenity and the Origins of Modernity, 1500–1800* (New York: Zone, 1993).
4 Linda Williams, *Hard Core: Power, Pleasure, and the „Frenzy of the Visible"* (Berkeley: University of California Press, 2. Aufl., 1999).
5 Eric Schaeffer, *Bold! Daring! Shocking! True!: A History of Exploitation Films, 1960–1979* (Durham: Duke University Press, 1999).
6 Jon Lewis, *Hollywood v. Hardcore: How the Struggle Over Censorship Saved the Modern Film Industry* (New York: NYU Press, 2000).
7 Laura Kipnis, „(Male) Desire, (Female) Disgust: Reading Hustler", in: *Cultural Studies*, Hg. Lawrence Grossberg, Cary Nelson und Paula A. Treichler (New York: Routledge, 1992), 383.
8 Eithne Johnson und Eric Schaeffer, „Soft Core/Hard Gore: *Snuff* as a Crisis in Meaning", *Journal of Film and Video* 45, Nr. 2–3 (Sommer/Herbst 1993), 56.
9 Johnson und Schaeffer, „Soft Core/Hard Gore", 56.
10 Ebd.
11 Laura Kipnis, *Bound and Gagged: Pornography and the Politics of Fantasy in America* (Durham: Duke University Press, 2. Aufl., 1998).
12 Jane Juffer, *At Home with Pornography: Women, Sex, and Everyday Life* (New York: NYU Press, 1998), 2.
13 David Andrews, *Soft in the Middle: The Contemporary Softcore Feature in Its Contexts* (Columbus: Ohio State University Press, 2006).
14 Susie Bright, „The History of Inter-racial and Black Adult Video", *Susie Bright's Erotic Screen: The Golden Hardcore & The Shimmering Dyke-Core* (Bright Stuff: 2011).
15 Ebd.
16 Celine Parreñas Shimizu, *The Hypersexuality of Race: Performing Asian/American Women on Screen and Scene* (Durham: Duke University Press, 2007).
17 Celine Parreñas Shimizu, *Straitjacket Sexualities: Unbinding Asian American Manhoods in the Movies* (Stanford: Stanford University Press, 2012).
18 Mireille Miller-Young, *A Taste for Brown Sugar: Black Women, Sex Work, and Pornography* (Durham: Duke University Press, i. E.).
19 Thomas Waugh, *Hard to Imagine: Gay Male Eroticism in Photography and Film from Their Beginnings to Stonewall* (New York: Columbia University Press, 1996).
20 Thomas Waugh, „Men's Pornography: Gay vs. Straight", in: *Out in Culture:*

Gay, Lesbian, and Queer Essays on Popular Culture, Hg. Corey Creekmur und Alexander Doty (Durham: Duke University Press, 1995), 307–327.

21 Richard Dyer, „Coming to Terms: Gay Pornography", *Only Entertainment* (New York: Routledge, 1992), 121–134.

22 Kobena Mercer, „Skin Head Sex Thing: Racial Difference and the Homoerotic Imaginary", in: *How Do I Look? Queer Film and Video, Hg. Bad Object Choices* (Seattle: Bay Press, 1991), 169–222.

23 Richard Fung, „Looking for My Penis: The Eroticized Asian in Gay Video Porn", in: *How Do I Look? Queer Film and Video, (*Hg.) Bad Object Choices (Seattle: Bay Press, 1991), 145–168.

24 Earl Jackson jr., „A Graphic Specularity", *Strategies of Deviance: Studies in Gay Male Representation* (Bloomington: Indiana University Press, 1995).

25 Joseph Slade, *Pornography and Sexual Representation: A Reference Guide* (Westport, CT: Greenwood Press, 2001).

26 Constance Penley, „Crackers and Whackers: The White Trashing of Porn", in: *White Trash: Race and Class in America*, (Hg.) Annalee Newitz und Mat Wray (New York: Routledge, 1996), 89–112.

Cum Guzzling Anal Nurse Whore: Manifest eines feministischen Pornostars

Lorelei Lee

Lorelei Lee studiert und unterrichtet Literatur an der Universität New York und am Center for Sex and Culture in San Francisco. Ihre Erzählungen und Gedichte sind in *Transfer, Spread Magazine* und *Denver Quarterly* sowie in den Sammelbänden *Hos, Hookers, Call Girls, and Rent Boys* und *Off the Set* erschienen. Lee arbeitet seit 1999 in der Pornofilm-Industrie, tourte landesweit mit der Sex Workers' Art Show und ist ein Literary Death Match Champion. Gemeinsam mit Stephen Elliot ist sie die Koautorin des Independent-Films *About Cherry*. Sie lebt in San Francisco und Brooklyn. Ihre literarischen Beiträge findet man im Blog *I Deserve This*, guesswhatideservethis.wordpress.com.

Ich arbeite seit über zehn Jahren in der Pornografie. Das heißt mein gesamtes erwachsenes Leben. Es gibt mehr Bilder von mir, wo ich nackt auftrete – oder genauer gesagt, wo ich mit Lippenstift, falschen Augenbrauen, Stöckelschuhen, Latex, Dessous und allen Arten von weiteren symbolischen Anhängseln und dürftigen Textilfetzen auftrete –, als Bilder, wo ich irgendetwas anderes tue.

Ich habe diesen Beruf nicht als politisches Statement gewählt. Sie werden von mir nicht hören, ich hätte beschlossen, mich auszuziehen, weil ich glaubte, es wäre sexuell befreiend oder bestärkend. Ich werde Ihnen nicht sagen, ich hätte gleich erkannt, dass ich auf dem Weg der Selbstfindung war, als ich meine Kleider zum ersten Mal vor der Kamera auszog. Die Reise der letzten zehn Jahre war von mir nicht geplant und die Wahrheit über meine Erfahrungen ist bedeutend komplizierter als der öffentliche Diskurs über Pornografie und Sex – herausgeschrien von Magazinen und Zeitungen in großen, leuchtenden Schlagzeilen –, das können Sie mir glauben. Was ich Ihnen sagen kann: Als ich diese Arbeit fortsetzte – als ich auf meine eigenen Vorstellungen von Weiblichkeit, Macht und Sex stieß –, fand ich Kraft in jenem Teil meiner Identität, der sich aus meinen Erfahrungen als Sexarbeiterin entwickelt hatte. Ich fand ein Manifest meiner eigenen Ethik und stellte zu meiner eigenen Überraschung fest, dass ich zutiefst an die positive Kraft von sexuell expliziten Darstellungen glaubte.

Ich bin eine Feministin und ich bin eine Pornografin. Ich bin für sexuelle Vorführungen aller Art bezahlt worden. Nach einigem Nachdenken bin ich zu der Überzeugung gekommen, dass die Arbeit, die ich auch weiterhin tue, die Welt zu einem besseren Ort für Frauen macht.

Das ist natürlich eine Geschichte, die schon vorher geschrieben wurde. Trotzdem hat es mich einige Zeit gekostet, die radikalen, sexpositiven Schriften von Feministinnen wie Nina Hartley, Patrick Califia, Carol Queen, Tristan Taormino, Annie Sprinkle und Dorothy Allison aufzuspüren. Ich habe sie endlich entdeckt und ihre Arbeit hat mir über die letzte Dekade den nötigen Lichtblick und Rat beschert. In letzter Zeit aber las ich in sensationslüsternen Büchern und Artikeln von Attacken auf die Pornografie, den Feminismus, von Gewalt gegen Frauen, Ausbeutung, Prostitution und/oder wie Feminismus und/oder Pornografie die Libido der Männer und den „Erfolg" der Frauen in Bezug auf lang anhaltende Partnerschaften beeinträchtigt hätten (siehe „The End of Men" in *The Atlantic*, „Why Monogamy Matters" in the *New York Times*, „Why Are Men So Angry" in *The Daily Beast*, „How Porn Is Affecting the Libido of The American Male" in *New York Magazine*). Diese Artikel schwirren in meinem Kopf herum – sie bewirken eine schwindelerregende Sicht auf die Einstellung zur Sexualität in den USA, indem sie schreckliche Weichzeichnerfotos und Berichte über den persönlichen Pornokonsum der Autorin oder des Autors oder von jemandem, den er/sie kennt, verwenden, was fast ausnahmslos nur eine schmale Plattform für ein ideologisches Argument liefert statt irgendeine Art sorgfältiger und umfassender Analyse. Stellungnahmen sind in Ordnung, aber ich bin begierig auf etwas mehr.

Wenn es um Pornografie geht, scheint jeder, der jemals ein Nacktbild gesehen hat, sich berufen zu fühlen, eine endgültige Perspektive anzubieten. Diese Interpretationen berücksichtigen jedoch selten die gewaltige Bandbreite an Erfahrungen, über die Pornografie in das Leben der Leute tritt. Viele der AutorInnen von kürzlich erschienenen Büchern und Artikeln über Porno ziehen nicht in Betracht, wie Rasse, Klasse, Religion, Region, Geschlecht und Orientierung die Bedingungen beeinflussen, unter denen Porno-Material gesichtet und analysiert wird. Sie ignorieren die Vielfalt dessen, was als „pornografisch" angesehen wird, und missachten die weiteren gesellschaftlichen Bedingungen, gemäß denen die Gleichförmigkeit eines Großteils der in Amerika produzierten Porno-Bildsprache direkt mit Hunderten Jahren stereotyper Erwartungen an die Weiblichkeit verknüpft sind. Sie erkennen nicht, dass diese Vorstellungen von Weiblichkeit in einigen Pornos reflektiert sein könnten, jedoch nicht von diesen ausgelöst wurden, und sie vernachlässigen jene Porno-Bildsprache, die genau dafür geschaffen wurde, diesen stereotypen Erwartungen entgegenzuwirken. Schließlich scheinen die Autoren dieser Beiträge eine niedrige Einschätzung von dem Porno konsumierenden Publikum zu haben, dabei vergessend, dass Pornografie – wie andere konsumierbare Erzählformen – letztendlich ein Genre der Fantasie ist und dass die große Mehrheit seiner Betrachter sich seiner Unwirklichkeit vollständig bewusst ist. Tatsächlich ist der Grund dafür, warum ein Großteil der Pornografie sogar sexy ist, dass sie so weit von dem abweicht, was die meisten Menschen erwarten oder gar in ihrem wahren Leben wünschen.

Dies sind die Punkte, die ich hier diskutieren möchte. Zuerst jedoch die Antwort auf die Frage, die bei jeder Cocktailparty, in jedem Klassenzimmer und Online-Diskussionsforum gestellt wird: „Wie konnte ein nettes, intelligentes Mädchen wie Sie in einem Job wie diesem enden?"

Ich bin von Geburt Feministin. Ich bin mit Feminismus aufgewachsen, wie andere Leute mit Religion aufwachsen. Ich entstamme einer Linie von leidenschaftlichen Frauen, die sich nahmen, was ihnen gegeben wurde, und daraus machten, was sie brauchten.

Ich wurde in einer Wohlfahrtsklinik geboren. Meine Mutter brachte mich von der Klinik heim in die Sozialwohnung, die sie mithilfe der Nonnen aus dem katholischen Mädchenheim, in dem sie während ihrer Schwangerschaft wohnte, gefunden hatte. Sie hatte ein Jahr in einem College der Gemeinde und drei Semester an der Universität von Berkeley, Kalifornien mit einem Gymnastikstipendium verbracht, bevor sie schwanger wurde und die Schule verließ.

Im College entdeckte meine Mutter das neue akademische Feld der Frauenforschung, sie war jedoch lange vor ihrer Zeit in Kalifornien eine Feministin. Sie würde sagen, sie sei bereits Feministin gewesen, bevor sie das Wort kannte – seit jenem Tag im Alter von zehn Jahren, als ihr bewusst wurde, dass Frauen kein Priesteramt bekleiden durften, und ihre eigene Mutter ihr sagte, weil sie so intelligent sei und einen so starken Willen habe, könne sie wahrscheinlich als Erste diese Regel durchbrechen, falls es das sei, was sie wirklich wolle. Sie würde sagen, dass sie an jenem Tag eine Feministin wurde. Sie glaubte, sie könne sein, wer immer sie sein wollte.

Es ist wahrscheinlich, dass ich meinen Hang zur Schauspielerei von meiner Großmutter habe. Als sie ein Teenager war, arbeitete meine Großmutter in einem billigen Ladenlokal, wo sie für eine 5-Cent-Münze Lieder am Piano spielte, oft für Matrosen und Soldaten auf Urlaub. Bald danach war sie eine Entertainerin in der USO. Selbst nachdem der Krieg vorbei war, sie geheiratet und neun Kinder in ebenso vielen Jahren hatte, kehrte meine Großmutter für regionale Produktionen in der kleinen, nördlich von New York gelegenen Stadt, in der sie lebte, zur Bühne zurück. Einmal spielte sie die Adelaide in *Guys and Dolls*. Meine Mutter – damals ein Teenager – war schockiert, ihre Mutter auf der Bühne in nur einem Slip singen zu sehen. Meine Großmutter weiß nicht, womit ich meinen Lebensunterhalt verdiene, aber ich bin mir sicher, dass sie den Kick nachvollziehen kann, ein Publikum zu fesseln. Ich weiß, dass sie als Klavierspielerin in einem Dime-Store die Kunst der Darstellung erlernt hat – den Verkauf einer Art Fantasie der Erreichbarkeit.

Meine Mutter, obwohl keine Darstellerin, hat eine andere Art Furchtlosigkeit vor der Öffentlichkeit. Im Alter von fünf Jahren bin ich bereits im Kinderwagen von Tür zu Tür für Sozialwohnungsbau und das Equal Rights Amendment eingetreten. Ich bin im Nachtbus nach Washington, D.C., gefahren, um am Kapitol für die Abtreibungsrechte zu demonstrieren. Meine Kleidung war mit Siebdrucken von politischen Slogans wie „Take Back the Night", „Women Unite" und „The ERA is for My Future" bedruckt.

Meine Mutter erzählt noch heute gerne die Geschichte aus der Zeit, in der ich in einem T-Shirt, geschmückt mit einem roten Spruchband – „Reproduktionsfreiheit: ein Frauenrecht" –, den Kindergarten besuchte. Meine Kindergärtnerin bestellte mich zu ihrem Pult, um mir zu sagen, dass meine Kleidung für jemanden in meinem Alter vielleicht nicht angemessen sei. Sie fragte mich, ob ich überhaupt wisse, was der Spruch auf meinem T-Shirt bedeutete. Ich war angewiesen, zu antworten: „Mrs Bell, wenn eine Frau nicht einmal entscheiden kann, was sie mit ihrem eigenen Körper tut, wie kann sie den Rest ihres Lebens unter Kontrolle haben?" Dort – werden Sie vermutlich denken – liegt die logische Grundlage für all meine zukünftigen ökonomischen Entscheidungen.

Ich war in der sechsten Klasse, als mich jemand zum ersten Mal eine Schlampe nannte. Diese Person, Sie werden vielleicht überrascht sein, das zu hören, war meine Mutter. Es war mein erster Tag in der Mittelstufe und ich hatte beschlossen, ein weißes T-Shirt, ein Paar lila Shorts, ein perlenbesetztes Halsband und schwarze Schnürstiefel mit einem Fünf-Zentimeter-Absatz zu tragen. Ich war stolz auf dieses Outfit. Ich fühlte mich wohl darin.

In den Jahren zwischen dem Kindergarten und der sechsten Klasse war meine Familie – aus einer Reihe von Gründen – zwölf Mal umgezogen. Meine Mutter heiratete, hatte ein weiteres Kind und ließ sich scheiden. Sie wurde krank und wir zogen von Apartment zu Apartment, sobald sie Freunde und Jobs wechselte. Ich war dabei, schon wieder in einer neuen Schule anzufangen, und der erste Eindruck war entscheidend. Ich glaubte, dieses Outfit würde mich einzigartig machen, was meine Mutter „künstlerisch" nannte.

Als ich an jenem Morgen die Küche betrat, stand meine Mutter im Nachthemd da, in einer Tasse Kaffee rührend. Sie sah mich an und grummelte vor sich hin.

„Was?", sagte ich. Neben einem sich neu entwickelnden Gefühl persönlichen Stils begann ich gerade, die pubertäre Kunst der intonierten Anmaßung zu erlernen.

Meine Mutter musterte mich von oben bis unten, bevor sie meinte: „Ist es das, was du anziehst?"

„Was ist daran nicht in Ordnung?"

„Es ist nur ...", sie machte eine Pause, fuhr langsam fort, „die Leute könnten denken, du bist eine Art Schlampe." Sie sagte das Wort mit einem gewissen Zögern, als ob sie nicht sicher sei, ob sie es mir sagen sollte, aber glaubte, es wäre zu meinem eigenen Besten nötig. Als eine Frau, die Jahre der gesellschaftlichen und familiären Beschämung erlebt hatte, weil sie eine unverheiratete katholische Mutter war, hatte sie vielleicht gute Gründe zu glauben, sie handle in meinem besten Interesse.

In jenem Moment empfand ich eine Flut aus Ärger, Schande und den aufsteigenden Hormonen der Pubertät. Ich konnte die Macht dieses Wortes nicht abstreiten: Schlampe. Aus dem Mund meiner Mutter hatte es ein demütigendes Gewicht, das ich nicht beschreiben kann. Ich stürmte aus der Küche.

Da ich mich gerade darin übte, anmaßend zu sein, trug ich das Outfit trotzdem. Ich erinnere mich nicht, dass jemand anders an jenem Tag meine Kleidung kommentiert hätte, aber ich erinnere mich an Folgendes: Die Gefühle, die ich an jenem Morgen beim Anziehen hatte – von Vertrauen, Selbstwert und Stolz auf meinen eigenen Selbstausdruck –, waren für den Rest des Tages in dem Impuls zusammengefasst, mich zu verstecken und meine Schultern hochzuziehen, während die Stimme meiner Mutter in meinem Ohr hallte.

Dies, so erkannte ich später, war das Problem mit der Sorte Feminismus meiner Mutter. Sie hatte mich gelehrt, dass mein Körper ohne Ausnahme mein eigen war, dass ich die Einzige war, die entscheiden konnte, was ich damit tun wollte. Aber als ich in das Alter kam, in dem dieser Entscheidungsprozess tatsächliche Konsequenzen hatte, erkannte ich, dass es strenge Grenzen dafür gab, was ich entscheiden sollte.

Ich kann meine Mutter jetzt noch hören, wie sie sagt, zwischen dem Recht, hochhackige Stiefel zu tragen, und dem Recht auf sichere und erschwingliche Verhütung und Schwangerschaftsfürsorge gäbe es einen riesigen Unterschied, sowohl in der Bedeutung als auch in der Wichtigkeit. Doch natürlich hat selbst sie erkannt, dass eine Welt, in der Frauen beigebracht wird, ihr Aussehen – und nicht ihre Worte und Taten – signalisiere ihre sexuelle Verfügbarkeit, eine Welt ist, in der Frauen niemals frei oder gleichgestellt sein können. Und trotzdem ist das die Welt, in der wir im Moment leben.

Ich begann in der Pornografie zu arbeiten – nicht, weil ich einen weiteren Streit mit meiner Mutter anzetteln wollte, und (größtenteils) nicht, weil ich hochhackige Stiefel tragen wollte. Ich brauchte das Geld.

Ich möchte Klarheit über den Grad der Bedürftigkeit bieten, den ich hier beschreibe. Nur sehr selten fühlte ich mich gezwungen, eine Sexarbeit anzunehmen, weil ich glaubte, tatsächlich in Gefahr zu sein, mein Heim zu verlieren oder meine Möglichkeit, mich zu ernähren. Ich habe niemals getan, was oft als „Survival"-Sexarbeit bezeichnet wird. Was diese Arbeit mir hauptsächlich geboten hat, ist etwa auf der zweiten Stufe von Maslows Pyramide angesiedelt – Geborgenheit und finanzielle Sicherheit sowie die Möglichkeit, durch den Zugang zur höheren Bildung nach jenem kleinen Selbstverwirklichungs-Dreieck an der Spitze der Pyramide zu streben. Während ich die Verschiebung meiner Lebensqualität, ermöglicht dadurch, dass diese Bedürfnisse der zweiten Stufe erfüllt waren, nicht unterbewerten will, möchte ich auch betonen, dass meine Fähigkeit, Jobs in der Porno-Industrie zu wählen, in denen ich mich sicher und respektiert fühlte (zumindest so respektiert, wie ich mich jemals bei Arbeiten in der Dienstleistungsindustrie fühlte), zweifelsfrei von der Art Bedürfnisse, die ich anstrebte, beeinflusst war.

Ich hatte meinen ersten Nacktfototermin mit neunzehn. Die Fotos und kurzen Videoclips, die der Produzent an jenem Tag aufnahm, waren für eine auf „College-Studentinnen" ausgerichtete Website.

Ich war zu dem Zeitpunkt nicht am College, aber ich hoffte es bald zu sein. Ich benutzte das Geld von diesen ersten Aufnahmen, um nach San Francisco zu ziehen, wo ich Kurse an der San Francisco State University (SFSU) belegte. Ich glaubte, dieser Fototermin sei ein einmaliger Deal, etwas, was einen benötigten Gehaltscheck lieferte, jedoch nichts, was ich wieder tun würde.

Während meiner ersten zwei Semester an der SFSU arbeitete ich von sieben bis mittags in einer Kinderkrippe, nahm von mittags bis vier Unterricht, arbeitete von16.30 bis 20.30 Uhr in einem Café und machte dann in der Nacht meine Hausarbeiten, während ich schüsselweise Dosensuppen aß und meine Kleider immer mit verdorbener Milch und Babyerbrochenem übersät waren. Während meines dritten College-Semesters gab ich in dem Bemühen, meinen Tagesplan zu optimieren, den Job in der Kinderkrippe auf und fügte mehr Stunden im Café hinzu. Ich arbeitete in Frühschicht, im Dunkeln frierend, wenn ich um vier Uhr dreißig morgens auf den Zug wartete, damit ich um fünf in der Arbeit war. Ich arbeitete fünf Tage in der Woche und ging an meinen zwei freien Tagen in die Schule.

Ich wollte die Schule abschließen und Schriftstellerin werden. Ich wusste nicht, wie man Schriftstellerin wird, ich wusste jedoch, dass ich die Worte nicht zu klaren Sätzen zusammenfügen konnte, wenn ich die ganze Zeit über müde war. Da ich bereits einmal Fotoaufnahmen gemacht hatte – meine politische Karriere also bereits ruiniert hatte –, war es leichter für mich, irgendwann gegen Ende meines dritten Semesters eine Arbeit als Nacktmodell in Erwägung zu ziehen. Ich besorgte mir Exemplare des *San Francisco Bay Guardian* und der *San Francisco Weekly* und begann, die Annoncen auf der Rückseite einzukreisen. Ich kündigte meinen Job im Café und vertraute für mein Einkommen auf Fotoaufnahmen und auf lange Sicht auf Filmaufnahmen.

Anfangs unterschieden sich meine Erfahrungen, nackt für Geld zu posieren, nicht besonders von meinen Erfahrungen mit anderen Arten von Arbeit. Das heißt, ich ging hin, zog eine Uniform an und folgte den Anweisungen. Die Männer, für die ich arbeitete, waren größtenteils Berufstätige in der Softwarebranche oder in anderen Sparten, die teure Kameras gekauft und ihre Wohnzimmer mit Stofflaken drapiert hatten – in ihrer eigenen Annäherung an ein „erotisches" Fotostudio. Gelegentlich arbeitete ich für einen Amateurpornografen oder einen Fußfetischisten oder einen Bondage-Liebhaber. Manchmal forderten sie mich auf, Zigaretten zu rauchen oder zu masturbieren oder meine Zehen in einer ganz besonderen Weise zu halten. Obwohl ich bezahlt wurde, in den Wohnungen von Fremden nackt zu sein, fühlte sich diese Art der Arbeit weder schlecht noch aufregend an. Ich dachte, ich würde vielleicht über die Erfahrung schreiben, aber ich fand sie so monoton, dass ich, sobald ich mich mit meinem Stift und meinem Notepad hinsetzte, gar nicht so viel darüber zu sagen hatte.

Irgendwann während dieses ersten Jahres hatte ich Natacha Merritts Fotografiebuch *Digital Diaries* entdeckt. Ich war mit den Drucken von Georgia O'Keefe aufgewachsen und Merritts Arbeit traf mich als eine frische Präsentation des Konzepts – der selbst dargestellte weibliche Körper, mit der Erlaubnis zum Dekor, zur Lebendigkeit, zum Glitzer und – was am allerwichtigsten war – zur Lust. Während ich für Dutzende von Amateurfotografen posierte, hegte ich die Hoffnung, vielleicht einmal die Gelegenheit zu haben, beim Erschaffen von etwas so Schönem beteiligt zu sein. Doch war das Erschaffen von etwas Schönem nicht meine Priorität – die Miete war es –, und so suchte ich nicht die Fotografen aus, die Künstler waren. Ich hielt nach jenen Ausschau, die gut bezahlten. Ich fand, es existierte ein umgekehrt proportionales Verhältnis zwischen der Häufigkeit, mit der ein Fotograf seine eigene Arbeit als „Kunst" betitelte, und dem Betrag, den er pro Stunde zahlte.

So kam ich vom Nacktmodell zur Porno-Darstellerin. Nachdem ich nicht diejenige hinter der Kamera war, die die Komposition entschied, stellte ich fest, dass der einzige Unterschied in meiner eigenen Erfahrung mit der Arbeit – zwischen einer Masturbationsaufnahme, während deren die Kamera auf mein Gesicht gerichtet war („Kunst"), und einer Masturbationsaufnahme, während deren die Kamera auf meine Genitalien gerichtet war („Porno") – sich nur in meinem Lohnscheck bemerkbar machte. Je mehr Bezahlung ich erhielt, desto besser gefiel mir die Arbeit. Nach dem ersten Jahr hörte ich gänzlich auf, für Standfotografen zu arbeiten, und machte mit den viel besser bezahlten Solo-Videoaufnahmen weiter. Nicht lange danach ging ich dazu über, bei Mädchen-Mädchen-Aufnahmen mitzuwirken und später bei Junge-Mädchen und schließlich bei Aufnahmen mit jedem aus dem Geschlechter-Spektrum. Die ersten drei Jahre sah ich mir die Bilder, die bei diesen Aufnahmen entstanden, nicht einmal an. Die Gesamtheit meiner Erfahrung fand in jenem Raum statt – da war der Job und dann war da der Lohnscheck. Aber irgendwann musste ich natürlich hinschauen.

Als ich meiner Mutter sagte, ich arbeite in der Pornografie, weinte sie. Ich hatte nicht erwartet, dass sie glücklich für mich sein würde, aber ihre Tränen schockierten mich. Sie meinte, sie hätte Angst, ich würde „ausgebeutet". Dieses war der erste wahre Schlag gegen mein Vertrauen in meine Entscheidungsfindung.

Ich hatte Glück, dass meine engsten Freundinnen und Freunde nur wegen meiner Sicherheit besorgt waren. Falls sie irgendwelche Bedenken oder emotionale Sorgen wegen meiner Arbeit hatten, behielten sie sie für sich. Die Leute hingegen, mit denen ich ausging, waren eine andere Geschichte. Eine Liebhaberin fragte mich, was mir zugestoßen sei, das mich „so gemacht" hatte. Eine andere rief eines Nachts zum Barkeeper hinüber: „Meine Freundin ist ein Pornostar", in dem Versuch, Freigetränke zu erhalten. Eines Nachts fragte sie mich im Bett, nachdem wir Sex hatten, wie viel sie das gekostet hätte. Mehr als eine meiner Liebhaberinnen nannte mich eine Hure – manchmal war das als Kosewort gemeint, andere Male, um gemein zu sein. Es war nicht so, dass ich mir der Möglichkeit dieser Reaktionen nicht bewusst war. Es war nur so, dass ich sie von Leuten, die mich kannten, wirklich nicht erwartet hätte. Und ich hätte nicht voraussagen können, wie es sich für mich anfühlen würde, eine Hure genannt zu werden. Meistens fühlte ich eine eigenartige Form der Dissonanz – sie traf mich hauptsächlich als ein Widerspruch in der Definition. *Wenn ich eine Hure bin,* dachte ich, *bedeutet dieses Wort nicht wirklich, was du denkst, dass es bedeutet.*

Zusätzlich zu den Reaktionen der Menschen, die ich kannte, gab es die Reaktionen von Menschen, die ich nicht kannte. 2003 nahm ich an meiner ersten Porno-Industrie-Tagung teil. In Las Vegas traf ich zum ersten Mal auf Fans. Ich schüttelte ihre Hände in der Lobby des Stardust und posierte in Korsett und Minirock für Bilder. Ich war zweiundzwanzig und hatte Angst, mich mit der Realität meines Publikums zu konfrontieren. Wieder zu Hause, loggte ich mich ins Internet ein und begann, die Reaktionen, die Leute zu meinen Videobildern gepostet hatten, zu lesen. Ich war überrascht, die Macht der Persönlichkeit zu entdecken, die ich – fast unbeabsichtigt – erschaffen hatte.

Es geschah erst nach dieser Entdeckung, dass ich begann, diese Persönlichkeit willentlich zu formen. Dies war eine Offenbarung. Es war eine Entdeckung, die zur Kostümierung führte. Zur gleichen Zeit, als ich mich als Sexarbeiterin und Hure outete – indem ich diese Begriffe auspackte und zu der Erkenntnis kam, wie ihre inhaltliche Bedeutung auf mich zutraf und auch nicht –, entdeckte ich meine Identität als Femme-Lesbe. Dieses war der Moment, in dem so viele meiner Einflüsse zusammenfanden. Da war meine Mutter, die mich immer in Denim und Stiefeln gekleidet hatte, die glaubte, Lippenstift und Lady-Bic seien Instrumente des Patriarchats. Da war die damit verbundene Art feministischer, lesbischer Ästhetik der zweiten Welle, in deren Umfeld ich aufgewachsen war – eine Vorstellung von „Androgynie", für die ich niemals eine Affinität hegte, und ein Klischee von Lesbianismus, der mich annehmen ließ, ich könne unmöglich lesbisch sein, weil ich das Outfit nicht tragen wollte. Und dann war da meine Arbeit im Porno – Arbeit, bei der die Ästhetik fetischisiert ist, in der ich die Verwandlung kennenlernte, die durch Verkleidung möglich war, und die Arten, wie ich aus meiner geschlechtlichen Darstellung und meiner Vorführung sexueller Auslösereize ein Schauspiel machen konnte, ohne dass es unbedingt etwas mit meinem eigenen Selbstgefühl zu tun hatte. Mit anderen Worten, ich fand heraus, wer ich war – bezogen auf meine sexuelle und geschlechtliche Identität –, indem ich auf eine sehr übertriebene Art vorgab zu sein, wer ich nicht war. So ist mein Dasein als Sexarbeiterin für mich mit meinem Dasein als Feministin und Lesbe verknüpft.

Während sich Nacktauftritte für mich nie schlecht oder falsch anfühlten, hatte die Tatsache, auf Cocktailpartys und im Schlafzimmer meiner Liebhaberinnen eine Hure genannt zu werden, eine Auswirkung. Sehr bald musste ich mich fragen, ob ich glaubte, dass das, was ich tat, die gesellschaftlichen Folgen wert sei. Rückblickend ist es leicht für mich, Ja zu sagen. Weil ich mit dem Glauben an meine eigene sexuelle und körperliche Selbstbestimmung aufgezogen wurde und weil ich mich niemals zum Auftreten gezwungen gefühlt hatte, war Zorn meine erste Reaktion auf Kritik. Ich wusste, ich hatte gewählt, diese Arbeit fortzusetzen, weil sie für mich die beste finanzielle Wahl war – weil die Vorteile die Nachteile überwogen. Wenn meine Liebhaberinnen diese Entscheidung infrage stellten, hatte ich das Gefühl, sie würden meine rationalen Fähigkeiten anzweifeln. Obwohl ich wusste, dass meine Mutter sich aus Liebe Sorgen um mich machte, nahm ich an, ihre Behauptung, ich würde ausgebeutet, wäre das Gleiche, als wenn sie gesagt hätte, ich wüsste es nicht besser, ich sei nicht erwachsen genug, um meine eigenen Entscheidungen zu treffen – und vielleicht war es genau das, was sie meinte. Meine Mutter war jedoch auch die Frau, die mir immer beibrachte, ich sei die Einzige, die über Richtig und Falsch entscheiden kann. Meine Mutter war die Frau, die mich lehrte, dass die Geschichte gezeigt hat, wie die Glaubensvorstellungen und Werte der Mehrheit in einem fürchterlichen Widerspruch zur wahren Ethik und Gerechtigkeit stehen können, dass Sitte nicht gleich Moral ist und dass ich besser daran arbeiten sollte, meinen eigenen, sorgfältigen moralischen Kompass zu entwickeln, wenn ich jemals imstande sein wollte, Entscheidungen zu treffen. Meine Mutter war diejenige, die mir sagte, ich müsse die schwierigsten Entscheidungen alleine treffen.

Abgesehen von meinen persönlichen Beziehungen verdient die gesellschaftliche Idee der Ausbeutung von Frauen weitere Aufmerksamkeit. Die Idee, auf Jobs in der Sex-Industrie würde aus finanzieller Not zurückgegriffen – oder aus Mangel an besseren wirtschaftlichen Alternativen –, wird häufig als Beweis dafür zitiert, dass die Porno-Industrie ausbeuterisch sei. Die Beziehung zwischen Porno-ProduzentInnen und -DarstellerInnen wird dann als eine Art ökonomischer Nötigung aufgefasst. Diese Idee geht davon aus, Darstellerinnen und Darsteller würden durch ihre Darbietungen irgendwie herabgesetzt oder entwertet – in einer Art, die sich durch ihre Einkünfte nicht kompensieren lässt. Eine Weiterführung dieser Denkweise ist die häufig wiederholte falsche Maxime, Frauen im Porno würden, sobald ihre Karriere fortschreite und sie mehr Geld verdienen müssten, zu immer „extremeren" Darbietungen „gezwungen".

Diese Ideen entstammen einer Kombination von zwei ausgedienten und beleidigenden geschlechtlichen Sexualmythen. Erstens, dass die Sexualität der Frau einen endenden Wert habe – dass sie ihre sexuelle Begehrtheit mit steigender Anzahl ihrer Partner oder Erfahrungen irgendwie verliere. Und zweitens, dass sich die weibliche Sexualität kategorisch von der männlichen Sexualität unterscheide – dass keine Frau „diese Art" von Sex haben wolle (oder vielleicht gar keine Art von Sex). Während es eventuell Beispiele von Darstellerinnen gibt, die sich von einem bestimmten Agenten oder Regisseur in gewisser Weise unter Druck gesetzt fühlen (die Industrie umfasst wie alle Industrien sowohl gewissenhafte als auch gewissenlose Menschen), ist es genauso ein Leichtes, Frauen mit langen Porno-Karrieren aufzuzählen, die sagen werden, sie hätten jede ihrer Darbietungen während der Arbeit so frei gewählt, wie viele Leute eine Büroarbeit wählen – und viele dieser

Frauen treten niemals in den „extremeren" oder „Hardcore"-Genres auf.

Ebenfalls bei dieser Denkweise nicht berücksichtigt sind diejenigen unter uns, die sich vor laufender Kamera zu eher „extremen" Aktivitäten steigern (wie Anal-Sex, doppelte Penetration, Faust-Penetration und jede Art von Fetisch-Aktivitäten), weil wir daran interessiert sind, unsere Körper im athletischen Sinne bis an seine Grenzen zu treiben, oder weil wir eine bestimmte Art Vorführung erschaffen wollen oder weil wir glauben, diese Art der Bildsprache ist nötig, weil sie sich unserem eigenen Begehren eher annähert. Ich weiß, dass meine eigenen Darbietungen vor der Kamera für mich nicht wirklich interessant waren, sich kaum anders anfühlten, als die Stechuhr zu stempeln, bis ich begann, Auftritte zu gestalten, die physisch herausfordernd waren – und so als „extrem" oder „Hardcore" tituliert wurden. Bei diesen Hardcore-Darbietungen mitzumachen und zu sehen, wie andere Frauen freudvoll und atemlos die Grenzen ihres eigenen Körpers erkundeten, war der Moment, wo ich dieses unglaubliche Ding, das ich indirekt gesucht hatte, seit ich zum ersten Mal vor eine Kamera getreten war, zu finden begann – physische Schönheit.

Ab hier wurde Pornografie für mich wirklich spannend. Ich erkannte, dass ich jahrelang Frauen in Modemagazinen, Mainstream-Spielfilmen und Fernsehshows betrachtet hatte, die eine Vorstellung von „sexy" vertraten, die gleichbedeutend mit „hübsch" zu sein schien. Unzählige Male hatte ich Frauen auf Plakatwänden angesehen, mit perfekt gelockten Haaren und makellos geschminkten Gesichtern, Frauen in Filmen, deren Rolle es war, geziert in ein bestimmtes Licht getaucht dazustehen und darauf zu warten, geküsst zu werden, darauf zu warten, Ja oder Nein zu sagen. Frauen, die flirteten, aber niemals aussprachen, was sie wirklich wollten. Frauen, die wussten, dass Sex untrennbar mit Liebe verbunden und dass Liebe normalerweise die Vorstufe einer Ehe war. Selbst heute enden weibliche Charaktere, die von diesem Klischee abweichen, in Filmen oder Fernsehshows am Ende des Films tödlich – oder werden mit Krankheit, Verlassenwerden oder gesellschaftlicher Isolation bestraft.

Pornografie war für mich das Gegenmittel. Es war am Set, wo ich zum ersten Mal sah, dass Frauen die volle Kontrolle über einen sexuellen Kontakt übernahmen. Frauen, agierend als sexuelle Aggressoren, Frauen, deren Make-up verschmierte, deren Haare schweißklebend waren, die in ausgesprochen unhübsche Formen verdreht und verbogen waren, bedeckt von Speichel, Schweiß und Gleitgel, die aus voller Kehle den Beweis der menschlichen Fähigkeit zur Freude hinauslachten oder hinausschrien.

Und es war am Set, wo ich mir diese eindringliche Frage zum ersten Mal stellte: Was möchtest du tun? Es steckt eine gewisse Ironie hinter der Tatsache, dass Leute Pornografie so häufig mit Zwang verbinden, während es auf Porno-Sets war, wo ich wirklich begriff, was es bedeutet, sein Einverständnis zu geben. Noch nie wurde ich in einer zivilen Sexbeziehung explizit gefragt, was ich mit meinem Körper zu tun bereit war und was nicht. Noch nie zuvor hatte mir jemand eine Liste von Optionen präsentiert oder gesagt: „Ich möchte heute diese drei Dinge tun, wie klingt das für dich?"

Das erste Mal, als mir die Fragen „Was magst du?" und „Was möchtest du tun?" gestellt wurden, konnte ich sie nicht beantworten. Ich wusste nicht, was ich mag, weil niemand mich vorher jemals gefragt hatte. Erst als ich einige Dinge ausprobiert, über weitere gesprochen und andere Frauen agieren gesehen hatte, begann ich zu erkennen, welche Arten von Darbietungen ich erschaffen wollte und wie sich diese mit den Dingen, die ich nicht vor laufender Kamera tun wollte, überschnitten und nicht überschnitten.

Wenn ich sage, Pornografie ist gut für Frauen, meine ich, dass sexuell explizite Bilder, in denen Frauen gezeigt werden, die darstellerisch ihre eigene sexuelle Kraft vorführen, Bilder sind, die das kulturelle Bezugssystem transformieren und letztendlich die Welt verändern können. Während es natürlich pornografische Produktionen gibt, die Frauen in Rollen zeigen, die sich nicht von denen der Frauen in Mainstream-Medien unterscheiden – Produktionen, in denen Frauen nicht als handlungskompetent oder von inneren Begierden getrieben gezeigt werden –, werden auch eine Menge Pornofilme gedreht, in denen die Aspekte der weiblichen Sexualität in einer Art dargestellt werden, die man in den Mainstream-Medien niemals sehen wird. Dies sind Filme, die an den Zeitungsständen selten eine kulturelle Beurteilung erhalten. Es sind Filme, die die gesamte sexy-hässliche Schönheit der weiblichen Körper zeigen. Bei einigen dieser Filme führten Frauen Regie – wie Kylie Ireland, Tristan Taormino, Nina Hartley, Belladonna, Courtney Trouble, Princess Donna oder Madison Young (um nur eine kleine Auswahl zu nennen). Einige dieser Filme sind beeindruckend, einfach weil ihre Darstellerinnen – wie Annette Schwarz, Claire Adams, Sasha Grey oder Adrianna Nicole – ihre eigene ursprüngliche Kraft in jede Darbietung einbringen, die sie geben.

Ein Teil des Problems im landesweiten Diskurs besteht darin, dass zwischen den verschiedenen Arten von pornografischen Bildern so selten Unterscheidungen gemacht werden. Wir können diese Diskussion natürlich erst gar nicht starten, weil wir nicht wissen, was wir meinen, wenn wir „Pornografie" sagen. Das Wort wurde benutzt, um alles in einem Spektrum zu beschreiben, das von *The Color Purple* und *Lady Chatterley's Lover* zu den Werken der Kunstfotografen Larry Clark und Robert Mapplethorpe (deren vorrangige Absicht es nicht unbedingt ist, zu reizen oder zu erregen), zu den Werken von Anaïs Nin, Anne Rice und sogar Madonna (deren vorrangige Absicht es vielleicht ist, zu erregen), zu den stark retuschierten Seiten des *Playboy* und dem Softcore des spätabendlichen HBO, den Mainstream-Hardcore-Produktionen von Unternehmen wie Digital Playground, Vivid und Wicked Productions, den kunstvollen Fetisch-Produktionen von Evil Angel und dem gewissenhaften BDSM von Kink.com bis zu den fäkalen Filmen von Ira Isaacs und Marco Fiorito reicht. Wenn man jemanden fragt, ob er/sie glaubt, Pornografie sei ein gesellschaftliches Problem, hat man keine Möglichkeit, zu wissen, wo in diesem Spektrum die Bilder liegen, die in seiner/ihrer Vorstellung durch das Wort heraufbeschworen werden.

Und natürlich werden, indem man die Absicht und den Grad der Explizitheit einer Produktion bestimmt (zwei Elemente, die in der legalen Einstufung von Obszönität von Bedeutung sind), die Arbeitsbedingungen, unter denen ein Bild gemacht wurde, oder die gesellschaftspolitischen Auswirkungen des vollendeten Werks nicht einmal ansatzweise berücksichtigt. Meiner Ansicht nach sind es diese beiden letzten Kategorien, die untersucht werden müssten, um die moralische und ethische Korrektheit jenes Bildes zu bestimmen (zwei Elemente, die so ungleichen Gruppen wie Feministinnen, „mitfühlenden Konservativen" und KulturexpertInnen angeblich ein Anliegen sind).

Ebenso habe ich, wenn ich jemandem sage, ich arbeite in der Pornografie, keine Ahnung, was er/sie sich vorstellt: in weißen Spitzendessous auf einem Himmelbett für Standbilder Modell zu stehen; mit Netzstrümpfen und Eyeliner für ein Fotoshooting im punkig tätowierten, „alternativen" Suizidantinnen-Stil zu posieren; voll in Latex bekleidet einen gefesselten Mann auszupeitschen; in einem heterosexuellen Mainstream-Pornofilm mit voller Handlung und hohen Produktionsstandards die Ehefrau, das Schulmädchen oder die Sekretärin zu spielen; oder in einem queeren Independent-Film von einem transsexuellen Mann faustgefickt zu werden. Jedes dieser Szenarios ist dazu bestimmt, in der Fantasie der Person, die es sich vorstellt, eine unterschiedliche Reaktion hervorzurufen, und jedes dieser Szenarios könnte einen sehr unterschiedlichen gesellschaftspolitischen Einfluss und Kontext haben, einen Einfluss und Kontext, der gar nicht zwingend mit den Arbeitsbedingungen, unter denen die Bilder geschaffen wurden, zusammenhängt. Ob Sie denken, ich sei eine Feministin oder gar eine moralische Person, hängt ganz von ihrer eigenen Definition dessen ab, was Pornografie ist, und trotzdem wird das Wort in Auseinandersetzungen über Pornografie fast immer ohne weitere Erklärung benutzt – als ob wir alle „sie erkennen, wenn wir sie sehen".

2010, während des Sommers, wurde ich als Zeugin der Verteidigung in dem föderativen Obszönitäts-Prozess berufen, den das Department of Justice (DOJ) gegen den Pornografen John Stagliano und sein Unternehmen Evil Angel führte. Zwei Pornofilme, in denen ich mitgespielt hatte, waren Teil der Anklage. Dies waren Filme, die einvernehmliche Erwachsene in sexuellen Darbietungen zeigten, die oft fröhlich und freudvoll waren – in denen die Akteure häufig lächelten und lachten –, Bilder, die sich sehr von dem unterscheiden, was Leute erwarten, wenn sie den Ausdruck „Strafverfolgung wegen Obszönität" hören. Diese Strafverfolgung war ein aggressiver Eingriff seitens des DOJ und er hätte weitreichende Konsequenzen auf die Pornofilm-Industrie gehabt, wenn die Regierung erfolgreich gewesen wäre. Letztendlich war es die Regierung jedoch nicht. Ich erwähne diesen Prozess nur, weil er für mich eine schonungslose und erschreckende Erinnerung an das wahre Unheil war, das ein landesweiter Diskurs anrichtet, der nicht zwischen Fragen der Ethik und Fragen des Geschmacks unterscheiden kann.

Eine explizite Porno-Bildsprache ist natürlich nicht jedermanns Sache. Es gibt eine Menge Leute, die Porno lieber niemals ansehen würden. Das sollte ihr gutes Recht sein. Es gibt jedoch auch viele Erwachsene, für die Pornografie Teil eines gesunden Sexlebens ist. Und es gibt Erwachsene, die entdeckt haben, dass Pornografie eine positive Sicht auf ihre eigene Sexualität bietet, die das Gegenstück von dem ist, was sie in anderen öffentlichen Medienformen gefunden haben. Dies trifft auf Frauen zu, aber auch auf queere Menschen, von jeglicher Norm abweichende Menschen und jede andere Form von alternativer sexueller Identität. Damit ethisch produzierte, hochqualitative, ästhetisch und gesellschaftspolitisch wertvolle Porno-Bilder weiterhin hergestellt werden, müssen wir einen differenzierteren, scharfsichtigeren und sorgfältigeren kulturellen Diskurs sowohl über Pornografie als auch über Sex entwickeln.

Die Lektüre der neuesten Reihe von Anti-Porno-Büchern und Artikeln hinterlässt bei mir den Eindruck, dass viele Menschen in diesem Land die anmaßende Position vertreten, in der Pornografie zu arbeiten sei für viele Frauen ein Schicksal, das dem Tod nahekommt. Es scheint, als ob diese Haltung direkt mit Standpunkten verknüpft ist, die sexuell aktive Frauen als „gefallen" oder „geschändet" bezeichnen. Dass die weibliche Sexualität weiterhin nur als Währung für den Erwerb eines Ehepartners angesehen wird, dass Frauen in heterosexuellen Beziehungen immer noch als „Torwächter" gelten, führt zu dem doppelten Übel, Frauen für jeden vollzogenen Sexualakt – einvernehmlich oder nicht – verantwortlich zu machen und ihnen irgendwie gleichzeitig die Möglichkeit zu verweigern, jemals eigene körperliche Begierden zu haben.

Den Frauen wurde von Studien und Umfragen, Zeitungen und Magazinen ständig eingeredet, sie wollten weniger Sex haben als Männer. Ich warte jedoch noch immer auf eine Umfrage oder Studie, die den dramatischen Unterschied in den gesellschaftlichen Konsequenzen für Männer und Frauen beim Einverständnis mit einem sexuellen Akt berücksichtigt – und den Effekt, den die Erwartung der gesellschaftlichen

Konsequenzen auf die Selbsteinschätzung der Lust haben könnte. Frauen können niemals den gleichen gesellschaftlichen Status erreichen, solange ihre sexuellen Begierden nicht als den Begierden der Männer ebenbürtig betrachtet werden.

Ein kürzlich erschienener Artikel im Online-Magazin *Slate* trug den Titel „Sex ist billig: Warum junge Männer im Bett die Oberhand haben, selbst wenn sie im Leben versagen". Ich bin vermutlich nicht die erste, die darauf hinweist, dass die hauptsächliche Schwachstelle in Mark Regnerus' Artikel seine zugrunde liegende Unterstellung ist, der gesamte heterosexuelle Sex außerhalb der Ehe könne als „vorehelich" eingestuft werden und das hauptsächliche Ziel und der Grund, warum eine junge Frau Sex mit einem jungen Mann habe, sei der, ihn zu einer langfristigen Beziehung zu verführen.[1] Paart man diese Unterstellung mit der Idee, der Wunsch junger Männer sei (laut Regnerus) „Zugang zum Sex ohne allzu viele Komplikationen oder Verpflichtungen", dann hat man ein verdrehtes und veraltetes Konzept geschlechtsspezifischer sexueller Grundeinstellungen, das die Art und Weise beeinflusst, wie wissenschaftliche Forschung betrieben wird (s. die Studie, die Regnerus in seinem Artikel als Beispiel hierfür zitiert), und das letztendlich die Art und Weise bestimmt, wie junge Menschen die „Normalität" ihrer eigenen Begierden sehen.

Geschlechtsspezifische sexuelle Klischees wie diese sind sowohl Ursache als auch Wirkung (in einem verwirrenden Huhn-Ei-Szenario) der unglaublich manipulativen Berichterstattung, die Porno-DarstellerInnen in den Mainstream-Medien erhalten. Sehen Sie sich das Interview von Diane Sawyer mit Belladonna oder von Tyra Banks mit Sasha Grey an – achten Sie auf die Musik und die Stimmüberblendungen, die Fragen, die ihnen gestellt werden.

Lassen Sie mich nur einen kurzen Moment aus dem sensationslüsternen Geschehen dieser Interviews auswählen: An einer Stelle sagt Sawyer in Stimmüberblendung, Belladonna habe sich bei ihrer Arbeit als Porno-Darstellerin mit Chlamydien infiziert, „einer Krankheit, die Sterilität bewirken kann". Alle Porno-DarstellerInnen der „heterosexuellen" Industrie (die Darbietungen von heterosexuellem ebenso wie von lesbischem Sex einschließt),[2] werden mindestens alle vier Wochen getestet und würden (anders als die meisten sexuell aktiven Erwachsenen) sehr schnell wissen, dass sie sich mit einer Geschlechtskrankheit (STD) infiziert haben, würden nicht weiter arbeiten und – lange bevor diese STD die von Sawyer beschriebenen Langzeiteffekte bewirken könnte – behandelt werden.[3] Sawyers Haltung ist nur ein Beispiel der unlogischen Hysterie, die sowohl die Reaktionen der Populärkultur als auch der Nachrichtenmedien in Bezug auf Porno durchzieht.

Diese Hysterie ist eine Folge des allgegenwärtigen, geschlechtsspezifischen sexuellen Mythos und der Stereotypisierung, mit der Männer und Frauen gleichermaßen seit Hunderten von Jahren abgespeist wurden. Um das zu umschreiben, was ich 1986 zu meiner Kindergärtnerin sagte: Wenn einer Frau nicht zugetraut wird, Entscheidungen für ihren eigenen Körper zu treffen, wenn ihr diese Autonomie vom Gesetz oder vom gesellschaftlichen Standpunkt nicht zugestanden wird, wie kann sie da im restlichen Leben autonom sein? Dies ist eine Frage, die nicht nur jene Frauen betrifft, die Pornografie machen, sondern auch die vielen Frauen, die Porno-Material kaufen und konsumieren und die ermutigt werden, ermächtigte sexuelle Begierde als Teil ihres gesunden Erwachsenseins zu beanspruchen.

Um darüber hinaus auf Sawyers Ängste bezüglich der Gesundheit und Sicherheit in der Porno-Industrie einzugehen – Ängste, die in jüngerer Zeit in den öffentlichen politischen Anhörungen, geleitet von der AIDS Healthcare Foundation und dem Los Angeles County Health Department, dargestellt wurden: Die Bedürfnisse der in der Porno-Industrie Beschäftigten werden niemals entsprechend thematisiert werden, solange diese Beschäftigten als ausgebeutete Opfer angesehen werden. Die Rhetorik rund um diese Debatte schildert die AkteurInnen zu oft als unmenschliche Karikaturen, die kein Gefühl für die Risiken haben, die ihr Job mit sich bringt. Langfristig tätige DarstellerInnen haben mehr Kenntnis über die Gesundheitsrisiken ihrer Arbeit und die Art von Bestimmungen, die ihre Gesundheit und Sicherheit bei der Arbeit steigern würden, als irgendjemand außerhalb der Industrie (im Gegensatz zu jenen Bestimmungen, die die Industrie weiter in die Heimlichkeit und weg von der bereits begrenzten Erreichbarkeit der gesetzlichen Haftung treiben). Dies ist eine der Arenen, in denen feministische SexarbeiterInnen für Sichtbarkeit kämpfen – in einem Kampf, der die Bedürfnisse der einvernehmlichen SexarbeiterInnen von den Bedürfnissen der Schwarzmarkt-Opfer zu trennen versucht, von Menschen, die tatsächlich ausgebeutet und gezwungen werden.

Solange diese Arten von Unterschieden im öffentlichen Diskurs nicht gemacht werden, ist es unwahrscheinlich, dass sie sich in der allgemeinen Gesundheitspolitik, dem Gesetz oder der sozialen, anthropologischen und biologischen Forschung widerspiegeln. Der amorphe Monolith, den wir „Pornografie" nennen, ist nur ein Mikrokosmos, der die Einstellung zur Sexualität, die von der Gesellschaft als Ganzes vertreten wird, reflektiert und davon beeinflusst wird. Die stärkste Rhetorik der queeren und feministischen Bewegungen war immer die der freien Entscheidung und Selbstbestimmung. Sexuelle Begierde und sexuelle Identität sind für das frei definierte Selbst absolut unerlässlich. Bilder, die die riesige Vielfalt dieser Begierden explizit ausdrücken, kommunizieren der Menschheit etwas Größeres und Grundlegenderes, als in Worte gefasst werden kann. Falls diese Bilder kritisiert werden müssen, sollten sie einzeln kritisiert werden, unter Berücksichtigung sowohl des Umfelds ihres Erscheinens als auch des Umfelds ihrer Erschaffung. Pornografie ist kein Ding. Sie ist ein lebendiges, pulsierendes Genre und repräsentiert tagtäglich den Gestaltungswillen von Hunderten von Menschen. Viele Menschen hinter der Erschaffung dieser Bilder sind Feministinnen, und unser Wille ist nicht nur kraftvoll, sondern auch weitreichend.

Anmerkungen

1 Siehe auch Violet Blue, „Why That Slate Magazine Article Pissed You Off (And Why You Should be Livid)", *Tiny Nibbles*, 26. Februar 2011, http://www.tinynibbles.com/blogarchives/2011/02/why-that-slate-article-pissed-you-off-and-why-you-should-be-livid.html.

2 In der homosexuellen männlichen Porno-Industrie, die Sex-Darbietungen von Mann/Mann sowie auch bisexuelle Szenen enthält, ist der Gebrauch von Kondomen verpflichtend, Tests für sexuell übertragbare Infektionen (STI) sind es jedoch nicht.

3 Für eine weiterführende Konversation zu diesem Thema lesen Sie Ernest Greene, „Latest HIV-in-Porn Panic: Rumor Control Re-opens for Business", *The Blog of Pro-Porn Activism*, 14. Juni 2009, http://bppa.blogspot.com/2009/06/latest-hiv-in-porn-panic-rumor-control.html.

Pornografie: Die Aussöhnung einer schwarzen, feministischen Gelehrten

Ariane Cruz

Ariane Cruz ist Assistenzprofessorin der Fakultät „Women's Studies" an der Pennsylvania State University. Ihren Doktor machte sie an der University of California in Berkeley über afrikanische Diaspora mit Schwerpunkt Frauen, Geschlecht und Sexualität. Zu ihren Forschungsgebieten gehören Bilder schwarzer, weiblicher Sexualität, schwarze Visualität und Pornografie. Derzeit arbeitet sie an einem Manuskript über schwarze Frauen, BDSM und Pornografie. Zu ihrem Unterricht an der Penn State gehören Vorlesungen über feministische visuelle Kultur und Darstellungen von Hautfarbe, Geschlecht und Sexualität.

> Sie kann nicht anders und denkt: Armselig. Unwissend. Billig. Deprimierend.
> Das ist weder erregend noch stimulierend.
>
> – *Alice Walker*, Porn[1]

Vor vierzig Jahren schrieb Alice Walker eine ehrliche, scharfsinnige Schilderung ihrer intimen Erfahrungen mit Pornografie als schwarze Frau. Vor etwa sechs Jahren begann ich damit, mir im Rahmen der Recherchen für meine Doktorarbeit ernsthaft harte Pornografie mit schwarzen Darstellerinnen anzusehen. In ihrem Essay schildert Walker, wie sie in einer leidenschaftlichen Beziehung mit einem männlichen Partner mit Pornografie experimentierte, da er sie aufgefordert hatte, sich seine Porno-Sammlung mit ihm anzusehen. Die Pornografie sollte die Beziehung bereichern, doch stattdessen tötet sie Walkers Libido, unterdrückt den „Fluss" sexueller Energie und bewirkt, dass er „an der Mauer hinabgleitet, die ihr Körper ist, und aus ihrem Inneren verdrängt wird".[2] Walker beschreibt, wie besonders zwei pornografische Szenen sie zutiefst verstört haben, die sie sich gemeinsam mit ihrem Liebhaber angesehen hat – erstens eine bildschöne schwarze Frau, die Ähnlichkeit mit ihrer engen Freundin Frannie hatte, in einem Dreier mit zwei unansehnlichen weißen Männern; zweitens eine „DP"-Szene, in der eine weiße Frau von zwei schwarzen Männern gefickt wird, die Ähnlichkeit mit Walkers Brüdern Bobo und Charlie hatten.[3] Diese Szenen prägen ihre Vorstellung von Pornografie dergestalt, sie „kann nicht anders und denkt: Armselig. Unwissend. Billig. Deprimierend. Das ist weder erregend noch stimulierend."

Da ich in meinem Privatleben viele ähnliche Augenblicke erlebt habe, und die Erlebnisse wurden intensiver und komplexer, seit ich Pornografie unabhängig und mit einem neuen Titel konsumiere: Gelehrte. Ich war gekränkt oder verwirrt oder beides, wenn ich Pornos in der Schublade eines Partners fand (einer von vielen geheimen Vorräten, die ich im Laufe der Jahre finden sollte). Ich wusste nicht, wie man Pornografie „erfolgreich" in sexuelle Beziehungen einbaut, und zwar in einer Weise, die für beide Partner lustvoll und nicht schädlich ist. Ich war im Zweifel, ob das überhaupt möglich ist. Das alles nahm schon viele Fragen vorweg, die meine späteren Forschungen aufwerfen sollten. Mich verstört in zunehmendem Maße nicht nur, wie Walker in ihrem Essay schildert, dass man Menschen, die man kennt, im Porno sieht, und Porno in Menschen, die man kennt, sondern auch, dass man Pornografie in sich selbst sieht und sich selbst in der Pornografie. Da sich meine Forschungen speziell damit beschäftigen, wie schwarze Frauen in der Pornografie dargestellt werden, war es mir unmöglich, dass ich mich nicht selbst in einigen der Szenen vorstellte, die ich sah. Diese persönlichen Auswirkungen meiner akademischen Auseinandersetzung mit Pornografie hatte ich nicht vorausgesehen. Wie Walker schildert, besteht bei sexueller Intimität häufig die Gefahr, dass eine derartige Wirkung noch gesteigert wird.

Dass Partner sich, wie ich es nenne, in der „Sprache der Pornografie" unterhalten, ist nichts Neues, allerdings wurden solche Äußerungen in zunehmendem Maße disharmonisch, da meine Ausdrucksweise aufgrund meiner Forschungen immer flüssiger wurde. Diese Sprache, ein visuelles und körperliches Lexikon, beinhaltet Standardaussagen und Handlungsweisen, die zum üblichen Repertoire der meisten Mainstream-Pornos in Amerika gehören – dass man überaus gekünstelte und „schmutzige" Dialoge führt; dass beim Oralsex ständig über die Vagina gestrichen, darauf geschlagen oder gespuckt wird; dass der Penis exzessiv gegen Hüften, Pobacken, Gesicht oder Brüste klatscht; dass man abgefahrene Stellungen einnimmt, die ein hohes Maß an körperlicher Gewandtheit erfordern und visuell einen enormen Reiz bieten, der Lust jedoch meist mehr als abträglich sind; dass man gebeten wird, Schuhe oder Unterwäsche anzubehalten; dass man an den Haaren gezogen wird; und natürlich nicht zu vergessen die Einstellung, die als „money shot" gilt, als die Einstellung, die das Geld bringt: die Fixierung der Ejakulation ins Gesicht oder auf die Brüste (gemeinhin eher „Titten" genannt). Diese Akte mögen nicht zwangsläufig Nachahmungen von Pornografie sein, doch dass ich sie bestenfalls als Kopien schauspielerischer Vorlagen betrachte, liegt sicher an meinem Pornokonsum. Ganz gleich also, ob ich es will oder nicht, spielt Pornografie eine nicht unerhebliche Rolle in meinen intimen Beziehungen.

Ich bin nicht nur unsicher, was meine persönlichen (und beruflichen) Ansichten zur Pornografie angeht, sondern ringe auch damit, wie ich sie metaphorisch wie körperlich einordnen soll. Die Zwickmühle der breiteren soziokulturellen Position der Pornografie findet – in einem kleineren Maßstab – ihre Entsprechung in meinem Leben wie in meiner Arbeit. Von dem Augenblick an, da ein Objekt in meinem Briefkasten landet – ob es sich dabei um ein in schwarze Plastikfolie eingeschweißtes Magazin handelt, die den pornografischen Inhalt verheimlichen soll, dabei aber dem Briefträger und meinen Nachbarn „Porno!" regelrecht ins Gesicht schreit, oder um einen auffällig unauffälligen Pappkarton mit DVDs –, spiegelt es eine ambivalente Unterdrückung von Pornografie wider, die im Konflikt mit meinen Zielen als Forscherin steht, sie als kritisches Medium der Produktion hautfarbenbetonter Sexualität zu zeigen. In vieler Hinsicht ist mein Apartment zu einem unwahrscheinlichen Mikrokosmos geworden, der auf komische Weise die antipodische Positionierung von Pornografie im Mainstream der amerikanischen Kultur verdeutlicht – Linda Williams spricht von „on/scenity", eine Wortschöpfung, die das Paradoxon der Pornografie ausdrücken soll, ein Zustand, der die ausgegrenzte und dennoch zentrale Position innerhalb der amerikanischen Kultur beschreibt, ebenso ihre instabile Ansiedelung irgendwo zwischen dem Realen, Symbolischen und Imaginären, zwischen Mainstream und Randerscheinung, Legalität und Illegalität, Gut und Böse und ebenso heiß begehrt wie inbrünstig verabscheut.[4] Die häufig panischen Bemühungen, meine Wohnung aufzuräumen, bevor ein neuer Gast zu Besuch kommt, umfasst in aller Regel nicht nur, dass ich Kleidungsstücke wegräume und das Geschirr spüle, sondern auch, dass ich meine Pornografiesammlung verstecke. Ich verberge meine pornografischen Magazine hinter ihren orthodoxen Geschwistern – Kochzeitschriften. Porno-DVDs stelle ich, mit dem Rücken nach hinten, zwischen ihre nicht so anrüchigen Vettern – Fitness-DVDs. Da ich die „akademische" Bibliothek meiner wissenschaftlichen Bücher über Pornografie nicht verberge, musste ich mir häufig Fragen von aufmerksamerem Besuch anhören, wenn die Personen sich die Mühe gemacht haben, die Büchersammlung in meinen Regalen durchzusehen. In meinem Büro, wo ich mir keine Hardcore-Pornofilme oder explizites Printmaterial ansehe, verhält es sich ganz ähnlich. Überlegungen, wie sich Pornografie in den persönlichen Raum meines Zuhauses und den beruflichen Raum meines Büros integrieren lässt, stehen stellvertretend für die größere, aber gleichermaßen nebulöse Frage nach dem Platz der Pornografie in der modernen Gesellschaft.

Meine Ambivalenz gegenüber der Pornografie wird weiter geschürt durch einst lustige, inzwischen aber nervige Fragen (überwiegend, aber nicht ausschließlich, von Männern) wie: „Brauchen Sie einen Forschungsassistenten?" „Ich bin so fasziniert von dem Thema, können wir uns ausführlicher darüber unterhalten – vielleicht beim Essen oder einem Drink?" Oder manchmal unverfänglichere, aber nicht weniger aufgeladene Fragen wie: „Wie kommen Sie denn *dazu*?" Diese Fragen verbergen nicht selten eine Vielzahl nicht ganz so angemessener Fragen wie „Sind Sie *verrückt*?", „Was ist los mit Ihnen – was sind Sie denn für eine Perverse?", „Warum wirft eine junge Professorin wie Sie ihre akademische Laufbahn weg, indem sie diesen Unsinn studiert?" und „Warum machen Sie ‚das', gerade als schwarze Frau?". Die letzte Frage, die mitunter gar den Unterton einer Warnung hat, verweist immer noch auf die Politik des Achtbaren, die nach wie vor Ausdrucksformen und Praxis der Sexualität schwarzer Frauen bestimmen, und auf die vorsichtigen Verhandlungen ihres ohnehin umkämpften Platzes in der akademischen Welt.

Meine Antworten auf diese Fragen sind unvollständig. Hin und wieder verweise ich die Fragestellenden keck auf Peter Lehmans umfassenden Artikel darüber, warum man Pornografie studiert und unterrichtet.[5] Manchmal reagiere ich – immer noch nicht die Antwort, die ich mir wünsche – mit der Standardauskunft, dass Pornografie, die allein in den USA eine Multimilliarden-Dollar-Industrie darstellt, ein weitgehend unerforschtes Medium ist, besonders in seiner Darstellung und Konstruktion schwarzer, weiblicher Sexualität. Auf diese Antwort bekomme ich nicht selten die anschließende Frage zu hören: „Werden in der Pornografie nicht alle Frauen als Objekte behandelt – d. h., inwiefern werden schwarze Frauen anders dargestellt als Weiße, Asiatinnen, Latinas oder jede andere Gruppe von Frauen?" Hier wird meine Antwort deutlicher zu der Zurechtweisung, die mir vorschwebt, und besteht meist aus einer Batterie von Gegenfragen, die ich als Munition ansehe. „Erleben alle Frauen ihr Frauendasein auf dieselbe Weise; haben alle Frauen dieselbe Vorgeschichte; ist allen Gruppen von Frauen dasselbe Erbe von sexueller Gewalt gemeinsam?" Geht man davon aus, dass in der Pornografie alle Frauen gleich dargestellt werden, dann missachtet man dabei die Hautfarbe als entscheidende Kategorie von menschlichen Unterscheidungen und Machtfragen. Es ist eine Behauptung, die die Intersektionalität als wichtige feministische und antirassistische Form der Kritik leugnet, die darauf abzielt, über den Nexus von Hautfarbe, Geschlecht, Sexualität, Klasse und Unterdrückung kritischer zu diskutieren und sie zu dekonstruieren, um die Vielfalt weiblicher Erfahrungen besser zu verstehen und letztendlich wirksamere Modi des Widerstands gegen Hierarchie und Hegemonie zu finden.[6]

Als Frau und schwarze feministische Gelehrte, die das Frauenbild in der zeitgenössischen Hardcore-Pornografie in Amerika untersucht, habe ich es mit einer tief empfundenen Ambivalenz zu tun, was meinen eigenen Konsum von Pornografie angeht.[7] Als ich mit diesem Projekt anfing, war ich davon überzeugt, dass Pornografie nicht „antiwomanist" war, Alice Walkers poetischer Begriff, der die Perspektive einer schwarzen Feministin und einer farbigen Frau in sich vereinigt. Das heißt, nach meinem Dafürhalten stand Pornografie nicht im Widerspruch zu Selbstbestimmung, Ausdruck von Sexualität und Zugang zu Lust und erotischer Macht von schwarzen Frauen. Obwohl Audre Lorde in ihrer bahnbrechenden Konzeptualisierung der Erotik als „Lebenskraft von Frauen" Pornografie als Antithese zu Erotik definiert, war ich überzeugt, Pornografie könnte als (wenn auch problematisches) Werkzeug dienen, durch das Frauen ihren erotischen Empfindungen freien Lauf lassen können, um nicht nur sexuelle Macht und Lust zu erleben, sondern auch ein Wissen um das Fleisch, und zwar körperlich wie seelisch.[8] Eine Zensur von Pornografie wäre gleichbedeutend damit, die erotische Autonomie und sexuelle Selbstbestimmung von Frauen zu regulieren, die, wie M. Jacqui Alexander uns vor Augen führt, kritische Elemente nicht nur des Bemühens um Dekolonisierung sind, sondern auch ein Kampf gegen Re-Konolisierung als „Versuch des Staates und der globalen wirtschaftlichen Interessen, die er repräsentiert, eine psychische, sexuelle und materielle Usurpation der Selbstbestimmung …".[9] Da ich mich als „sexpositiv, sexuell liberal und Pro-Porno-Feministin" definierte, glaubte ich, dass Pornografie nicht nur ein häufig zentrales, aber in akademischen Kreisen häufig vernachlässigtes Thema wäre, um über schwarze, weibliche Sexualität nachzudenken, sondern an sich gut.[10] Pornografie ist eine bedeutende Sprachinstanz und ein kreatives Kulturprodukt, das weitgehend produktive Möglichkeiten von und für sexuelle Ausdrucksmöglichkeiten eröffnet. Porno bietet einen sicheren Raum, in dem man Zugang zu Lust hat und Fantasien ausleben kann. Mit „sicher" meine ich, dass man durch Pornografie eigene sexuelle Fantasien ausleben kann, aber ohne viele der realen Konsequenzen, die man mit körperlicher sexueller Partnerschaft assoziiert – sexuell übertragbare Krankheiten, eine Myriade Verpflichtungen, emotionale Abhängigkeit und so weiter und so fort.

Ich hoffte, dass Pornografie im Falle einiger schwarzer Frauen sogar eine Lösung für jene sein könnte, die in einer, wie es Darlene Clark Hine ausdrückt, *Kultur des Verbergens* gefangen sind, einer Politik des Schweigens, die Ausdrücke schwarzer, weiblicher Sexualität verhüllt. Hine postuliert, dass eine Kultur des Verbergens von schwarzen Frauen als Reaktion auf die historische Realität von sexueller Unterdrückung, sexueller Gewalt und der Drohung von beidem praktiziert wird. Also Folge einer Geschichte der Gewalt ist, deren Wurzeln in der Vorkriegssexualpolitik und -praxis liegen. Afroamerikanische Frauen haben „den Anschein von Offenheit und Öffentlichkeit geschaffen, tatsächlich jedoch die Wahrheit über ihre inneren Befindlichkeiten und Persönlichkeiten vor ihren Unterdrückern verborgen".[11] Pornografie, dachte ich, könnte ein unwahrscheinliches Werkzeug sein, um „Verstohlenheit und Distanziertheit" zu überwinden, mit denen viele schwarze Frauen sich als Schutz vor sexueller Gewalt bewaffnen.[12]

Dieses Wissen um das produktive Potenzial von Pornografie für schwarze Frauen hat mich von einer ganzen Zahl von bedeutenden schwarzen feministischen Intellektuellen entfremdet, deren Arbeit ich sehr schätze, nicht nur von Walker. Tatsächlich hat der schwarze Feminismus historisch einige spezielle Hindernisse für schwarze Konsumentinnen von Pornografie errichtet. Patricia Hill Collins zum Beispiel argumentiert in ihrer Studie über die Sexualpolitik schwarzer Frauen, dass schwarze Frauen eine „der Säulen sind, auf denen die zeitgenössische Pornografie ruht" – als Medium, das schwarze Frauen als Sexobjekte behandelt, auf Gewalt als explizites oder implizites Thema setzt und Themen wie weibliche Passivität bevorzugt.[13] Jewel D. Amoah argumentiert in „Back on the Auction Block: A Discussion of Black Women in Pornography", dass Pornografie für schwarze Frauen besonders schädlich ist, da sie eine doppelte Gefahr birgt und Rassismus und Sexismus in sich vereint. Collins und Amoah sind der Meinung, dass schwarze Frauen besonders anfällig für die schädlichen Auswirkungen von Pornografie sind, da sie sich mit der Sexual- und der Rassenpolitik abfinden müssen – Sexismus und Rassismus.[14] Tracey A. Gardners „Racism in Pornography and the Women's Movement" bestätigt die soziohistorische Auffälligkeit von Rassismus in der zeitgenössischen amerikanischen Pornografie. Gardners Angriff gegen die Pornografie, den sie erstmals 1978 auf der Konferenz Feminist Perspectives on Pornography vorlegte, ist zutiefst persönlich: „Sie müssen verstehen, wenn eine farbige Person in der Pornografie präsentiert wird, macht nicht das körperliche Erscheinungsbild dieser Person den Rassismus aus, sondern vielmehr, wie die

Pornografie die zugrunde liegende Geschichte und die Mythen ausbeutet, die farbige Menschen in diesem Land umgeben und unterdrücken."[15] Ebenso betont Luisah Teish den besonderen schädlichen Einfluss, den Pornografie auf schwarze Frauen ausübt, da sie mit einem historischen Erbe von Gewalt (und speziell sexueller Gewalt) belastet sind. Sie schreibt: „Wie die Porno-Industrie die Körper schwarzer Frauen ausbeutet, unterscheidet sich qualitativ von der Ausbeutung weißer Frauen."[16] Diese Gelehrten haben zwar einen bedeutenden Anteil daran geleistet, Pornografie in den Diskurs des schwarzen Feminismus einzubringen und den einzigartigen soziohistorischen, kulturellen und politischen Hintergrund für schwarze Frauen zu berücksichtigen, doch das Fundament von Rassismus, Sexismus, Ausbeutung und Unterdrückung, das dieses Werk stützt, verhindert eine nuanciertere und radikalere Analyse der Polyvalenz von Pornografie. Darüber hinaus verhindert es eine realistische Darstellung der komplexen Sexualität schwarzer Frauen und ihrer produktiven Gelegenheiten für schwarze, weibliche sexuelle Lust und Macht.

In jüngerer Zeit jedoch entstehen Räume, wo produktive Arbeit stattfindet, kreative wie intellektuelle, die das schwarze, feministische Potenzial von Pornografie erkennt und erforscht. Die schwarze, unabhängige Filmemacherin, Autorin und Künstlerin Abiola Abrams hat mit der Porno-Pionierin Candida Royalle zusammengearbeitet und *Femme Chocolat* begründet, eine Produktionsfirma für erotische Videos, die aufbegehrt gegen hegemonistische Erzählungen über sexuelle Unterdrückung, Ausbeutung und Exotisierung schwarzer Frauen. Mit einem ganzen Arsenal schwarzer Darstellerinnen versucht diese Reihe, Hierarchien der Schönheit und des Körpers zu destabilisieren und farbigen Frauen mehr Einfluss zu verleihen – ein in der Porno-Industrie weitgehend unbeachteter Markt.[17] Die ebenfalls in der Arena der Porno-Produktion als Autorin, Sexualtherapeutin und feministische Pornografin tätige Tristan Taormino erkennt nicht nur das emanzipatorische feministische Potenzial von Pornografie, sondern legt auch die vielfältigen und nicht selten problematischen Quellen sexueller Lust von Frauen offen. Zum Beispiel erforscht Taormino in einer hochgelobten Videoserie mit dem Reihentitel *Rough Sex* auf dynamische Weise Rollenspiele und realisiert tatsächliche Fantasien sexueller Aggression der DarstellerInnen auf eine Weise, die ein Licht auf die komplexen Verflechtungen von Gewalt, Schmerz, Mittäterschaft und sexueller Lust schwarzer Frauen wirft.

Auch die schwarze, lesbische Filmemacherin Shine Louise Houston hat das Feld der Produktion von „queer"-Pornos verändert. Sie begehrt gegen die Mainstream-Darstellung „normativer" schwarzer weiblicher Sexualität im Porno auf und meint: „Die Erzeugung von Bildern bedeutet Macht, und wenn eine Frau, die farbig ist und queer, sich diese Macht nimmt ... finde ich das nicht ausbeuterisch; ich halte es für notwendig."[18] Houston produziert „feministische Independent-Hardcore-Lesbenpornos", die gegen das Klischee angehen, „dass Porno zwangsläufig aus der Ausbeutung von Frauen besteht und Sex in Pornos immer Gewalt gegen Frauen bedeutet".[19] Mit seiner wunderbaren Kinematografie, frischen Erzählsträngen und einer unglaublichen Vielfalt an DarstellerInnen unterläuft Houstons Werk auf kritische Weise Darstellungen des sexuellen Verlangens schwarzer Frauen und präsentiert Formen der Lust außerhalb hegemonistischer, heteronormativer Darstellungen schwarzer Frauen im Porno. Nun gibt es zwar Beweise für schwarze, feministische Sichtweisen in der Produktion von Pornos, aber schwieriger ist es, diese Sichtweise auch unter akademischen Gelehrten durchzusetzen. Mireille Miller-Young setzt sich allerdings damit auseinander, wie schwarze Darstellerinnen und Produzentinnen autonom die Landschaft der Pornografie erforschen und Porno als ein kritisches Medium für Arbeit, Lust und Selbstdarstellung schwarzer Frauen analysieren. Miller-Youngs unschätzbare historische und ethnografische Forschungen, die die komplexe schwarze, weibliche Sexualpolitik beleuchten, legen offen, wie schwarze Frauen sich als Sexualobjekte auf eine Weise an „verbotenen erotischen Ökonomien" beteiligen, die ihre berufliche Autonomie, finanzielle Unabhängigkeit und Selbstbestimmung belegen.[20] Dieses Werk, das kreativ und akademisch zugleich ist, hat entscheidend dazu beigetragen, den Blickwinkel der schwarzen feministischen Pornografie zu erweitern und von seinen androzentrischen, anti-pornografischen und heteronormativen Wurzeln abzuwenden. Diese Frauen, die schwierige Fragen nach den Verflechtungen von sexueller

Lust und Gewalt, Arbeit und freier Handlungsentscheidung, Selbst-Autorschaft und Selbstdarstellung, Verlangen und Ethik stellen, leisten wichtige Beiträge, die die Kurzsichtigkeit des schwarzen feministischen pornografischen Blickes korrigieren und unser Wissen über die Überlappung von Macht und Lust für schwarze Frauen erweitern.

So, wie Alice Walker sich daran abgearbeitet hat, Porno als ein Vehikel für sexuelle Lust und Selbstverwirklichung zu nutzen, so habe ich mich an meiner Prämisse vom Wert der Pornografie und den regenerativen Möglichkeiten abgearbeitet, die sie speziell schwarzen Frauen bieten könnte. Meine Einstellung zur Pornografie hat sich gewandelt. Die tägliche Flut der immer gleichen Bilder von häufig anonymen schwarzen Frauen *(phat booty hoes, brown bottom girls, horny ebony sluts* und *chocolate cream pies)*, die sich bruchstückhaft, zusammenhanglos und versachlicht von meinen Regalen ergießt, als Lesezeichen in meinem Computer zu Hause und im Büro markiert ist und sogar hinter meinen geschlossenen Lidern flackert, hat meiner anfänglich optimistischen Einstellung zur Pornografie einen Dämpfer verpasst. Jahre später bin ich zweifelsfrei von meiner ersten Hypothese überzeugt – der Tatsache, dass Pornografie ein unschätzbares Medium ist, um schwarze, weibliche Sexualität zu analysieren. Letzteres freilich ist nicht mehr ganz so gewiss. Das heißt, ich bin nicht mehr so sehr vom Wert der Mainstream-Pornografie überzeugt – ihrer Darstellung alternativer Sexualität, ihrer Möglichkeiten sexueller Lust außerhalb einer weißen, heteropatriarchalischen Fantasie und ihrer Fähigkeit, ein zugegeben utopisches Konstrukt hervorzubringen, das ich „dauerhafte Erregung" nennen möchte, eine Erregung, die kein vergängliches Gefühl ist, sondern eines, das Bestand hat. Die sexuelle Lust, die die Mainstream-Pornografie erzeugt, gehört zunehmend dieser nicht dauerhaften Ausprägung an – eine reflexartige Reaktion des Körpers, die schnell vom Verstand erstickt wird, der angesichts der Bilder nur noch eines denkt: Armselig. Unwissend. Billig. Deprimierend.

So hat die Funktion der Pornografie als „Körper-Genre" eine neue, profundere Bedeutung für mich. Linda Williams identifiziert Pornografie als eine von drei Arten von Körper-Genres: Filmgenres, die eine körperliche Reaktion beim Zuschauer auslösen, die das nachahmt, was die

DarstellerInnen auf der Leinwand erleben.[21] Die Einordnung der Pornografie in Körpergenres basiert auf ihrer Fähigkeit, ein Bauchgefühl beim Zuschauer zu erzeugen. Sie besitzt die Macht, dass sie körperlichen Einfluss auf das Publikum nimmt – sei es durch eine erhöhte Körpertemperatur, einen beschleunigten Herzschlag oder, am häufigsten, einen Blutstrom in die Genitalregion und damit verbunden ein Gefühl sexueller Erregung. Was mich im gesamten Verlauf meiner Forschungen so fasziniert hat, ist die enorme Diskrepanz zwischen Pornografie als Körpergenre und der Fähigkeit von Pornografie, auch den Geist zu stimulieren. Das heißt, mitunter rassistisches, sexistisches und rein anstößiges Material kann und wird den Körper erregen, während es den Verstand gleichzeitig anödet. Ich habe, würde ich sagen, zahllose, wie ich sie nennen würde, erschreckende Hardcore-Bilder des schwarzen, weiblichen Körpers gesehen. Doch trotz meiner Vorbehalte dagegen, wie die Frau von ihrem Partner behandelt werden mag, wie sie positioniert, angesprochen oder bekleidet wird, und wie sie ihre eigene sexuelle Lust ausdrückt (oder eben nicht), es existiert das, wenn auch kurzlebige, Potenzial körperlicher Erregung. Ich glaube, dass die Pornografie häufig keine Trennung von Geist und Körper zulässt, sondern vielmehr eine Beziehung herstellt, die meinen kritischen Verstand als Akademikerin zu einem Fremden für meinen Körper macht, und umgekehrt. Mein akademisch geschulter, schwarzer feministischer Verstand hadert oft mit meinem Körper, weil er auf diese Weise reagiert.

Tatsächlich ist diese Fähigkeit der Pornografie, dass sie Körper und Geist der Zuschauer auf unterschiedliche und konkurrierende Weise anspricht, nur eine weitere Facette der grundsätzlichen Ambivalenz von Pornografie. Diese Zweideutigkeit zeigt sich besonders deutlich an der instabilen und oszillierenden Darstellung des schwarzen, weiblichen Körpers – zwischen Fantasie und Realität, Lust und Abscheu. Es ist also nicht nur so, dass „diese Manipulation von Gefühlen im Herzen der Volatilität von Pornografie als Genre liegt", sondern dass dieses Zusammenwirken von Abscheu und Emotionen das Fundament der Faszination von Porno als viusellem Medium darstellt – Porno kann nicht nur Verstand und Körper in unterschiedliche, konträre Richtungen bewegen, er besitzt auch eine ungeheure Ambivalenz, Multivalenz und die

Macht, dass er so vielen verschiedenen Menschen in so verschiedenen Kontexten in so kurzer Zeit so viel verschiedene Dinge bedeuten kann.[22] Meine kontextuelle Affinität zur Pornografie mag deutlich gesunken sein, aber meine Überzeugung, dass es sich um ein wirkungsmächtiges und bedeutendes Medium handelt, nicht.

Um dieser Zwickmühle zu entkommen, um zu verhindern, dass ich denke: „Armselig. Unwissend. Billig. Deprimierend", habe ich stets die Konzeptualisierung von negativen oder positiven Bildern der schwarzen Feministin Michelle Wallace als ein Mantra genommen, das meinen Forschungen zugrunde liegt. Wallace problematisiert das binäre Negativ oder Positiv als vorherrschenden Modus visueller Kritik. Ein Großteil der Literatur und Diskussionen über visuelle Abbildungen von Schwarz-Sein kreisen um dieses Positiv-negativ-Schema. Das bedeutet, manche Bilder, die schwarze Menschen auf eine angemessen ehrenvolle Weise beschreiben, sind „gut", während andere, die sie auf unvorteilhafte Weise darstellen, als „schlecht" eingestuft werden. Wallace kritisiert diese binäre Sichtweise zu Recht, wenn sie sagt, dass damit der Kulturproduktion die Rolle eines Korrektivs zugeschrieben wird, während man gleichzeitig bei der Kritik der Darstellung zu sehr auf die Seite der Rezeption und nicht auf die der Produktion fixiert ist.[23] Verlässt man sich allein auf das Positiv-negativ-Schema, unterdrückt man damit, wie wir Bilder von Schwarzen sehen und kritisieren, und erstickt unser kritisches visuelles Lexikon. Die Anwendung eines Positiv-negativ-Rahmens als Art der darstellenden Methodologie erstickt die Sprache der Kritik an kulturellen Darstellungen.

Wallace' bedeutende Theorie dient als konstante und dringend erforderliche Erinnerung, nicht in die Manichäische Scheidung zu verfallen, die nach wie vor einen Großteil der akademischen Beschäftigung mit Pornografie prägt. Als solche hilft sie mir kontinuierlich, meine Gedanken und Gefühle miteinander auszusöhnen – als schwarze, feministische Frau und als Gelehrte (zwei miteinander verflochtene Identitäten, deren Unterschiede, die möglicherweise nie wirklich existiert haben, umso mehr verschwimmen, je weiter ich mich auf dieser akademischen Flugbahn bewege), die Pornografie studiert. Pornografie lässt mich an unterschiedlichen Tagen Unterschiedliches empfinden. Ebenso oszillieren meine Gefühle dafür in verschiedenen Kontexten. Ich nehme hin, dass es akzeptabel ist, wenn ich Gefallen an Pornografie finde (die keinen uniformen Monolithen darstellt) und sie gleichzeitig kritisiere. Diese Bewegung, die von meiner intimen Vertrautheit mit Pornografie angetrieben wird, finde ich so aufregend, vielversprechend und herausfordernd an dem Medium. Letztlich hoffe ich, dass mir die Aufrechterhaltung dieser Beziehung zur Pornografie am Ende ermöglicht, eine bessere Gelehrte zu sein.

Ich trete dafür ein, dass wir uns nicht von einer Art Politik der Achtbarkeit einengen lassen, was die Pornografie anbelangt, sondern uns stattdessen einer Politik der Perversion befleißigen, einer durchschlagenden Veränderung in schwarzen feministischen Studien, um die Verflechtungen von Lust und Macht durch Konsum, Darstellung und Produktion von Pornografie kritisch zu analysieren. Meine Beschwörung einer Politik der Perversion fußt dabei auf der pluralistischen und polymorphen Resonanz des Begriffs Perversion.[24] Als Korruption an sich erkennt die Politik der Perversion die subversive, transformierende Kraft der Perversion als etwas, das eine Abweichung vom althergebrachten Kurs in die Wege leitet, und auch den sexuellen Trotz, den diese Perversion evoziert.[25] Eine solche Politik der Perversion könnte man als eine Art von „queering" ansehen, das uns ermöglicht, „sexuelle Lust als feministische Wahl" zu sehen – und die komplexen und widersprüchlichen Wege, auf denen Pornografie fortwährend die Drehachse des Nexus von Macht und Lust schwarzer Frauen in Schwung hält.[26]

Die Trennung von Pornografie und schwarzem Feminismus ist ein ideologischer Keil, der Elemente entzweit, die an sich zusammengehören und so in letzter Instanz eine Art von radikaler Analyse schwarzer, weiblicher Sexualität verhindert. Pornografie und schwarzer Feminismus unterhalten eine kritische, wenn auch brisante Beziehung zueinander. Wir dürfen diese Beziehung aber nicht als von Natur aus inkompatibel ansehen, sondern müssen Porno und schwarzen Feminismus dahingehend begreifen, dass sie einander in produktive Richtungen voranbringen, die schwarze weibliche Sexualität als „eine Domäne der Restriktion, Repression und Gefahr und der Erforschung, Lust und Handlungsmacht zugleich" erläutern.[27] Unter anderem zwingt die Pornografie den schwarzen Feminismus, sich mit Artefakten auseinanderzusetzen, wie der Politik des Achtbaren, dem Erbe schwarzer, weiblicher sexueller Gewalt und unseren persönlichen wie institutionalisierten Investments in Heterosexualisierung. Schwarzer Feminismus bringt seinerseits die Pornografie voran und macht sie verantwortungsvoller im Hinblick auf die mannigfachen soziohistorischen, kulturellen und politischen Erfahrungen, informativen Standpunkte, Aktivismus, Handlungsmacht, Arbeit und Darstellung schwarzer Frauen. Die Allianz von Porno und schwarzem Feminismus ermutigt uns, bewusster auf unsere sexuellen Begierden und unsere Grenzen zu achten. Zuletzt sorgt diese Beziehung dafür, dass wir uns mit den enormen Heterogenitäten von Pornografie und schwarzen amerikanischen Feminismen auseinandersetzen, denn so, wie es nicht nur einen schwarzen Feminismus gibt, so gibt es auch nicht nur eine Pornografie. So wird die Kluft der Spannung zwischen Pornografie und schwarzem Feminismus in sich zu einem produktiven Raum, um über die Komplexität und Vielfalt der Sexualpraktiken schwarzer Frauen und die Wandelbarkeit schwarzer weiblicher Sexualität nachzudenken.

Anmerkungen

1 Alice Walker, „Porn", in: *You Can't Keep a Good Woman Down* (New York: Harcourt Brace Jowanovich Publishers, 1971), 83.

2 Ebenda, 80; 84. In „Coming Apart", einem weiteren treffsicheren Text über Pornografie, porträtiert Walker abermals die schädliche Wirkung von hautfarbenbetonten pornografischen Fantasien und der Art, wie Porno bedrohlich in das Intimleben schwarzer Frauen eindringt. Siehe Alice Walker, „Coming Apart", in: *You Can't Keep a Good Woman Down* (New York: Harcourt Brace Jowanovich Publishers, 1971), 41–53.

3 DP ist eine in der Porno-Industrie weitverbreitete Abkürzung für „doppelte Penetration", ein Geschlechtsakt, bei dem eine Frau gleichzeitig von einem Penis in der Vagina und einem im Anus penetriert wird. DP, ein höchst riskanter und manchmal schmerzhafter Akt, bringt Darstellerinnen normalerweise mehr Gage ein.

4 Linda Williams prägte den Begriff *on/scenity*, um „die Geste" zu beschreiben, „mit deren Hilfe eine Kultur eben jene Organe, Akte, Körper und Freuden in die

öffentliche Arena bringt, die als ob/scene [obszön] bezeichnet und eben darum meist buchstäblich off/scene [nicht auf der Bildfläche] gehalten werden." Der Begriff „on/scenity" bezieht sich auf die Schriften von Laura Kipnis, die behauptet, dass „Pornografie absolut zentral und absolut marginal zugleich ist". Siehe Linda Williams (Hg.), *Porn Studies* (Durham: Duke University Press, 2004), 3, und Laura Kipnis: *Bound and Gagged: Pornografy and the Politics of Fantasy in America* (Durham, Duke University Press 1999), 181.

5 Lehmans Einführung präsentiert eine wunderbare Exegese der Frage, weshalb man Pornografie studiert und unterrichtet. Lehman legte eine Anzahl von Gründen vor, die eine akademische Auseinandersetzung mit Pornografie rechtfertigen (Forschung und Pädagogik), und zitiert die Einblicke, die Pornografie über menschliche Sexualität, ökonomische Wirkung, massive und globale Verbraucherbasis und wichtige Beziehungen zu neuen Technologien gewähren kann. Mehr dazu in: Peter Lehman: „‚A Dirty Little Secret' Why Teach and Study Pornography?", in: *Pornography: Film and Culture*, Hg. Peter Lehman (New Brunswick: Rutgers University Press, 2006). Linda Williams liefert ebenfalls einen Abriss ihrer pädagogischen Erfahrungen mit Vorlesungen über Pornografie im Unterricht von HochschülerInnen innerhalb akademischer Kreise. Beim Versuch, ihre Motive dafür zu erklären, dass sie Pornografie unterrichtet, zitiert Williams eine Verteidigung der Pornografie nicht, um einen Kampf gegen vehemente Anti-Porno-Feministinnen wie Andrea Dworkin und Catharine MacKinnon zu führen, sondern „um mich für eine substanziellere, kritische und textlich bewusste Kritik des populärsten Genres bewegter Bilder auf diesem Planeten einzusetzen". Siehe Linda Williams: „Porn Studies: Proliferating Pornographies On/Scene: An Introduction", in: Linda Williams (Hg.): *Porn Studies* (Durham: Duke University Press, 2004), 12.

6 Hier beziehe ich mich auf Kimberlé Crenshaws grundlegenden Artikel über Intersektionalität: „Mapping the Margins: Intersectionality, Identity Politics, and Violence Against Women of Color", *Stanford Law Review* 43, Nr. 6 (Juli 1991), 1241–1299.

7 Mich als schwarze Feministin zu bezeichnen, bedeutet für mich ein Interesse für und eine Hingabe an die Produktion von Wissen (akademisch, künstlerisch und kulturell) über die heterogenen Erfahrungen schwarzer Frauen, aber auch die Überzeugung, dass die Produktion dieses Wissens Macht erzeugt und Unterdrückung bekämpft.

8 Audre Lorde bietet uns eine der untraditionellsten, mächtigsten und nach wie vor radikalsten Konzeptualisierungen der Erotik. Lordes Erotik ist nicht zwangsläufig sexuell; sie ist eine Quelle von Macht und Wissen, die Frauen benötigen, um ihre „zutiefst weibliche und spirituelle Ebene" zurückzuerobern. Als „Lebenskraft für Frauen" ist diese Erotik in sämtlichen Aspekten der tagtäglichen Existenz von Frauen und unserer Interaktion mit anderen präsent, nicht nur in

sexuellen Begegnungen oder körperlichen Beziehungen. Nun mag Lordes Zurückeroberung und Re-Konzeptualisierung der Erotik für einige Frauen ein Hilfsmittel gegen sexuelle Unterdrückung und eine Möglichkeit liefern, Lust zu empfinden und zu teilen, aber letztendlich scheinen mir einige Punkte in ihrer Sichtweise der Erotik doch problematisch. Erstens missachtet sie die Möglichkeit von männlicher Erotik oder von männlichem Zugang zur Erotik. Der homogene, über einen Kamm geschorene Mann wird in einer Weise zum Sündenbock und Ursache für die Unterdrückung der Erotik von Frauen (ebenfalls eine fälschlich als homogen angenommene Gruppe) gemacht, die teleologisch eine Art von institutionalisierter patriarchalischer Sexualhegemonie und heteronormativer Kanalisierung der erotischen Macht von Frauen bekräftigt. Zweitens, indem sie Pornografie und Erotik als diametral entgegengesetzte Spielarten der Sexualität definiert, dämonisiert sie Pornografie auf ungerechte Weise. Pornografische Lust wird auf eine Form von Unterdrückung und Mangel an Gefühl reduziert. Mehr dazu siehe: Audre Lorde: „Uses of the Erotic: The Erotic as Power", in: *Sister Outsider: Essays and Speeches* (Berkeley: The Crossing Press, 1984), 53–59. Nachgedruckt in *Feminism & Pornography*, Hg. Drucilla Cornell (London: Oxford University Press, 2000), 569–574.

9 M. Jacqui Alexander: „Erotic Autonomy as a Politics of Deconolization", in: *Feminist Genealogies, Colonial Legacies, Democratic Futures*, Hg. M. Jacqui Alexander und Chandra Talpade Mohanty (New York: Routledge, 1997), 63–100.

10 Hier ist der Begriff „sexuell Liberale" von Anne Russo ausgeliehen, die mit der Bezeichnung „feministische und progressive Autorinnen, Gelehrte und Aktivistinnen" meint, „die die feministische und anti-pornografische Bewegung auf der Basis kritisiert, dass sie potenziell gegen das Recht des Individuums auf sexuelle Identität, sexuelle Ausdrucksmöglichkeiten, individuelle Interpretationen, Redefreiheit und Privatsphäre verstößt". Siehe Ann Russo: „Feminists Confront Pornography's Subordinating Practices", in: *Pornography: The Production and Consumption of Inequality*, Hg. Gail Dines, Robert Jensen und Ann Russo (New York: Routledge, 1997), 35.

11 Darlene Clark Hine: „Rape and the Inner Lives of Black Women in the Middle West", *Signs* 14, Nr. 4 (Sommer 1989), 912.

12 Lisa Gail Collins: *The Art of History: African American Women Artists Engage the Past* (New Brunswick, New Jersey: Rutgers University Press, 2002), 109.

13 Patricia Hill Collins: *Feminist Thought: Knowledge, Consciousness and the Politics of Empowerment* (London: Routledge, 1990), 168.

14 Laut Collins basiert Pornografie „auf Rassismus und Sexismus". Mehr dazu siehe Collins, 167. Amoah meint, Pornografie „schadet besonders schwarzen Frauen", deren Darstellung in der Pornografie nicht nur von Geschlechterausbeutung geprägt ist, sondern von „negativen rassistischen Stereotypen und Mythen". Mehr dazu siehe Jewel D. Amoah: „Nack on the Auction Block: A

Discussion of Black Women and Pornography", *National Black Law Journal* 4, Nr. 2 (Frühjahr 1997), 205.

15 Tracey A. Gardner: „Racism and the Women's Movement", in: *Take Back the Night*, Hg. Laura Lederer (New York: William and Morrow, 1980), 105.

16 Da „die Geschichte von Amerika weitgehend eine Geschichte systematischer und symbolischer Ausbeutung des schwarzen Frauenkörpers ist", argumentiert Teish, dass schwarze Frauen eine besondere Sichtweise auf die Überreste dieser Geschichte in der Pornografie haben. Siehe Luisah Teish: „A Quite Subversion", in: *Take Back the Night: Women on Pornography*, Hg. Laura Lederer (New York: William and Morrow, 1980), 155, 117.

17 Unter dem Pseudonym Vanessa Hottentot führte Abiola Abrams Regie bei *Afro-Dite Superstar* (2007), dem ersten Film der Marke Femme Chocolat, die von Candida Royalle produziert wird. Abrams sagt, *AfroDite Superstar* handelt davon „Frauen kulturell, politisch, emotional und sexuell zu mehr Macht zu verhelfen". Siehe Jamye Waxman: „Behind the Scenes with *AfroDite Superstar*: An Interview with the Film's Director, Abiola Abrams", Babeland, aufgerufen am 4. Oktober 2010, http://www.babeland.com/sex-info/features/afrodite-superstar-interview.

18 Shine Louis Huston ist Gründerin der Porno-Produktionsfirma Pink and White Productions. Mehr Informationen auf ihrer Website unter http://pinkwhite.biz/.

19 Mehr dazu siehe Malindo Lo: „Shine Louis Huston Will Turn You On", Curve 16, Nr. 1, aufgerufen am 6. Oktober 2011, http://backup.curvemag.com/Detailed/711.html.

20 Siehe Mireille Miller-Young: „Hip-Hop Honeys and Da Hustlaz: Black Sexualities in the New Hip-Hop Pornography", *Meridians* 8, Nr. 1 (2008), 261–292, und „Sexy and Smart: Black Women and the Politics of Self-Authorship in Netporn", in: *C'lick Me: A Newporn Studies Reader*, Hg. Katrien Jacobs, Marije Janssen und Matteo Pasquinelli, http:// www.networkcultures.org/_uploads/24.pdf.

21 Williams untersucht Horror-Filme, Melodrame und Pornografie als drei Arten von *Körpergenres*; Filme, die einen direkten Draht zum Körper des Zuschauers haben und dort reale körperliche Reaktionen auslösen. Siehe Linda Williams: „Film Bodies: Gender, Genre and Excess", *Film Quarterly* 44, Nr. 4 (1999): 2–13.

22 Catherine Zuromskis: „Prurient Pictures in Popular Film: The Crisis of Pornographic Representations", *The Velvet Light Trap*, Nr. 59 (Frühjahr 2007), 4.

23 Michele Wallace: *Invisibility Blues: From Pop to Theory* (New York: Verso, 1990).

24 Freuds Verständnis polymorpher Perversion ist an dieser Stelle nützlich als eine Form von Degenitalisierung und Ausweitung erotischer Lust.

25 Bei der Theorie über die Politik der Perversion verlasse ich mich auf die Multivalenz des Wortes „pervertieren" an sich, das (als Verb) definiert wird als „etwas von seinem ursprünglichen Kurs, seiner Bedeutung oder seinem Zustand abzubringen und in eine Verzerrung oder Korruption dessen umzuwandeln, was

ursprünglich beabsichtigt war; jemand von einem Weg abzubringen, der als richtig, natürlich oder akzeptabel betrachtet wird"; und als Substantiv (Perverser) „eine Person, deren sexuelles Verhalten als abnormal oder inakzeptabel betrachtet wird". Siehe The New Oxford American Dictionary, 3. Auflage (London: Oxford University Press, 2010), aufgerufen am 15. Oktober 2010, http:// www.oxfordreference.com.

26 In „Sexual Pleasure as Feminist Choice" tritt die afrikanische feministische Aktivistin und Gelehrte Patricia McFadden für die Notwendigkeit ein, eine Art von feministischer Begrifflichkeit einzuführen, in der „wir die erotische Kraft von Frauen als politische Ressource nutzen können, um unsere verschiedenen sozialen Räume ebenso wie uns selbst zu verändern". Für McFadden ist so eine Veränderung zwingend geboten, um Sexualität als „etwas jenseits von herkömmlichen reaktionären Erzählungen von effizienter Fortpflanzung, sicherer Mutterschaft und Schutz vor Krankheiten und Gewalt" zu erkennen. Mehr dazu siehe Patricia McFadden: „Sexual Pleasure as Feminist Choice", in: *Feminist Africa* 2 (2003), aufgerufen am 27. Septeber 2010: http:// www.feministafrica.org/index.php/sexual-pleasure-as-feminist-choice.

27 Carole S. Vance (Hg.), *Pleasure and Danger: Exploring Female Sexuality* (Boston: Routledge und Kagan Paul, 1984), 1.

Porno: Ein wirksames Vehikel für sexuelle Vorbilder und Erziehung

Nina Hartley

Nina Hartley weiß genau, wie wichtig sexuelle Selbstbestimmung ist, und das war ihr Ansporn während ihrer achtundzwanzigjährigen Laufbahn in der Unterhaltungsindustrie für Erwachsene. Als Darstellerin, Regisseurin, Autorin, Erzieherin, Rednerin und feministische Denkerin hat Hartley die ganze Welt bereist und ihre Botschaft verbreitet, dass sexuelle Freiheit ein Grundrecht des Menschen ist. Sie begrüßt die Möglichkeiten, die ihr die neuen sozialen Netzwerke bieten, um andere an ihrem Wissen teilhaben zu lassen und zu ermuntern, ganz gleich welcher Orientierung sie angehören. Sie ist die Autorin von *Nina Hartley's Guide to Total Sex.* Ihren Beruf als Pflegerin nutzen sie und ihr Mann I. S. Levine und produzieren Sexratgeber-Videos unter dem Reihentitel *The Nina Hartley Guides,* von Adam and Eve, die ein Millionenpublikum gefunden haben und aktuell in der neununddreißigsten Auflage sind. Sie ist immer noch vor der Kamera aktiv und lebt mit ihrem Mann in Los Angeles.

Als mein Vater herausfand, womit ich meinen Lebensunterhalt verdiene, fragte er: „Warum Sex? Warum nicht die Violine?" In dem Moment hatte ich keine Antwort für ihn parat. Heute weiß ich, dass ich in der Weise sexuell bin, wie Mozart musikalisch war. Ich bin einfach so gepolt; ein Leben öffentlicher Sexualität ist für mich seit meinem allerersten Bühnenauftritt so selbstverständlich wie das Atmen. Das gilt auch heute noch, nach einer beruflichen Laufbahn von fast drei Jahrzehnten.

1983 fing ich als Tänzerin an und sah mich überhaupt nicht als Pionierin. Ich machte einfach nur das, was ich nach der feministischen Schule in der Bay Area von San Francisco in den 1970er-Jahren für mein Recht und meine Pflicht als befreite Frau hielt: meine Sexualität zu entwickeln, wie es mir geboten schien. „Mein Körper, meine Regeln", lautete das Credo der Zeit, und für eine nicht monogame, bisexuelle Exhibitionistin mit ganz eigenen Vorstellungen von Sex war eine Laufbahn in der Unterhaltungsindustrie für Erwachsene die einzige Möglichkeit. Ich hatte nie die Absicht, zur Vorreiterin zu werden, sondern wollte nur meine wahre Lebensaufgabe ausüben: nicht aus einer theoretischen, sondern aus einer praktischen Warte über Sex, Sexualität und sexuelle Ausdrucksmöglichkeiten zu reden, damit ich anderen helfen könnte. Ein Nebenprodukt dieses Anliegens war, dass ich sogar meinen Lebensunterhalt damit verdienen konnte, was mir die finanzielle Sicherheit gab, mein Leben in den Dienst dieser Arbeit zu stellen.

Als ich meinen ersten Striptease hinlegte, war mir durchaus klar, welche bedeutende Vorarbeit die Frauen geleistet hatten, die vor mir kamen, besonders Betty Dodson (ein dreifach Hoch!), Xaviera Hollander und die Frauen des Boston Women's Health Collective. Ihre Bücher – *Liberating Masturbation, The Happy Hooker* und *Our Bodies, Ourselves* – haben den Grundstein für eine Welt gelegt, in der eine Frau mit unkonventioneller sexueller Identität glücklich, erfüllt und stolz sein kann, ohne dass sie sich rechtfertigen müsste. Im Lauf der Zeit wurde ich in der aufkommenden sexpositiven Bewegung in San Francisco aktiv. Ich schloss Freundschaft mit anderen erotischen WegbereiterInnen wie Annie Sprinkle, Carol Queen, Susie Bright, Patrick Califia, Gayle Rubin, Kat Sunlove, Bobby Lilly und Joanie Blank, die mit ihren Schriften über Sexualität und Sexualpolitik (ich wünschte mir, selbst Schriftstellerin zu werden, hatte aber einfach nicht die Disziplin dafür) denselben Krieg fochten wie ich, nur mit anderen Mitteln.

Mein erster Abstecher ins Porno-Metier erfolgte zu einem günstigen Zeitpunkt, da gleichzeitig gerade eine breitgefächerte öffentliche Debatte über Obszönität stattfand und HIV/Aids, das man da schon nicht mehr ausschließlich als die „Schwulenseuche" wahrnahm, zunehmend ins öffentliche Bewusstsein vordrangen. Anfang bis Mitte der 1980er-Jahre (ziemlich genau zu der Zeit, als der Markt für Videokassetten auch so richtig in Schwung kam) taten sich verschiedene Fronten in Sachen Pornografie auf. Eine Frontlinie wurde innerhalb der Frauenbewegung sichtbar und führte zu einem Bruch der Lager, die für und gegen eine

Zensur waren, und sie existiert bis auf den heutigen Tag (der sogenannte „Feminismus/Porno"-Krieg). Die andere Frontlinie zog die Bundesregierung, damals unter der Präsidentschaft von Ronald Reagan. Der wollte seine konservative Klientel beschwichtigen und versuchte, die Ergebnisse der 1970 unter Präsident Nixon von der Commission on Obscenity and Pornography durchgeführten Forschungen zu diskreditieren, die zu dem Ergebnis gelangt waren, dass explizites Material keinen gesellschaftlichen Schaden hervorrief, was Nixon augenblicklich verworfen hatte. Reagan rief die Meese Commission on Pornography ins Leben, die den Meese Report vorlegte: über 1900 Seiten anti-pornografischer Propaganda, die den Buchhändlern regelrecht aus den Händen gerissen wurde, was die amerikanische Regierung gewissermaßen selbst zum Bestseller-Pornografen machte. Die Kommission war so eindeutig voreingenommen, dass am Ende zwei der Mitglieder lieber davon zurücktraten, als ihre Namen unter die Ergebnisse zu setzen (obwohl sie anfänglich durchaus einen anti-pornografischen Standpunkt vertreten hatten).

Woher kamen plötzlich diese enormen Konflikte über die sexuelle Darstellung von Frauen im öffentlichen Raum? Meiner Überzeugung nach war das eine Funktion der Demografie. Frauen, die ihren Abschluss an der Highschool Ende der 1970er-Jahre gemacht hatten – als feministisches Denken die Vorstellungen über Sexualität beeinflusste –, waren jetzt Mitte zwanzig, eine natürliche Zeit dafür, Sexualität zu erforschen, zu experimentieren und zu hinterfragen. Der Feminismus brachte uns Schlagworte wie „Mein Körper gehört mir", während die prominente feministische Autorin Robin Morgan verkündete: „Porno ist die Theorie, Vergewaltigung die Praxis." Man ermutigte uns, selbst für unseren Orgasmus zu sorgen, während man uns versicherte, dass Penetration die patriarchalische Praxis wäre, den Frauenkörper zu kolonisieren, und jede Frau, die das wollte, nicht frei sei. Diese widersprüchlichen Botschaften sorgten dafür, dass alle Frauen an ihrem Verstand zweifelten. Wollten Frauen Rollenspiele, die die Machtverhältnisse umkehrten, wollten sie ihre PartnerInnen penetrieren oder von ihnen penetriert werden, wollten sie in ihrem Privatleben Pornografie konsumieren, so stellte man ihre feministische Glaubwürdigkeit infrage. Diese Spielart des Feminismus definierte das Politische als privat und demzufolge auch das Private als politisch. Man verlangte von uns, dass wir, in den Worten der Quäker des achtzehnten Jahrhunderts, „die Wahrheit und nichts als die Wahrheit" zu sprechen hätten, doch wenn wir das mit unseren individuellen Stimmen taten, warf man uns vor, dass wir unser Geschlecht als Ganzes verrieten. Dieser Kampf ist noch längst nicht vorbei, und es ist kein gutes Zeichen, dass Antisex-Konservative der politischen Rechten heute feministische, progressive Schlagworte heranziehen, um ihre gegen das Recht auf freie Entscheidung und gegen Frauen generell gerichteten politischen Ziele zu untermauern.

Auf der untersten Ebene stieg ich ins Porno-Geschäft ein, weil dort die nackten Frauen waren. Ich machte es wegen dem Sex. Ich wollte beiläufige sexuelle Beziehungen mit Frauen, ohne Gefühlsduselei und ohne Wenn und Aber. Ich suchte nicht nach lesbischen oder sonstigen Romanzen. Porno bietet den ganzen Spaß am Sex ohne das lästige Drumherum. Ich weiß, manche Leute finden diese Einstellung im günstigsten Fall beunruhigend und im ungünstigsten abstoßend und unmoralisch, aber sie entsprach ganz meinem Temperament. Ich wollte auch unbeschwerte sexuelle Kontakte mit Männern, hatte aber weder Zeit noch Geduld für die Paarungstänze in der Club- oder Bar-Szene, wo die Leute so tun müssen, als könnten, sollten oder müssten sexuelle Begegnungen in jedem Falle zu dauerhaften Liebesbeziehungen führen. Es hat mir nie gefallen, mich unter Leuten aufzuhalten, die betrunken oder high waren oder auch nur abgefeiert haben, weil sie sich nicht eingestehen konnten, dass sie einfach nur gefickt werden wollten. Ich stellte fest, dass ich im Porno nicht den Projektionen von Schuld- oder Schamgefühlen eines Partners oder einer Partnerin ausgeliefert bin, die sie ihres eigenen Verlangens wegen verspüren und mich eine Hure oder Schlampe nennen, während sie selbst keinerlei Verantwortung für ihr Verhalten oder ihre Beweggründe übernehmen. Meine Lüste und Neigungen passten perfekt zu den Anforderungen, die an eine Porno-Darstellerin gestellt werden, was mir zugutekam und zugegeben auch denen, die mich einstellten.

Aber weit über die Tatsache hinaus, dass Porno den perfekten Spielplatz für meine hedonistischen Charakterzüge bildete, sah und sehe ich ihn als ein Vehikel, durch das ich meine tief empfundenen Überzeugungen und Meinungen über Sex, Lust, Liebe und Intimität mit Schwestern und Brüdern im Geiste teilen kann. Ich besitze einen wissenschaftlich geschulten Verstand, und Porno lieferte mir ein Labor, in dem ich meine Experimente durchführen konnte; einen nicht abreißenden Strom begeisterter Versuchspersonen; eine verlässliche Grundlage für meine Forschungen und nicht zuletzt Reaktionen der Konsumenten über die Außenwirkung. Ich besaß schon einen Abschluss als Krankenpflegerin von der State University in San Francisco. Unsere Kultur betrachtet Sex weitgehend als trotzig und krank, und kranke Menschen benötigen eine Krankenschwester. Die meisten Menschen, denen ich während meiner Laufbahn begegnet bin, hatten Probleme mit Sexualität. Sie müssen mit jemandem reden, der ihre Situation in die richtige Perspektive rücken kann. Als ich diese Position übernahm, wurde ich zum Vorbild für gesundes Verhalten, trat für alle ein, die nicht für sich selbst sprechen können, und konnte andere Leute zu einem verantwortungsvollen Umgang mit Sexualität erziehen. Man rät den Leuten, dass sie sich wegen medizinischer sexueller Probleme an ihre medizinischen Versorger wenden sollen, aber viele dieser RatgeberInnen haben selbst mehr oder weniger große Probleme mit Sexualität und Pornografie (wie unsere Kultur insgesamt), weshalb es durchaus fragwürdig ist, sich mit entsprechenden Problemen an sie zu wenden. Ich kann nicht mit allen meinen Fans persönlich schlafen (obwohl ich es liebend gern täte), daher hoffe ich, dass meine Videos in Sachen Sexualkundeunterricht sie inspirieren und ihnen die erforderlichen Werkzeuge für ein erfülltes Sexleben liefern.

Ich muss allerdings gestehen, dass ich es liebe, eine Vorstellung zu geben. Ich kann nicht gut genug singen, tanzen, schauspielern oder ein Instrument spielen, um meinen Lebensunterhalt damit zu verdienen (womit die Frage meines Vaters nach der Violine wenigstens teilweise beantwortet wäre), doch als Porno-Darstellerin kann ich mich künstlerisch und wissenschaftlich ausdrücken. Auf beiden Gebieten ist Sex mein Thema. Doch die Entscheidung, dass ich meiner Arbeit auf diese Weise nachgehe, hat ihren Preis. Wenn man sein ungezogenes Verhalten auf Film bannt, dann erschafft man damit etwas, das per Definition

„Pornografie" ist, mit allen Stigmata, Einschränkungen und Freiheiten, die das mit sich bringt. Hätte ich nur den einen Wunsch, als Porno-Darstellerin glücklich zu werden, dann würde mich die Tatsache nicht weiter stören, dass es dadurch nahezu unmöglich ist, auf irgendeinem anderen Gebiet ernst genommen zu werden. Immerhin bietet mir meine Arbeit die uneingeschränkte Möglichkeit, zu improvisieren. Wir kommen ans Set, wo wir als Figuren eine sexuell orientierte Geschichte spielen oder eine Parabel, wenn man so will, und dann wieder nach Hause gehen. Manche Tage sind länger als andere, aber die Arbeit selbst wird nie langweilig, denn die Spielarten von sexuellem Verlangen und Ausdrucksmöglichkeiten sind grenzenlos und nehmen nie zweimal dieselbe Form an.

Da ich allerdings mit meiner philosophischen Mission stets in einem Medium tätig war, das gnadenlos auf kommerzielle Unterhaltung ausgerichtet ist, musste ich dieses Medium nicht selten für meine Zwecke unterlaufen, und ich gebe gern als Erste zu, dass mir das nicht immer rundum gelungen ist. Immerhin tröstet mich der Gedanke, dass ich mich von der Industrie nie für Zwecke habe missbrauchen lassen, die nicht mit meinen Zielen in Einklang gestanden hätten.

Porno läuft letztendlich immer auf eine Form von Erziehung oder Weiterbildung hinaus und erfüllt in gewissem Umfang auch eine Vorbildfunktion für Verhaltensweisen (wenn ich auch glaube, dass letztere Funktion von allen, die in Porno eine Gefahr für die Gesellschaft sehen, stark übertrieben wird), aber viele Botschaften, die Pornos vermitteln, sind seicht und unaufrichtig und spiegeln Scham und Verwirrung unserer Kultur wider, was Sexualität anbelangt, anstatt Macht und Vielfalt der Sexualität zu zelebrieren. Abgesehen von der winzigen Sparte der Pornografie, die tatsächlich der Erziehung dienen soll, bietet Porno ein alles andere als ideales Klassenzimmer; ich musste fast während meiner gesamten Laufbahn die Sisyphusarbeit leisten und gegen seine Irrlehren ankämpfen.

Ich bin nicht besonders spirituell, identifiziere mich aber ausgesprochen mit dem Jungschen Archetyp der heiligen Hure und ihrer wichtigen Rolle bei sexuellen Heilungsprozessen. Als ich jünger war, sah ich mich in sehr viel stärkerem Maße in dieser Rolle, wagte aber nicht, tatsächlich als Prostituierte zu arbeiten. Gesetze gegen käufliche Liebe schaden in erster Linie Frauen, daher müsste man jegliche Form einvernehmlicher Sexarbeit *sofort* entkriminalisieren, doch bis es so weit ist, bin ich leider gezwungen, meine Inkarnation dieses Archetyps auf das sichere Umfeld eines Pornodrehs zu beschränken, wo ich meiner Aufgabe als Heilerin nachgehen kann, auch wenn es nur auf eine mehr als abstrakte Weise ist. Auf diese Weise „berühre" ich mehr Menschen durch die Unterhaltungsprodukte, in denen ich mitspiele, kann sie aber nicht im wörtlichen Sinne berühren. Die Schauspielerin Cornelia Otis Skinner sagte: „Die Tugend der Frau ist die größte Erfindung der Männer." Das ist eine ebenso zutreffende wie entlarvende Aussage. Tag für Tag tragen Frauen wie Männer die schwere Last dieser altbackenen Vorstellung von Tugendhaftigkeit. Sexuelle Selbstbestimmung der Frau ist und bleibt ein heikles Thema, das heftige Diskussionen ebenso wie moralische Entrüstung, Scheinheiligkeit und mörderische Gewalt auslöst. Unsere Kultur bestraft Frauen für ihre Sexualität: Frauen nennen andere Frauen Schlampen, während öffentliche Einrichtungen von Gemeinden, Bund und Ländern sich nach Kräften bemühen, jede sinnvolle Form von Familienplanung zu vereiteln. Die „Ehrenmorde" unseres Landes – die von Abtreibungen bis hin zu Eifersuchtsdramen reichen („Wenn ich dich nicht haben kann, soll dich keiner haben!") – stehen fast immer in Zusammenhang mit sexueller Selbstbestimmung und bzw. oder Gesundheit von Frauen.

In einer Kultur, die es immer noch schwer, wenn nicht gar unmöglich macht, offen über sexuelle Themen zu sprechen, überrascht es an sich kaum, dass Frauen und Männer gezwungen sind, in einem Medium, das zur reinen Unterhaltung gedacht ist, nach Körnchen von Wissen und Erkenntnis zu suchen … mit bestenfalls fragwürdigen Ergebnissen.

Schon bevor ich meinen ersten Lehrfilm produzierte, *Nina Hartley's Guide to Oral Sex,* war mir bewusst, dass jede Form der Darbietung intellektuell wie emotional der Erziehung dienen kann. Porno ist, so abgedroschen oder albern er auch sein mag, in unserer Gesellschaft die einzige Möglichkeit für Leute, tatsächlich Sex zu sehen, und die Zuschauer sehen genau hin, damit sie mitbekommen, was da vor sich geht. Ich habe stets wirkungsvolle sexuelle Praktiken dargestellt, die Männern wie Frauen Lustgewinn bringen, und gehofft, dass mir das Publikum dabei genau zusieht und hinterher versucht, das mit den jeweiligen Partnerinnen und Partnern auszuprobieren. Fragt man mich, wie ich nach all den Jahren immer noch Spaß an meiner Arbeit haben kann, ist die Antwort darauf ganz einfach. Ich halte mich an ein strenges Prinzip: Wenn ich etwas zu Hause nicht umsonst mache, dann mache ich es auch nicht für Geld vor der Kamera. Die Fans bemerken meine Begeisterung, und ich bekomme regelmäßig zu hören: „Dir macht ja anscheinend echt Spaß, was du da tust", was stets mit einem staunenden und bewundernden Unterton rüberkommt. Ich lasse mich auf nichts ein, das mir keinen Spaß macht. Ich glaube nicht, dass Männer oder Frauen in ihren Schlafzimmern etwas begrüßen, nur weil sie es in einem Pornofilm gesehen haben, und das sollten sie auch nicht. Ich bin jedoch der festen Überzeugung, dass Porno – besonders Porno, der sich um beiderseitige Lust in jedweder Form bemüht, auch Formen des Lustgewinns abseits konventioneller Bahnen, wie zum Beispiel einvernehmliches BDSM – durchaus einen erzieherischen Wert besitzen kann.

Obwohl seit den 1970er-Jahren, und eigentlich bis heute, immer gegen Männer und ihre egoistische Sexualität gewettert wird, durfte ich feststellen, dass Männer an sich gelehrige und aufmerksame Schüler sind. Sie wünschen sich sehr, dass sie gute Liebhaber sind und ihre PartnerInnen im Bett befriedigen. Als Tänzerin stand es mir frei, mich auf der Bühne auszudrücken, wie es mir gefiel, und ich stellte fest, dass Männer nicht mehr brauchen als eine nackte Frau auf der Bühne, die die Wahrheit über Sex ausspricht, ohne falsche Scham oder Schuldgefühle, und schon sind sie ganz Ohr. In dem Stripclub, wo ich anfangs tanzte, verlor ich den größten Teil meiner Angst vor Männern, als ich sah, dass auch sie Opfer von Antisex-Konditionierung waren. Ihre unterschied sich kaum von der Antisex-Konditionierung, die man Frauen einbläut. Männer und Frauen leiden gleichermaßen unter unseren gesellschaftlichen Schranken für die Sexualität und werden fälschlicherweise zu Gegnern erzogen, dabei müssten sie Verbündete in der Liebe und im Leben sein.

Wenn ein Bild mehr als tausend Worte sagt, dann sagt ein bewegtes Bild mehr als zehntausend Worte. Ich kann entweder beschreiben, wie man eine bestimmte Technik anwendet, oder einfach vorführen, wie ich das Handgelenk drehe oder die Hände einsetze, und schon hat der Zuschauer es begriffen. Sex besteht zum größten Teil aus körperlichen Techniken, wie Gymnastik oder Kampfsport, und lässt sich erlernen. Wie man diese Fertigkeiten *anwendet,* mit wem und wo, das bleibt dem Einzelnen überlassen. In dieser Hinsicht sind selbst die Lektionen der frivolsten oder vulgärsten Pornofilme erhellender als alles, das die Mainstream-Unterhaltung lehrt.

Anders als im Hollywood-Film, in dem die „aufmüpfige" Frau ein schreckliches Schicksal erleiden muss, weil sie eine unsichtbare Linie überschritten hat, hat die Frau im Pornofilm ihre Orgasmen, überlebt am Ende und kann davon berichten. Es gibt keine Anna Kareninas oder Emma Bovarys im Porno.

Porno zeigt eine breite Palette sexuellen Verhaltens zwischen allen erdenklichen Leuten, und keiner stirbt am Ende: Gruppensex, Sex mit Spielzeugen, Sex mit Leuten unterschiedlicher Hautfarben, Sex mit sich selbst, Sex in der Öffentlichkeit, Analsex, Sex mit sehr viel älteren oder sehr viel jüngeren Partnern, Sex mit Leuten verschiedenen Geschlechts und vieles mehr. In dieser Hinsicht ist Porno höchst radikal. Ganz gleich, wie ungewöhnlich und abgeschmackt, kindisch oder dumm die Darbietung sein mag, niemand stirbt, niemand geht ins Gefängnis und niemand wird verletzt. Wenn wir uns vor Augen führen, dass es sich bei Porno letztendlich um eine Art von Zeichentrickfilmen mit realen Personen handelt, die gesellschaftliche Konventionen durch den Kakao ziehen, dann spielt es keine Rolle, wie realistisch die Szenarien sein mögen, oder wie lächerlich. Man kann auch mit einem Lachen lernen, und wenn ich jemanden zum Lachen bringe, während er seine Lektion lernt, prägt sie sich nur umso nachhaltiger ein.

Auch wenn Porno immerzu angefeindet wird, weil er angeblich Druck auf Frauen ausübt, dass sie einem bestimmten Schönheitsideal gehorchen müssen (wobei man den Druck völlig außer Acht lässt, den Porno auf Selbstbild und Selbstbewusstsein von Männern ausübt), ist er an sich längst nicht so heimtückisch intolerant wie die Mainstream-Medien. Wenn wir unsere eigenen Vorbehalte über Bord werfen können, welche „Botschaft" Pornos angeblich vermitteln (als würde sich irgendwo jeden zweiten Dienstag irgendein Pornokonzil zusammenfinden und planen, wie man Frauen unterdrücken kann), dann sehen wir eine breitere Vielfalt von Körpern, als es in Hollywood oder während der Fashion Week üblich ist: kleine, große, üppige, schlanke, magere; breite Hintern, schmale Hintern, große Möpse, kleine Möpse; blond, brünett, rothaarig; von achtzehn bis achtzig; natürliche oder chirurgisch aufgemotzte Körper – wer mitmachen will, ist willkommen. Die Menschen sind immer von Nacktheit im Allgemeinen fasziniert (und von Genitalien im Besonderen), und Pornos ermöglichen uns auf jeden Fall, dass wir eine Vielzahl nackter Körper zu sehen bekommen, die es miteinander treiben, ohne dass wir diese Leute alle persönlich kennenlernen müssten.

Pornos beherbergen unsere sexuellen Träume, die eine entscheidende Rolle für unser Glücklichsein spielen. Es ist wichtig, dass wir auf der Leinwand Dinge zu sehen bekommen, die wir uns kaum vorstellen können, und wenn es nur ist, um unsere Ängste zu zerstreuen, wir könnten irgendwie gestört oder nicht ganz richtig im Kopf sein, denn ich kann mit Fug und Recht sagen, dass unser Porno-Geschmack so gut wie nichts über uns als Individuen aussagt und die meisten von uns den Unterschied zwischen Dichtung und Wahrheit kennen, zwischen Leinwand und wahrem Leben und in Beziehungen. Uns kann etwas in einem Film faszinieren, vielleicht lernen wir sogar etwas daraus, aber unseren grundsätzlichen Charakter dürfte der Konsum von Pornos kaum nennenswert beeinflussen. Sämtliche Medien, von unseren persönlichen Erlebnissen ganz zu schweigen, beeinflussen das Bild, das wir von der Welt haben, aber nichts befreit uns von der persönlichen Verantwortung für unser Verhalten, wie lautstark andere auch das Gegenteil behaupten mögen. Wenn wir uns ein paar Tricks aus Pornos aneignen, beeinträchtigt das nicht die Fähigkeit, eine gesunde Beziehung zu führen, sofern die betreffende Person vorher schon überhaupt zu so einer Beziehung fähig war. Es ist nicht unsere Aufgabe, Grenzen für das zu setzen, was man darstellen kann. Damit würde man die entscheidende Funktion der Pornografie beschneiden, nämlich die Erweiterung unseres Horizonts, was Sex sein kann.

Pornos liefern den Leuten im Allgemeinen kein besonders gutes Beispiel dafür, wie man Sex machen sollte. Sie zeigen Cunnilingus schlecht, weil die Kamera nichts einfangen könnte, wenn es richtig gemacht wird. Mit seltenen Ausnahmen widmen sie dem Vorspiel nicht genügend Zeit und konzentrieren sich zu sehr auf die letzten Minuten hydraulischer Penetration.

Aber Pornos geben uns verlockende Einblicke, warum wir Sex machen oder eine andere Form von Sex machen sollten, wie wir sie vielleicht sonst hätten. Im besten Fall erweitern sie unsere Definitionen von Lust, statt sie einzuschränken. Das ist die Arbeit, die ich seit einem Vierteljahrhundert mache, und zwar unabhängig davon, ob die verantwortlichen Produzenten mit dabei waren oder einfach nur glaubten, dass ich eine heiße Szene drehe, mit der sich jede Menge Kassetten verkaufen lassen. Ich hielt mich an meine Botschaft, ganz gleich, was das Drehbuch vorsah, und ich denke, die anderen Darsteller, an die das Publikum sich erinnert, haben auf ihre Weise dasselbe gemacht. Sie haben teilweise ihre eigene Sexualität eingebracht und dazu benutzt, ihren Szenen etwas Einzigartiges zu verleihen. Und ja, weil Porno ihnen das ermöglicht, hat er durchaus eine erzieherische Funktion, auch wenn er uns nur eine Zeitlang unterhalten soll. Es ist nicht falsch, wenn man lernt, wie man sich und anderen etwas Spaß gönnt.

Es wäre bedauerlich, ginge diese etwas zu perfekte Vision verloren, was Sex sein kann. Raubkopien und das Internet haben die Rentabilität herkömmlicher Geschäftsmodelle erheblich beeinträchtigt, aber auch Zugang zu anderen Standpunkten ermöglicht. Auf der positiven Seite haben bislang marginalisierte Leute jetzt Zugang zu Produktionsmöglichkeiten. Leute, die gepierct, tätowiert, behindert, „queer" oder trans sind, müssen sich nicht mehr wie eine Freakshow behandeln lassen, sondern können jetzt selbst Filme produzieren, die ihren Neigungen entsprechen und sich an Zielgruppen wenden, die ihnen und ihren sexuellen Visionen aufgeschlossen gegenüberstehen.

Mehr denn je entstehen im ganzen Land Produktionsfirmen für Filme, die nicht ausschließlich auf den Geschmack heterosexueller Männer zugeschnitten sind und sich bemühen, die DarstellerInnen anständig und respektvoll zu behandeln. „Queere" Leute müssen sich heute nicht mehr stundenlang „normale" Pornos ansehen und hoffen, dass sie irgendwo dazwischen einmal eine kurze Szene finden, die ihnen zusagt, sondern haben jetzt Zugang zu ganzen Filmen, Webseiten und Magazinen, die nur das enthalten, was sie gern sehen möchten, genau wie die „Normalos". Dank dafür gebührt den konventionelleren Pornos, die davor kamen und den Weg für alternative Visionen von Sexualität geebnet haben. In dieser Hinsicht waren sie individuell und gesellschaftlich erzieherisch.

Die Leute fragen mich oft: „Wo sehen Sie Porno in zehn Jahren?" Ich habe nicht die geringste Ahnung, da sich die Technologien so schnell verändern. Nachdem das gesagt ist, sind wir auch schon am Ende angelangt, bei „Zirkus-Sex", der XXX-Variante von *Jackass*. Der menschliche Körper verfügt über eine endliche Zahl von Öffnungen, es gibt nur soundso viel Gegenstände, die man dort einführen kann, und diesbezüglich sind alle Möglichkeiten schon mehr oder weniger *ad nauseam* durchexerziert worden. Somit verbleibt nur noch der Bereich von Gefühlen und Emotionen, die keine Grenzen und kein Ende kennen. Müsste ich eine Vorhersage machen, so würde ich sagen, dass man sich wohl bemühen dürfte, authentische Gefühle auf Film zu bannen, romantisch, animalisch oder irgendwo dazwischen.

Eines weiß ich genau. Pornografie hat es immer gegeben und wird es in irgendeiner Form auch immer geben. Wer sich eine Welt ohne Porno als eine Form von Utopie vorstellt, der stellt sich in Wahrheit eine Welt vor, in der es keinen Platz für sexuelle Träume oder sexuelle Erziehung gibt, sondern nur eine von oben verordnete Definition „gesunder" Sexualität, der man jede Form von erotischer Fantasie genommen hat, so absonderlich sie manchmal auch scheinen mag. In so einer Welt wollte ich nicht leben, und ich denke, wenn wir ehrlich sind, gilt das für die meisten von uns.

Ich könnte mir vorstellen, dass ich meinen Beruf als Sextherapeutin noch ausübe, wenn ich den Job der Darstellerin nur noch mehr als Hobby denn als Beruf ausübe. Ich denke, ich werde auch weiterhin dieselbe frohe Botschaft verkünden wie zu Beginn meiner Laufbahn. Es ist eine ganz einfache Botschaft, aber ganz wichtig für ein glückliches Leben: Sex ist gut für einen, und je mehr man darüber weiß, desto besser wird er wahrscheinlich.

Von „Es könnte jemandem passieren, den du liebst“ bis zu „Verstehst du die Arsch-Sprache?“: Frauen und Diskurse über Sexualaufklärung in erotischen Filmen und Videos

Kevin Heffernan

Kevin Heffernan unterrichtet Medienkultur und -geschichte an der Fakultät für Film- und Medienkunst der Southern Methodist University. *Divine Trash,* ein Dokumentarfilm über die frühen Filme von John Waters, bei dem Heffernan als Co-Produzent fungierte und am Drehbuch mitarbeitete, wurde 1998 beim Sundance Film Festival in der Rubrik Dokumentation ausgezeichnet. Er schrieb *Ghouls, Gimmicks and Gold: Horror Films and the American Movie Business, 1952–1968,* das in der Duke University Press erschien, und zusammen mit Frances Milstead und Steve Yeager *My Son Divine,* Alyson Publications. Zurzeit schreibt er an einem Buch über das fernöstliche Kino mit dem Arbeitstitel *A Wind From the East* und ein weiteres Buch mit dem vorläufigen Arbeitstitel *From Beavis and Butt Head to the Tea Baggers: Dumb White Guy Politics and Culture in Amerika.*

Im Juni 2012 hatte das Repräsentantenhaus in Michigan gerade ein Gesetz verabschiedet, das Abtreibungsärzten einen Wulst strenger neuer Regeln auferlegte, und diskutierte einen weiteren Gesetzentwurf, der, wäre er verabschiedet worden, jede Abtreibung nach der zwanzigsten Woche verboten hätte und so gut wie keine Ausnahmen zuließ, um das Leben der schwangeren Frau zu schützen. Lisa Brown, Abgeordnete der Demokraten aus West Bloomfield, beendete ihre Rede gegen den Gesetzentwurf mit den Worten: „Und zu guter Letzt, Mr Speaker, so sehr es mir schmeichelt, wie sehr Sie sich alle für meine Vagina interessieren, aber ‚Nein' heißt ‚Nein'." Die Reaktionen hysterischer Entrüstung seitens ihrer männlichen Kollegen folgten auf dem Fuße und in schrillsten Tönen. „Was sie sagte, war anstößig", sagte der Abgeordnete Mike Callton, ein Republikaner aus Nashville. „Es war so anstößig, ich möchte es nicht einmal in Gegenwart von Frauen wiederholen. Ich würde es nicht einmal in einer gemischten Gruppe wiederholen." Danach belegten die Republikaner des Repräsentantenhauses Brown und eine weitere Demokratin, die Abgeordnete Barb Byrum aus Onandanga, am nächsten Tag während der Debatte über einen Gesetzentwurf über Pensionäre des Schulsystems mit einem Redeverbot. Während einer Pressekonferenz, die zeitgleich mit der Diskussion über das Rentengesetz abgehalten wurde, fragte Brown: „Wenn ich das Wort Vagina nicht aussprechen darf, warum wollen wir dann ein Gesetz über Vaginas verabschieden? Welchen Sprachgebrauchs sollte ich mich denn befleißigen?"[1] Browns Bekräftigung ihrer Besitzansprüche durch Verwendung des Possessivpronomens und ihre spöttische Anspielung auf das männliche Interesse am Fortpflanzungssystem der Frauen und patriarchalische Kontrolle darüber genügten offenbar, um selbst einem unverfänglichen, klinischen Fachausdruck für die weibliche Fortpflanzungsanatomie den Beigeschmack unaussprechlicher Obszönität zu verleihen.

Diese männliche Zimperlichkeit ist natürlich nichts Neues. Im neunzehnten Jahrhundert ging die Professionalisierung der Medizin, speziell auf dem Gebiet der Gynäkologie, Hand in Hand mit Reformern wie Anthony Comstock, die Gesetze verabschiedeten, um die Verbreitung unerlaubter Bilder und Informationen über Sex, Schwangerschaft und den Körper unter Strafe zu stellen, die sie überall sahen, als Bücher und Flugschriften massenhafte und preiswerte Verbreitung fanden. Diese Ambivalenz herrschte auch in den ersten drei Vierteln des zwanzigsten Jahrhunderts vor, als man medizinische und erzieherische Diskurse nutzte, um öffentlich vorgeführte Filme zu verurteilen oder zu verteidigen, die teilweise Bilder enthielten, wie die Institution Hollywood sie verboten hatte, von den „klassischen" Exploitation-Filmen der 1930er- und 1940er-Jahre bis zu den ersten Ansätzen des Hardcore-Kinos Ende der 1960er.

In jüngster Zeit hat die Nische der Vermarktung von Heimvideos die

Entstehung von sexuell explizitem Anschauungsmaterial möglich gemacht, das ausschließlich von Frauen geschaffen wurde und online oder auf Videokassette durch dieselbe kommerziell ausgerichtete Industrie vertrieben wird, die auch pornografische Videos und Spielzeuge herstellt und vertreibt, und dies scheinbar ohne religiöse, medizinische oder juristische Einschränkungen durch in die Jahre gekommene weiße Männer. Für manche ist das nichts weiter als eine weitere Flut schmutziger Bilder, die den kulturellen und juristischen Schutz erzieherischen Wertes und gesellschaftlichen Nutzens suchen. Die Reihe von Aufklärungsvideos von Adam and Eve, eines langjährigen Herstellers von Verhütungsmitteln und Sexspielzeugen, bei denen die Schauspielerin Nina Hartley als Darstellerin und Produzentin fungiert, und eine später gestartete Serie von Aufklärungsvideos der Autorin und Sextherapeutin Tristan Taormino lassen de facto eine breite Palette ästhetischer und diskursiver Merkmale erkennen, die sie mit alten Exploitation-Filmen und zeitgenössischen, kommerziellen Pornofilmen gemeinsam haben. Beide Serien verzichten jedoch auf ihre Weise auf die patriarchalische Stimme medizinischer Autorität, die so typisch für die früheren Beispiele ist. Darüber hinaus konzentrieren sich die Videos von Hartley und Taormino nicht in so hohem Maß auf Genitalien, sondern mehr auf ganzkörperliche sexuelle Erfahrungen; und zuletzt bemühen Hartley wie Taormino sich, aktive Sexualität als gelebte, innere Erfahrung zu porträtieren, die für jede Frau einzigartig ist, und nicht nur als diskret auf Film gebannten Augenblick, den sich später ein unbeteiligter Zuschauer zu Gemüte führen kann. Die Spannung zwischen diesen innovativen Vorgehensweisen und dem visuellen und kommerziellen Unterbau konventionellerer Pornos ist ein deutlicher Beleg für ihre Bemühungen, Diskurse der Sexualität zu verändern.

Zensur und die Geburtsstunde der Gynäkologie

In Amerika ist die Beziehung zwischen Bildern von und Diskursen über den weiblichen Körper, die aus erzieherischen oder therapeutischen Gründen in Umlauf gebracht werden, und denen, die zur Erregung verbreitet werden, von jeher so intim, gequält und gestört wie jede Beziehung, deren Hauptmerkmale gemeinsame Elternschaft oder enge Verwandtschaftsbande sind. Diese Beziehung erreichte in den Jahren nach dem Bürgerkrieg ein unerträgliches Maß an Konflikten. Die Amerikaner nahmen die enormen Umwälzungen hin, die der Wandel von der Agrar- zur Industriegesellschaft mit sich brachte, darunter die Jahrzehnte währende Verlagerung von Bevölkerungszentren aus dem ländlichen Raum, die zu einer enormen kulturellen Entwurzelung führten: Junge Männer zogen in großer Zahl in die dicht bevölkerten Städte und sahen sich mit massenhaft produzierten Formen populärer Unterhaltung konfrontiert, darunter Taschenbücher, auflagenstarke Zeitschriften, Flugblätter und Pamphlete, die ausnahmslos möglich gemacht wurden durch einen entsprechenden Vertriebsapparat, da vulkanisiertes Gummi die Transportmöglichkeiten revolutionierte und den Druckvorgang wirtschaftlicher machte, ganz zu schweigen von der kostengünstigen Herstellung von Latexkondomen. Mehrere kulturelle und religiöse Gruppierungen versuchten, die seismischen Umwälzungen zu verhindern, die diese Veränderungen nach sich zogen, darunter der Christliche Verein junger Männer (CVJM), der 1866 eine Abordnung nach Albany, New York, entsandte, um sich für ein Verbot von obszönen und anstößigen Büchern und Literatur starkzumachen. In den Jahren danach gründete der Kreuzzügler und Reformer Anthony Comstock in New York die Society for the Suppression of Vice [Gesellschaft zur Unterdrückung des Lasters] und setzte sich 1873 erfolgreich im Kongress dafür ein, dass Bundesbehörden den Postverkehr überwachten und Strafgebühren für Literatur erhoben, die seiner Meinung nach einen verderblichen Einfluss auf die Jugend hatte. Das sogenannte „Comstock-Gesetz" machte es zu einer Straftat, wenn man sexuelle Bilder, sexuelle Schilderungen oder Informationen über Geburtenkontrolle und Abtreibung importierte oder mit der Post verschickte, da sie angeblich einen erregenden und verderblichen Einfluss ausübten. Das Gesetz überlebte 1896 einen Versuch, es abzuschaffen, mit dem Fall *Rosen vs. USA,* wo der Präzedenzfall zitiert wurde, dass das englische Recht der Regierung erlaubte, Material zu zensieren, das „jene verdirbt oder verroht, die anfällig für derlei schändliche Einflüsse sind".[2]

Zu den mächtigsten Verbündeten Comstocks gehörte die American

Medical Association [Ärztebund], die seit ihrer Gründung im Jahr 1847 Versuche unternahm, den seit Jahrhunderten etablierten Beruf der Hebamme zu diskreditieren und an seiner statt die Fachbereiche Geburtshilfe und Gynäkologie einzuführen, die beide aktiv Zugang zu Informationen über Empfängnisverhütung und Abtreibung unterdrückten. In dieser Zeit beschlagnahmte man anatomische und medizinische Lehrbücher und überarbeitete sie dahingehend, dass sie den strengen Vorgaben des Rosen-Urteils genügten.[3] Diese kulturellen Konflikte und eingangs erwähnten technologischen Innovationen in der Druckindustrie machten eine rasche Modernisierung der Kunst medizinischer Illustrationen erforderlich. Eine Schlüsselrolle bei dieser Modernisierung war der deutsche Künstler und Illustrator Max Brödel (1870–1941), der 1894 von Leipzig in die USA emigrierte, wo er mit Howard Atwood Kelly (1858–1943) arbeitete, dem ersten Professor der Gynäkologie an der medizinischen Fakultät der Johns Hopkins University. 1898 erschien der erste Band von Kellys Lehrbuch Operative Gynecology, der mehr als hundertfünfzig Illustrationen von Brödel enthielt. Mit diesem und dem Folgeband etablierte sich Kelly als der bedeutendste Gynäkologe in den Vereinigten Staaten[4], und sein Werk enthielt auch weiterhin die höchst detaillierten und eleganten Illustrationen Brödels, dessen innovative Tusche-Technik den Druckern ermöglichte, luxuriöse und penibel ausgeführte Halbtöne und Texturen zu reproduzieren.[5] Brödels 1909 entstandene Illustration einer Zystoskopie (einer frühen endoskopischen Technik, um in die Blase zu blicken, die zuvor mit Luft aufgebläht wurde) zeigt ein ausgeprägtes, ziseliertes Profil von Dr. Kelly selbst, der die Kraft der Technologie und maskulinen Sichtweise über dem Querschnitt durch einen Frauenkörper erstrahlen lässt.

Die Lichtquelle links ist sowohl zweckdienlich, da sie das Subjekt indirekt durch Kellys Spiegelung beleuchtet, als auch symbolisch, da sie das heroische, wenn nicht hagiografische Bild von Kelly betont, das zu seiner Rolle in der Geschichte seines Berufszweiges wurde, so wie das von Brödel in der Geschichte der medizinischen Illustrationen.[6] Hundert Jahre später überrascht es Feministinnen wie PornografInnen kaum noch, dass die ersten modernen Innovationen auf dem Gebiet der medizinischen Illustration in diesen frühen Zeiten, als man versuchte, den

Frauenkörper ebenso zu reglementieren wie den Zugang von Männern zu Informationen oder Bildern davon, im Fachgebiet der Gynäkologie erreicht würden.

Sex(ploitation)-Aufklärung: Weiße Kutten und „falsche Scham" auf der Leinwand

So wie die Entwurzelung nach dem Bürgerkrieg innig mit den sozialen Auswirkungen der zunehmend populäreren Printmedien einherging, schrieb man die gewaltigen gesellschaftlichen Wandlungen in den Jahrzehnten nach dem Ersten Weltkrieg dem immer beliebteren Medium Film zu, und viele Reformer forderten strenge Kontrollen über deren Inhalte. Da eine gründliche staatliche Zensur von Filmen verheerend für die amerikanische Filmindustrie und das sorgfältig ausgeklügelte System des landesweiten Vertriebs ihrer Produkte gewesen wäre, übten die mächtigsten Leute der Filmbranche in der Ära der Hollywood-Studios zwischen 1920 und 1960 über das Hilfsmittel der „Production Code Administration of the Motion Picture Producers and Distributors of America" selbst Kontrolle über die Drehbücher aus. Diese Selbstbeschränkung der PCA war ein entscheidender Teil von „Hollywood" als kulturelle Institution mit dem Anspruch „unterhaltsamer" Filme mit hohen Produktionsstandards und bedeutenden Stars, die von 1920 bis zum Siegeszug des Fernsehens nach dem Zweiten Weltkrieg die Lingua franca der populären Kultur Amerikas waren.

In einem künstlerischen und kommerziellen Paralleluniversum zu Hollywood gelang es einem locker verbundenen Netzwerk von Filmemachern, Straßenhändlern, regionalen Vertrieben und Ausstellern, das Publikum in Form von billig produzierten Exploitation-Filmen mit einer breiten Palette von Filmen über Themen zu versorgen, die Hollywoods Production Code verbot. Der Filmhistoriker Eric Schaeffer hat die Verflechtungen zwischen Aufklärung und Erregung in den, wie er sie nennt, klassischen Exploitation-Filmen zwischen 1919 und 1959 analysiert.[7] Exploitation-Filme wurden von Schaustellern in zweitrangigen Großstadtkinos und Kleinstadtkinos gezeigt, nicht selten während einer „Freiluftveranstaltung" oder in geschlossenen Räumen, wobei der Vertreiber für die Dauer der Vereinbarung eine festgelegte Summe bezahlte, damit er die Einnahmen kassieren konnte und Kontrolle über Werbung und Vorführung der fadenscheinigen, unterschiedlichen und „unzüchtigen" Aufklärungsfilme behielt.

Wo Hollywood sich inhaltliche Schranken auferlegte und dem Publikum das entstandene Produkt als „Unterhaltung" präsentierte, mobilisierten die Macher von Exploitation-Filmen klinische und erzieherische Diskurse als legales „Deckmäntelchen" für die verbotenen Bilder und Geschichten, die sie zeigten. Der „Geburt eines Babys"-Film *Street Corner* von 1948 erzählt die Geschichte von Lois Marsh, einer siebzehnjährigen Schülerin, die ihre Jungfräulichkeit nach der Abschlussparty an ihren Freund Bob Mason verliert. Lois wird schwanger, Bob macht sich auf den Rückweg vom College, um sie heimlich zu heiraten, und stirbt bei einem Autounfall. Eine Kellnerin in einem Lokal bringt Lois zu einer Engelmacherin „auf der anderen Seite der Stadt"; nach der heimlichen Operation stirbt Lois beinahe an Blutvergiftung und inneren Blutungen. Der abgeklärte und stoische Arzt Dr. James Fenton rettet Lois nach der vermasselten Operation das Leben, sorgt dafür, dass die Engelmacherin ihre gerechte Strafe erhält und schildert die ganze Geschichte in seiner Praxis in Rückblenden.

Street Corner beginnt mit einem Exploitation-Film-typischen „Vorspann", einem Text, der uns versichert, dass das Nachfolgende ausschließlich der Aufklärung und dem sozialen Wohl dient: „Dies ist eine alltägliche Geschichte über alltägliche Menschen. Sie ist erfunden und dennoch wahr." Der Vorspann versichert uns, wie „seriös" das Thema ist und wie „aufrichtig" die Filmemacher sind und endet mit den Worten, dass die Ereignisse der Geschichte „jemand zustoßen könnten, den Sie lieben. Sie könnten sogar *Ihnen selbst* zustoßen." Die Geschichte beginnt im städtischen Gerichtsgebäude, wo eine völlig verängstigte Lois gebeten wird, die Engelmacherin zu identifizieren, eine schweigsame Vettel, die ihr böse Blicke zuwirft. Lois zeigt auf die Frau, die der Richter daraufhin am Ende zu zehn Jahren im Staatsgefängnis verurteilt. Danach folgen wir Dr. Fenton in seine Praxis, wo er sich eine Pfeife anzündet und seine Assistentin Jane ihm in die weiße Kutte hilft.

Er setzt sich an den Schreibtisch, spricht in die Kamera und erzählt uns die Geschichte von Lois Marsh. Die Wahl des Schauplatzes betont seine medizinische Autorität: Auf seinem Schreibtisch sehen wir medizinische Fachbücher und ein Mikroskop, er trägt eine weiße Kutte, die Pfeife unterstreicht seine Rolle als väterlicher Ältester. Darüber hinaus gebärdet sich Schwester Jane hinreichend unterwürfig, ganz im Gegensatz zu der schwarz gekleideten, stummen und bedrohlichen Engelmacherin, die die Herrschaft über Lois' Körper an sich gerissen hat, was man besser der Schulmedizin überließe.

Dr. Fenton ist ein erfahrener, fortschrittlicher und sanfter Kleinstadtarzt und enger Freund von Lois Marsh' Eltern. Er äußert seine Besorgnis um sie in buchstäblich väterlichen Worten: „Wenn ich eine Tochter hätte, würde ich mir wünschen, dass sie wie Lois Marsh ist. Klug. Hübsch. Gerade siebzehn geworden." Er erzählt Lois' Geschichte und zeigt Verständnis für die Sorgen und Nöte von Lois und Bob in einer Gesellschaft, die ihnen Aufklärung und Wissen verweigert, während sie mit „Impulsen kämpfen, die so alt wie die Menschheit sind". Schaeffer stellt fest, dass *Street Corner* und andere „[Hygiene]-Filme nach dem Krieg besonderen Wert darauf legen, die Gefahren von Sex darzustellen, dabei aber zunehmend auf Wissenschaft, Medizin und andere Formen von Sachkenntnis vertrauen".[8] Diese Welt der Sachkenntnis steht in Kontrast zur „Straßenecke", die dem Film seinen Titel gibt, dem zwanglosen Netzwerk von Aufsichtspersonen, Halbwüchsigen und ungebildeten Erwachsenen, von denen Teenager in Ermangelung von richtiger Aufklärung durch legitime Autoritäten ihre Informationen über Sexualität und den Körper erhalten. Das Ende dieser Linie stellt die Engelmacherin selbst dar, die ihrem Gewerbe hinter einer bürgerlichen Fassade nachgeht, an der „Handleserin" geschrieben steht, und als sie gegen Ende des Films mit Lois spricht, geschieht das mit einem vage deutschen oder skandinavischen Akzent. Dieses Motiv bringt sie mit Aberglauben, dem Blasphemischen und dem Ausländischen in Zusammenhang.

Nach der verpfuschten Abtreibung bringt ein wohlmeinender männlicher Passant die blutende und bewusstlose Lois in die Praxis von Dr. Fenton. Dr. Fenton nimmt einen rettenden chirurgischen Eingriff vor und faltet danach sofort Lois' Eltern vor dem OP zusammen, weil sie ihr nicht die erforderlichen Informationen gegeben und ihr nicht zugehört haben, als sie um Hilfe bat. Danach verabschiedet sich der unermüdliche Arzt und begibt sich zu seiner wöchentlichen öffentlichen Vorlesung im Auditorium nebenan, und wieder ist der Zeitpunkt gekommen, den Schleier falscher Scham beiseitezuziehen, diesmal in Form der Filme, mit denen er seine Vorlesungen veranschaulicht. Wir sehen Illustrationen und Trickfilme über Eisprung, Befruchtung und Zeugung, danach unverblümtes medizinisches Filmmaterial: die natürliche Geburt eines Babys, die Geburt eines Babys durch Kaiserschnitt (zugegeben, Geschick und Tempo des Chirurgen in diesem Film sind wahrhaft verblüffend) und die verheerenden Folgen von Gonorrhö und Syphilis an (vorwiegend männlichen) Körpern und Genitalien. Hier bekommt das Publikum dann endlich, wofür es bezahlt hat, Nahaufnahmen menschlicher Geschlechtsorgane, wenn auch eingestandenermaßen in einem Kontext, wie er schockierender und unsexueller kaum sein könnte. Nach dieser Fleischbeschau kommt der Film ohne Umschweife zum Ende: Dr. Fenton findet Lois und ihre Eltern versöhnt und einträchtig im Krankenzimmer, und wir kehren in seine Praxis zurück, wo er abermals seiner Hoffnung Ausdruck verleiht, dass wir aus alledem etwas gelernt haben; die Schwester hilft ihm aus der weißen Kutte, der Film ist zu Ende.[9]

Doc Fentons medizinische Überlegenheit sollte Kinogänger noch mindestens zwei Jahrzehnte durch eine Galerie verbotener Bilder des Körpers begleiten. Als Alfred Kinsey, Masters und Johnson die Ergebnisse ihrer Untersuchungen veröffentlicht und damit die Fantasie der Öffentlichkeit angeregt hatten, kamen die Exploitation-Filme der 1960er-Jahre nicht selten mit einem Prolog und Epilog daher, die einen Psychologen oder „Sexologen“ an seinem Schreibtisch zeigten, wo er der Hoffnung Ausdruck verlieh, dass die Zuschauer des Films nicht das böse Schicksal vieler Figuren in den Filmen teilen würden. 1970 zeigten viele amerikanische Kinos mit nicht unerheblichem Erfolg neue Varianten solcher Filme. *Man and Wife* wurde von einer Firma namens The American Institute for Adult Education [Amerikanisches Institut für Erwachsenenbildung] verliehen. David Lerner hat gezeigt, dass *Man and Wife* und der AIAE-Nachfolger *He and She,* der Ende 1970 in die Kinos kam, die beiden ersten, landesweit vertriebenen Filme waren, in denen nicht simulierter Geschlechtsverkehr gezeigt wurde, während man sich gleichzeitig an die formalen Konventionen von Dokumentar- oder Aufklärungsfilmen hielt, einschließlich der Leinwandpräsenz eines männlichen Arztes, der dem Publikum erklärte, wie wichtig sexuelle Befriedigung für eine monogame, heterosexuelle Ehe ist, damit sie ein Leben lang hält. Diese „Ehe-Handbuch"- oder „Weiße Kutte"-Filme (so genannt, weil stets eine männliche, medizinische Autoritätsperson präsent war) entgingen erfolgreich den Anfeindungen vieler staatlicher Zensurbehörden, da der Oberste Gerichtshof der USA 1966 im Fall *Memoirs vs. Massachusetts* entschieden hatte, dass ein Werk, damit es als obszön gelten und nicht den Schutz des Ersten Verfassungszusatzes genießen kann, in seiner Gesamtheit „ganz und gar ohne künstlerischen, sozialen oder erzieherischen Wert sein muss".[10]

Man and Wife beginnt mit einem weiteren, für Exploitation-Filme typischen Vorspann; diesmal zitiert man aus dem 1926 erschienenen Band *Ideal Marriage: Its Physiology and Technique* des holländischen Gynäkologen T. H. van de Velde. Danach melden sich die Filmemacher selbst mit einem eigenen Kommentar zu Wort, betonen (wieder einmal) das Leid, das „falsche Scham" und „puritanische Einstellung" mit sich bringen, und versichern uns, dass sie für die Entstehung ihres Films „angesehene Kapazitäten in Sachen Eheproblemen" zu Rate gezogen haben. Die Aufnahme einer Krankenhausfassade bringt uns zu unserem medizinischen Experten, einem Mann im dunklen Anzug, der, wie es aussieht, in einem holzgetäfelten Aufnahmestudio an einem grünen Metalltisch sitzt. Er blickt unter einer enormen pomadisierten grauen Haartracht hervor, und die Stimme, die wir hören, passt nur in rund siebzig Prozent zu den tatsächlichen Lippenbewegungen.

Nachdem er uns abermals Illustrationen des Fortpflanzungsapparates gezeigt hat, beschreibt er eine Abfolge von neunundvierzig Stellungen, die uns zwei junge Paare offenbar in einem an das Aufnahmestudio angrenzenden Raum vorführen.

Was wir hören, hat teilweise etwas mit dem zu tun, was wir sehen. Manchmal hören wir, wie Seiten umgeblättert werden, und erhalten Informationen darüber, wie ein Mann erkennen kann, ob seine Frau sexuell erregt ist: Wenn sie nie ein Kind zur Welt gebracht hat, verfärben sich ihre rosa inneren Schamlippen rot, hatte sie schon eine Geburt, dann nimmt eben dasselbe Gewebe eine „dunkle Rotweinfärbung" an. Der junge Joe Dante, der den Film für das *Film Bulletin* besprochen hat, spöttelt über die „schäbige, verzweifelte Gestalt, die einen Arzt darstellen soll" und das „hauchdünne Deckmäntelchen eines Aufklärungsfilms für gescheiterte Ehen", den man *Man and Wife* übergestreift hat. „‚Hat bislang bei jeder Vorführung alle juristischen Klippen umschifft', heißt es stolz in der Werbung."[11] Hier sehen wir die Rahmenhandlung des medizinischen Diskurses am Vorabend ihres Endes, allerdings ist es interessant, dass *Deep Throat* von Aquarius Releasing drei Jahre später sowohl einen erläuternden Vorspann zeigt wie auch (diesmal freilich in parodistischer Absicht) einen Arzt/Gynäkologen als eine der Hauptfiguren, den Harry Reems übertrieben komisch darstellt.

Nina, die ungezogene Krankenschwester, zeigt, wie's geht: Feministische Sexualaufklärung in der Ära der Videokassette

Weder der zerknautschte, benebelte und schlecht synchronisierte „Arzt" in *Man and Wife* und noch weniger der schnauzbärtige Harry Reems in *Deep Throat* dürften Figuren sein, die bei ZuschauerInnen Vertrauen erwecken, damals wie heute. Tatsächlich richtete sich die grundlegendste, umfassendste und detaillierteste Kritik der zweiten Welle des Feminismus an der Rolle von Frauen vorwiegend gegen die Institution der Medizin, besonders gegen Gynäkologie und Psychiatrie und die Rolle, die sie dabei spielen, Frauen mundtot zu machen und ihre Erfahrungen zu marginalisieren.[12] Selbst der gütige, Pfeife rauchende Dr. Fenton wurde letztendlich als Komplize der Unterdrückung weiblicher Sexualautonomie und Selbstbestimmung entlarvt. Sein Eintreten für eine offene Diskussion über Sex und den Körper demaskierte man als leichtere Form der Kontrolle, nachdem Frauen anfingen, „die existierenden Institutionen, die uns dienen, kritischer und selbstbewusster unter die Lupe zu nehmen", wie es im Vorwort der ersten Auflage von *Our Bodies, Ourselves* heißt.[13] Das Women's Health Collective aus Boston rief 1969 eine Reihe kleiner Diskussionsgruppen ins Leben, in denen sich Frauen trafen, um ihre Erfahrungen auszutauschen und einige Themen über Frauen und ihre Körper zu erforschen, die „herablassende, väterliche, voreingenommene und uninformative Ärzte" nie richtig zur Sprache gebracht hatten. Die Forschungsergebnisse diskutierte und kritisierte man anschließend in den jeweiligen Gruppen und präsentierte sie schlussendlich in einer Vortragsreise mit dem Titel *Our Bodies, Ourselves,* die 1973 von der New England Free Press in Buchform veröffentlicht wurde.[14] Der Band enthielt einen langen und detaillierten Abschnitt über die Geschichte von Heilerinnen, weisen Frauen und Hebammen, der inbrünstig Vergeltung über für deren jahrhundertelange Unterdrückung durch gesellschaftliche Institutionen[15] und stereotype Darstellungen wie die Furcht einflößende Engelmacherin in *Street Corner* forderte. Der Abschnitt über Frauen als Heilerinnen und Aufklärerinnen endet mit einem Zitat von Barbara Ehrenreich und Deirdre English, die sich eine Welt vorstellen, „in der Weisheiten über das tägliche Leben nicht von ‚Experten' gehütet oder als Ware gehandelt, sondern auf den Erfahrungen aller Menschen basieren und von allen kostenlos geteilt werden".[16] *Our Bodies, Ourselves* präsentierte eine breite Palette von Informationen und Quellen über Beziehungen, Sex, Verhütung, Geburt, Abtreibung und lesbische Öffentlichkeit; der Ruf nach mehr Macht und Einfluss und Anerkennung des Wissens von Frauen aufgrund persönlicher Erfahrung wurde von einer Vielzahl von Kleinverlagen aufgegriffen, deren Bücher entweder direkt oder über regionale und landesweite Auslieferungen speziell für kleinere Verlage den Weg in die Frauenbuchläden fanden.

Ein vollkommen anderer Ansatz in Sachen Sexualaufklärung und Verhütung begann, als das Boston Collective das erste Sommerforschungsprojekt ins Leben rief. 1970 gründeten Phil Harvey, der gerade seinen Abschluss in Familienplanung an der University of North Carolina in Chapel Hill gemacht hatte und über Erfahrung bei CARE in Indien verfügte, und Dr. Tim Black, ein Arzt, der erst kürzlich aus Neuguinea und Nigeria zurückgekehrt war, wo er Einrichtungen für Familienplanung und Gesundheitseinrichtungen beaufsichtigte, die Firma Adam and Eve (eingetragen als „Population Planning Associates"). Harvey und Black fingen damit an, dass sie in den USA Kondome im Versandhandel vertrieben, in Softcore-Zeitschriften wie *Playboy, Penthouse,* (und später)

Oui und *Hustler* für ihr Produkt warben und einen Großteil der Gewinne aus diesem Wirtschaftszweig in Familienplanung in Übersee investierten, einschließlich der Gründung der nicht kommerziellen Stiftung K.D. International. Damals waren die Comstock-Gesetze noch in Kraft, auch wenn das 1965 vom Obersten Gerichtshof gefällte Urteil im Fall *Griswold vs. Connecticut* ein Gesetz in Connecticut zu Fall brachte, das den Verkauf von Verhütungsmitteln an verheiratete Paare untersagte. Harvey und Black konnten nicht sicher sein, dass alle ihre Kunden verheiratet waren, aber sie ließen sich dennoch nicht beirren, da sie wussten, sie waren die einzige Firma in Amerika, die im großen Maßstab Kondome im Versandhandel anbot.[17] Als Videokassetten für den Hausgebrauch aufkamen, nahm Adam and Eve sexuell explizites Material in das Angebot auf, und die Firma stellte eine ganze Schar von PsychologInnen und SextherapeutInnen ein, die dafür sorgen sollten, dass das Material nichts enthielt, das einer „positiven Darstellung sexueller Erlebnisse" widersprochen hätte.

1986, während der Ära Reagan und ihrer Allianz zwischen den rechtsextremen Generalbundesanwälten Edwin Meese und Richard Thornburg und Anti-Porno-Feministinnen (darunter unter anderem Andrea Dworkin) wurde die Firma vom Justizministerium angefeindet, angeklagt und auf mannigfache Weise schikaniert. Und das kam genau zur rechten Zeit: So wie die technologischen Innovationen im Massenmedium Druck nach dem Bürgerkrieg die Reformer bedroht hatten, die das Comstock-Gesetz durch den Kongress peitschten, und die Repressalien gegen die Filmindustrie nach der Erfindung des Tonfilms eine kritische Masse erreichten und Konservative wie Fortschrittliche veranlassten, den strengeren Revised Production Code von 1933 zu verabschieden, so schürte der Boom von Videos für den Hausgebrauch Anfang bis Mitte der 1980er-Jahre Ängste vor den schädlichen Auswirkungen von sexuell explizitem Bildmaterial, das plötzlich ungehindert und frei in jedem amerikanischen Haushalt zugänglich war. Und wie in der Vergangenheit, ging die Zensur von der religiösen Rechten und ihrer feindseligen Reaktion auf den veränderten Status von Frauen aus, da sie, wie ein „Pro familia"-Autor, der über Comstocks Vermächtnis schrieb, es formulierte, Liberalen wie Feministinnen zugleich Sand in die Augen streuen konnten, indem sie „die moralischen Werte des siebzehnten Jahrhunderts in die Sprache von ‚Reformen' kleideten".[18]

Nach acht Jahren gewannen Adam and Eve und deren Anwälte vor Gericht, und die Firma begann umgehend mit der Produktion einer eigenen Reihe von Videos für Erwachsene. Zum herausragendsten Aushängeschild von Adam and Eve wurde eine Reihe von Aufklärungsvideos der ungeheuer populären Porno-Darstellerin Nina Hartley. Nina wuchs in der Gegend von San Francisco auf, die halb jüdische Tochter von zwei linken Akademikern. Sie war eine Leseratte und stellte irgendwann als Teenager fest, dass ihre sexuelle Neugier beeinträchtigt wurde durch den Puritanismus vieler politisch radikaler Erwachsener in ihrem Umfeld, aber auch durch die zunehmend schrilleren Anfeindungen der, wie sie es sah, sexnegativen radikalen Feministinnen, die jegliche Form von Prostitution und Pornografie ablehnten. Die beiden Bücher, die den größten Einfluss auf sie hatten, waren *Our Bodies, Ourselves* und Xaviera Hollanders *The Happy Hooker.* Das Boston Women's Health Collective inspirierte sie, Pflege zu studieren und sich für Frauen in der Gesundheitsvorsorge starkzumachen. *The Happy Hooker* mit seiner in der ersten Person verfassten Schilderung einer anderen akademisch gebildeten, halb jüdischen, blonden Athletin, deren Arbeit in der Sexindustrie sie mit großer persönlicher Aufrichtigkeit und Integrität machte, zeigte der jungen Frau aus Berkeley eine andere Karrieremöglichkeit auf.[19] 1987 erzählte Hartley der liberalen jüdischen Zeitschrift *Shmate,* dass Hollanders unverblümte Darstellung der notwendigen Dienstleistungen, die sie ihren Freiern für deren körperliches und seelisches Wohl, ihre Beziehungen und ihre Gesellschaft als Ganzem zukommen ließ, ihr zu der Einsicht verhalfen, dass die Arbeit in der Sexbranche für sie denkbar wäre. Als sie 1984 die Porno-Darstellerin Juliet Anderson (alias „Tante Peg") kennenlernte, begann Nina ihre Laufbahn in der Porno-Industrie und wurde rasch zu einer der populärsten und gefragtesten Stars.[20]

Die Titel von Adam and Eve wurden anfänglich als Videokassetten vertrieben und hatten ungefähr die Länge eines pornografischen Spielfilms, sodass man sie an einem Stück ansehen konnte, und beinhalten, wie die Spielfilme, einen musikalischen Soundtrack, der nicht selten aus stark bearbeiteten, stilisierten Arien transzendenter sexueller Wonnen besteht, die ihren Höhepunkt am Ende der Produktion finden, wenn die Tipps und Techniken, die Nina im ersten Teil gelehrt hat, eine automatische Virtuosität erreicht haben. *The Advanced Guide to Oral Sex* von 1998 folgt diesem Muster. Am Anfang des Videos stellt Nina zwei ihrer Freundinnen vor, Militia und Mandy Frost, und drei Männer, Mike Majors, Steve Hatcher und Tony Tedeschi. Nina demonstriert ein sanftes orales Vorspiel an Mike, Militia dagegen eine etwas heftigere Technik. Danach legt Tony eine Plastikfolie auf Mandys Schamlippen, und Nina erklärt, dass das eine Form von Safer Oralsex für Frauen sein kann. Mandy und Militia führen doppelte Fellatio bei Tony vor, während Nina sie in verschiedenen Techniken unterrichtet, dann zieht Nina einen Handschuh an und führt Stimulation des G-Punkts an Militia vor. Die letzten dreißig Minuten des Videos sind eine Orgie, in deren Verlauf alles, was wir bisher gesehen haben (ausgenommen die Sache mit der schützenden Plastikfolie), von den sechs Beteiligten durchexerziert wird. Am Ende des Videos ejakulieren alle drei Männer gleichzeitig auf Militia und Mandy, während Nina die Zuschauer zu Hause daran erinnert, stets an die Sicherheit zu denken.

Da Nina ihre Pflegeausbildung mit Auszeichnung bestanden hat, sollte es nicht verwunderlich sein, dass sie uns gleich zu Beginn einiger ihrer Aufklärungsvideos eine ganze Anzahl höchst traditioneller anatomischer Bilder zeigt. Doch in einem ihrer ersten Videos für Adam and Eve, *Guide to Better Cunnilingus,* sahen viele Zuschauer erstmals eine neue Form von visueller Hilfe, die „Wondrous Vulva Puppet", die House O'Chicks in San Francisco herstellt. Die „Wundersame Vulva"-Marionette ist die dreidimensionale Nachbildung weiblicher Genitalien, die ausschließlich dazu dient, uns zu zeigen, wie Frauen Lust spenden und empfangen können. Die verschiedenen Schichten, Falten, Farben und Oberflächen des Modells lassen sich bewegen und ermöglichen Sex-BeraterInnen, DiskussionsgruppenleiterInnen und Porno-DarstellerInnen, in vergrößerter Form zu zeigen, wie ein Liebhaber oder eine Liebhaberin den Körper einer Frau anfassen kann. Jahrhundertelang hatte sich die männliche Vorstellungskraft ausschließlich auf den Schwimm-Marathon konzentriert, den die Spermien auf dem weiten Weg zur Eizelle zurücklegen müssen. Im Gegensatz dazu wurde die „Wondrous Vulva Puppet" nur konstruiert, um Frauen zu zeigen, was sie empfinden, aber häufig eben nicht sehen konnten.

Der Schwerpunkt auf Intuition unterscheidet Ninas Videos von anderen Aufklärungsfilmen wie der *Better Sex*-Serie des Sinclair Institute, in denen die Stimmen von TherapeutInnen, BeraterInnen und anderen ExpertInnen zu hören (und ihre Gesichter zu sehen) sind, die das letzte Wort über Sexpraktiken, Grenzen und Schicklichkeit sprechen. Nina beschwor ihre ZuschauerInnen stets, auf ihre eigenen Körper zu hören. Am Anfang ihres *Guide to Analsex* versichert sie, „von allen Körperstellen, die Sie besitzen, reagiert keine so empfindlich auf eine Lüge wie Ihr Anus; wenn Ihr Verstand also ‚Ja, ja' sagt, ihr Herz dagegen ‚Nein, nein', dann hört Ihr Anus immer auf die Stimme Ihres Herzens." Später verweist sie im selben Video darauf, dass das Wissen um den eigenen Körper und die Fähigkeit, während analer Erotik mit einem Partner zu kommunizieren, eine eigenständige Sprache darstellen. „Man bekommt keinen Arsch, man verdient ihn sich. Und man kann ihn sich nicht verdienen, wenn man die Arsch-Sprache nicht versteht."

Als populäre Diskurse über „Sexsucht" und die „abstumpfenden" Auswirkungen von Pornos auf „gesunde" (sprich: genitalfixierte, monogame, heteronormative) Sexualität Ende der 1990er-Jahre und darüber hinaus an Intensität zunahmen, reagierte die äußerlich stets großmütige Nina umso trotziger, was neue sexuelle Geschmacksrichtungen anbetraf, die auszuprobieren sie ihren Fans riet. Lag der Schwerpunkt früherer, mit dem Produzenten John Galt gedrehter Videos auf Oralsex, Swingen und weibliche Bisexualität, empfahlen spätere, in Zusammenarbeit mit ihrem Partner und zweiten Mann Ernest Greene entstandene in zunehmendem Maße Bondage, Fetischismus und Domination: *Guide to Sensual Domination 1: How to Sumbit to a Man* und *Guide to Sensual Domination 2: How to Sumbit to a Woman* erschienen 2001, *Guide to Spanking* folgt 2004, *Guide to Erotic Bondage* 2005, *Strap on Sex* (wo sie am Ende den analbegeisterten Christian penetriert) 2006 und *How to Submit to a Man, How to Submit to a Woman* und *Foot Fun* 2007.

Etwa zur selben Zeit, als die Anleitungen von Adam and Eve in den 1990er-Jahren die Grenze zwischen den Märkten für Selbsthilfe und Pornos für Paare überwanden, begann für die Kleinverlageszene das dritte Jahrzehnt, und immer mehr LeserInnen hörten die Stimmen von Minderheiten, Feministinnen, „Queeren", Radikalen und sexuellen AußenseiterInnen. Cleis Press, 1980 in San Francisco von Felice Newman und Frédérique Delacoste gegründet, war erfolgreich mit nicht akademischen Büchern von AktivistInnen über eine ganze Palette von Frauenthemen. Viele Titel fanden eine kontroverse Aufnahme in der feministischen Gemeinde, wie etwa die Anthologie *Sex Work: Writings by Women in the Sex Industry* (1987), herausgegeben von Frédérique Delacoste und Priscilla Alexander.[21] 1997 veröffentlichte Cleis *The Ultimate Guide to Anal Sex for Women* von Tristan Taormino – das Buch wurde zu einem Dauerbestseller in der Rubrik der Sex-Ratgeber.

Neben den zahlreichen Büchern über Sex und Feminismus in Kleinverlagen kamen Taorminos Video-Adaption von *The Ultimate Guide*, die im Verleih von John „Buttman" Staglianos Evil Angel Video erschien, und ihre späteren Arbeiten mit Vivid-Ed zu im Kielwasser drastischer Veränderungen auf dem Gebiet kommerzieller pornografischer Videos seit der Zeit, als Hartley 1994 ihre Arbeit mit Adam and Eve begonnen hatte, heraus. Das Video *The Ultimate Guide* erschien, als das wesentlich komprimiertere Medium DVD die Videokassette allmählich verdrängte, und die späteren Vivid-Ed-Aufklärungsfilme kamen heraus, als Video-on-Demand-Downloads nicht mehr den gesamten Titel, sondern vornehmlich einzelne Szenen zur grundlegenden Tauscheinheit machten. Beide Entwicklungen verlängerten die gesamten Titel wie auch die einzelnen Szenen erheblich, und jetzt wurde die Szene zur Arena, in der eine Anzahl hochgradig stilisierter Stellungen und Akte inszeniert wurden, die, wie Linda Williams es ausdrückte, als „unterschiedliche Motive" die „unterschiedlichen Leute" im Publikum ansprechen und antörnen mussten.[22] Manche Sexszenen in herkömmlichen Pornos wurden ohne musikalische Begleitung auf fünfunddreißig bis fünfundvierzig Minuten gedehnt, was das Geschauspielerte der Leidenschaft auf schmerzhafte Weise deutlich machte, da die Darstellerinnen mitunter minutenlang am Stück grunzten und stöhnten, was an die zerdehnte Monotonie der musikalischen Kompositionen von LaMonte Young erinnert.

Taormino und ihre Co-Regisseure Stagliano und Ernest Greene vermieden die didaktische Langeweile von Lehrfilmen und die generelle

Langeweile zahlreicher kommerzieller Pornos, indem sie sich eines Spannungsbogens bedienten, der aus der Sexpertin Taormino eine dramaturgisch faszinierende Figur machte, deren nicht selten komische Auftritte in dem Film das genaue Gegenteil der teilnahmslosen Kommentare von medizinischen oder behördlichen Autoritäten darstellen. So gesehen ist *The Ultimate Guide,* genau wie *Street Corner,* „Fiktion und doch keine Fiktion". Der Film zeigt Taorminos inszenierte Versuche, John „Buttman" Stagliano davon zu überzeugen, dass er *The Ultimate Guide* als Video herausbringt, wobei Taormino selbst Regie führen möchte, und beginnt damit, dass sie ihm das Projekt in seinem Büro schmackhaft macht und dabei einen unwiderstehlichen Enthusiasmus verströmt, während der ständig genervte und besorgte Buttman wegen ihrer Unerfahrenheit um sein Geschäft bangt.

Die unwiderstehliche Tristan sagt: „Ich weiß, dass ich das kann. Es wird nicht so wie diese langweiligen *How-to*-Aufklärungsvideos, die derzeit auf dem Markt sind … ich möchte es im traditionellen Buttman-Stil machen. Ich will ausgeflippt sein, ich will wahrheitsgetreu sein, ich will, dass es spontan ist, und ich will, dass es heiß ist, so heiß, dass jede Frau sofort loszieht und Analsex haben möchte!"

Die faszinierende zentrale Aussage des Films ist die, dass Tristans Mut bei ihrer ersten Arbeit als Regisseurin den Mut des Zielpublikums bei ersten zaghaften Schritten auf dem Gebiet des Analsex widerspiegeln soll. Ihre Bewerbung für den Job der Regisseurin besteht darin, dass sie Buttman zeigt, wie sie die anal zaghafte Porno-Darstellerin Ruby dazu überredet, sich eine Hand in den Hintern stecken zu lassen, was sie mit einem ganzen Arsenal von Spielzeugen in Angriff nimmt. Von ihrer Mission überzeugt, versammelt sie eine Gruppe von SchauspielerInnen in Staglianos Haus und stellt dort eines ihrer Seminare nach, das hier auf eine Diskussion mit den Darstellern und Darstellerinnen über ihre Ängste, Befürchtungen und angenehmen Erfahrungen mit Analsex hinausläuft. Rasch verzichtet sie auf ihre medizinischen Schautafeln und benutzt den Hintern von niemand anderem als Nina Hartley, um anales Vorspiel zu demonstrieren. Im Mittelteil des Films sind Diskussionen aus dem Seminar mit Analsexszenen zusammengeschnitten, in denen die Darsteller das Gesagte vor Augen führen. Den ganzen Film hindurch erklären uns Stagliano, Greene und andere, dass „Tristan keinen Sex macht", aber bei einem letzten Gruppenbeisammensein, bei dem ein Foto für die Videohülle entstehen soll, lässt sich Tristan von dem halben Dutzend Porno-Profis verführen, während Nina anstimmt: „Madame Lehrmeisterin, das Blatt hat sich gewendet." Wie in den Videos von Nina Hartley veranschaulicht die abschließende Orgie viele der Techniken, die im Verlauf des Filmes erläutert wurden, wobei dem herkömmlichen Porno Tribut gezollt wird, als die drei männlichen Darsteller auf Tristans Körper ejakulieren. Danach liefert sie eine vielsagende Vorstellung von Safer Sex, die in der Welt der kommerziellen heterosexuellen Pornografie wahrlich einzigartig ist, und fordert den HIV-positiven Stagliano auf, dass er sich einen Handschuh überzieht und ihr einen Finger in den Po steckt. ZuschauerInnen, die zögern, das Gelernte selbst nachzuspielen, lassen sich vielleicht durch Taorminos Wandlung ermutigen – die nervöse, servile Figur am Anfang des Films zu einem wonnevollen (aber dennoch auf Safer Sex bedachten), selbstbewussten Sexobjekt an dessen Ende.

Taormino spielte später eine entscheidende Rolle dabei, Steve Hirsch von Vivid Videos zu überzeugen, dass er eine neue Reihe von Aufklärungsvideos unter dem Banner Vivid-Ed ins Leben rief; mehrere ihrer frühen *Expert Guides* bei Vivid-Ed basieren auf der Seminarstruktur ihrer Workshops und zeigen sie, wie sie vor einer Gruppe von Männern und Frauen spricht, bevor Darsteller Sex-Techniken vor der Gruppe vorführen, doch das Publikum im Studio stellt nur Fragen und liefert Einstellungen von Publikumsreaktionen. Spätere Produktionen beziehen sich auf die Diskussionsszenen aus dem *Ultimate Guide* von Evil Angel und ihren ohne Drehbücher im Stil von Dokumentationen gehaltenen Pornos *House of Ass* (Adam and Eve, 2005) und der *Chemistry*-Serie (Vivid, 2006 ff.), da die Schauspieler in Interviews über ihre Erfahrungen und Vorlieben berichten, die sie dann mit Partnern ihrer Wahl vorführen. Hier haben wir *Our Bodies, Ourselves* live: Sex-Darsteller sind Co-Autoren des Aufklärungsmaterials, und die FilmemacherInnen führen die große Vielfalt von Vorlieben, Erfahrungen und Reaktionen der SchauspielerInnen vor. Die Sexszenen entwickeln sich ganz nach diesen Vorlieben und Reaktionen, ohne den Zwang, dem Publikum etwas Bestimmtes zeigen zu müssen. Taorminos Einfluss liegt weitgehend im Bereich der Vorproduktion, wo sie die SchauspielerInnen auswählt und zusammenbringt – und zwar, wie sie in Interviews angedeutet hat, durch eine komplexe Abfolge von Storyboards, die für Außenstehende so kompliziert und unverständlich sind wie die Spielaufstellungen der National Football League.

The Expert Guide to Female Orgasms von 2010 beginnt damit, dass Taormino auf einem Sofa sitzt und in die Kamera spricht. Vor ihr auf dem Tisch liegen zahlreiche Sex-Spielzeuge, sodass sie aussieht wie die Avon-Beraterin der Vibratoren. Als sie das Thema kurz umrissen hat, sehen wir eine Szenenfolge aller Darstellerinnen in dem Video, die über die einzigartigen, vielfältigen und in vieler Hinsicht unvergleichlichen Formen von Orgasmen sprechen, die sie hatten, wobei sie häufig auf Gesten und Mienenspiele zurückgreifen, um die unsichtbaren Gefühle und körperlichen Empfindungen auszudrücken, die die Kamera nie und nimmer einfangen kann.

Diese Aufnahmen der Darstellerinnen entthronen unsere Moderatorin auf der Stelle als Mittelpunkt der Autorität sexuellen Wissens und Erfahrung. Taormino fasst zusammen und schafft Übergänge, lässt die Darstellerinnen aber ansonsten für sich sprechen. Die Frauen sind alles andere als die passiven Sexobjekte, die andernorts in den Medien dargestellt werden (oder die atmenden, protoplasmischen medizinischen Illustrationen, die man in den Hygiene- oder „Weiße Kutten"-Filmen sieht), und sprechen frei und offen über ihre höchst unterschiedlichen Erfahrungen. „Wir müssen das Gesamtbild sehen", sagt Taormino. „Frauen zuhören, die über ihre Erfahrungen sprechen, und über die Gefühle, die damit einhergehen." Die Männer beschreiben ihre Beobachtungen und die verschiedenen körperlichen Zeichen und Ausdrucksformen weiblicher Orgasmen und fordern die Zuschauer auf, genau auf ihre Partnerinnen zu achten. Nirgendwo wird eine dunkle Rotweinfarbe erwähnt. Tristan thront über allem, wie die Ärzte von anno dunnemals in ihren weißen Kutten, und präsentiert Zeichnungen der weiblichen Anatomie, doch sie sind stilisiert, verspielt und künstlerisch und beinhalten auch die Vulva-Marionette, die inzwischen de rigueur ist, und eine entschieden Nicht-Brödel'sche Illustration des Aufbaus der Klitoris mit beiläufigen, aber fein säuberlichen handschriftlichen Anmerkungen.

Die dritte Szene des Films mit Evanni Solei und Evan Stone verzichtet völlig auf traditionelle Choreografie, Inszenierung und Schnitt. Evanni erzählt Tristan, dass sie ganz langsam angeheizt werden muss und sie Evan mag, weil er witzig ist (was er damit unter Beweis stellt, dass er uns versichert, eine Frau zum Orgasmus zu bringen sei wie Fliegenfischen). Er küsst sie und reibt mehrere Minuten den Körper an ihrem. Ganze vier Minuten von den insgesamt zwölf zeigen, wie er sie leckt und dabei zunehmend intensiver ihren G-Punkt stimuliert. Die verschiedenen Kameras wechseln nicht zwischen Nahaufnahmen der Genitalien und Gesichtsreaktionen hin und her, sondern betonen aus unterschiedlichen Blickwinkeln Evannis körperliche Reaktionen oder fangen kurze Impressionen ihrer veränderten Mimik ein. Einmal sehen wir, wie sich ihr verkrampftes Gesicht eine Sekunde zu einem knappen Lächeln entspannt.

Erst nach zwei Dritteln der Szene, als sie ihren ersten Orgasmus hatte, kommt überhaupt Evans Penis ins Spiel. Fellatio findet nicht statt; Geschlechtsverkehr dient ausschließlich dazu, die Lust ihrer Klitorisstimulation mit einem „Magic Wand"-Vibrator noch zu steigern. Wir sehen keine Ejakulation, und am Ende weiß das Publikum nicht, ob die geschlossenen Augen und das verzückte Gesicht von Evans auf einen eigenen Orgasmus hindeuten oder ob er sich nur über Evannis zweiten Orgasmus freut. Andere Teile von *The Ultimate Guide to Female Orgasm,* besonders die Szene mit James Deen und Adrianna Nicole, Taorminos Muse für „harten Sex", zeigen den lauten, hämmernden Sex, an den Porno-Fans gewöhnt sind, aber selbst diese Szenen verzichten auf mathematische Neukombinationen von Stellungen und abwechselnden Genital- und Gesichtsaufnahmen und konzentrieren sich stattdessen auf die Abfolge der „körperlichen, psychologischen, emotionalen und sogar spirituellen Erfahrungen" von Frauen beim Sex.

Zum Zeitpunkt der Niederschrift dieses Essays ist „Make Love, Not Porn" (makelovenotporn.com) eine der beliebtesten Pornoseiten. Betrieben wird sie von Cindy Gallop, die LeserInnen auffordert, ihre Meinungen zum Unterschied zwischen der „Pornowelt" und der Realität einzusenden. Gallop, die mit jüngeren „Gen Next"-Männern ausgeht, musste zu ihrer Enttäuschung bei vielen davon im Bett feststellen, dass es keine umfassende und wirkungsvolle Sexualaufklärung gibt und daher für viele junge Menschen Hardcore-Pornografie die einzige Möglichkeit ist, etwas über die menschliche Sexualität zu lernen. Anstelle von Zensur, die sinnlos und vergeblich ist, schlägt sie reale (manchmal direkt spöttische) Gegenentwürfe zu der eindimensionalen, repetiven und meist phallozentrischen Sexualität vor, wie sie in den meisten Pornofilmen dargestellt wird. In einem Vortrag während der 2010 abgehaltenen Konferenz „L2: Generation Next" sagte Gallop: „Ich glaube, wenn mehr Menschen mehr Sex und besseren Sex hätten, wäre die Welt insgesamt viel glücklicher und der Weltfrieden im Bereich des Möglichen. Mehr Blasen, weniger Kriegführen."[23]

In einer Zeit, da der Kampf um die Kontrolle der Frauen über ihre eigenen Körper immer erbitterter wird und die religiöse Rechte ihre konzertierten und gnadenlosen Bemühungen verstärkt, Sexualaufklärung zu unterbinden, drakonische Zensurgesetze verabschieden möchte, sich gegen die eheliche Gleichstellung zur Wehr setzt und das Recht der Frauen auf Geburtenkontrolle und Abtreibung beschneiden will, finden es viele falsch, etwas über größere sexuelle Lust zu lernen. In den ersten sechs Monaten des Jahres 2011 haben die Staaten einhundertzweiundsechzig neue Gesetzentwürfe vorgelegt, die mit Fortpflanzungsmedizin und Gesundheit zu tun haben. Die achtzig Einschränkungen des Abtreibungsrechts im selben Jahr sind mehr als doppelt so viel wie der bisherige Rekord von vierunddreißig Einschränkungen im Jahr 2005.[24] Eine umfassende Gesundheitsvorsorge, eines der Hauptziele der Frauenbewegung, bleibt eine vage Hoffnung.

Doch sexuelle Lust und Selbstbestimmung von Frauen war das wichtigste Schlachtfeld in einem Krieg, der seit hundertfünfzig Jahren auf erstaunlich ähnlichem Gelände ausgefochten wird. Frauen haben in wenigen Jahren die Kontrolle über die Lust aus den Händen staatlicher Institutionen befreit, indem sie sich selbst und andere durch Diskussionsgruppen, Bücher, Filme, Videos und das Internet weitergebildet haben. Feministische Pornografie ist die nächste Generation dieser Bewegung.

Anmerkungen

1 Chad Livengood, „Lawmaker Banned From Speaking After ‚Vaginal' Comment", *The Detroit News,* 12. Juni 2012, http://www.detroitnews.com/article/20120614/POLITICS02/206140467#ixzz20qEbTsXk.

2 Material über Comstocks Laufbahn und andere Zensurmaßnahmen gegen die Verlagsindustrie nach dem Bürgerkrieg findet man in: Nicola Kay Beisel, *Imperial Innocents: Anthony Comstock and Family Reproduction in Victorian America* (Princeton, NJ: Princeton University Press, 1998) und: Paul Boyer, *Purity in Print: Book Censorship in America from the Gilded Age to the Computer Age,* 2. Aufl. (Madison: University of Wisconsin Press, 2002).

3 Siehe: Janet Brodie, *Contraception and Abortion in Nineteenth Century America* (Ithaca, NY: Cornell University Press, 1997), 259–274 und 288–291.

4 Dick Schultheiss und Udo Jonas, „Max Brödel (1870–1941) and Howard A. Kelly (1858–1943) – Urogynecology and the Birth of Modern Medical Illustration", *European Journal of Obstretrics & Gynecology and Reproductive Biology* 86 (1999), 113.

5 Ebenda, 115.

6 Diese Illustration findet sich in Schultheiss und Jonas, 114.

7 Eric Schaeffer, *Bold! Daring! Shocking! True! A History of Exploitation Films, 1919–1959* (Durham, NY: Duke University Press, 1999).

8 Schaeffer, *Bold! Daring! Shocking! True!,* 197.

9 Bei vielen öffentlichen Vorführungen unterbrach man den Film an der Stelle, als Lois ins Krankenhaus gebracht wird, und vor das Publikum trat „die bedeutende medizinische Kapazität Mr Curtis Hayes persönlich" (tatsächlich traten mehr als ein Dutzend Männer unter diesem Namen mit verschiedenen Varianten des Films auf). „Hayes" wies dann diskret auf zwei schmale Bändchen hin, *Father and Son* und *Mother and Daughter,* die man für einen Dollar pro Stück bei einer „Krankenschwester" kaufen konnte, die durch die Reihen der Zuschauer ging.

10 David Lerner, „‚White Coaters' at the Intersection of Sexploitation and Pornography", Vortrag, Society for Cinema and Media Studies Conference, New Orleans, März 2011.

11 Viele von Dantes Filmbesprechungen im *Film Bulletin* wurden später unter dem Sammeltitel „Joe Dante's Fleapit Flashbacks" in der Zeitschrift *Video Watchdog* nachgedruckt. Die Besprechung von *Man and Wife* erschien in *Video Watchdog* Nr. 83 (Mai 2002), 30.

12 Eine zusammenfassende Darstellung vieler dieser Kritikpunkte und der Bewegung, die sie auslösten, findet man in: Sandra Morgan, *Into Our Own Hands: The Women's Health Movement in the United States, 1969–1990* (Piscataway, New Jersey, 2002).

13 Boston Women's Health Collective, *Our Bodies, Ourselves,* 2. Auflage (New York: Simon and Schuster, 1984), XIX.

14 Ebenda, XVII.

15 Ebenda, 589–591.

16 Barbara Ehrenreich und Deirdre English, *For Her Own Good: 150 Years of Expert's Advice to Women* (Garden City, NY: 1978), zitiert in: Boston Women's Health Collective, 594.

17 Eine Schilderung über die Gründung der Firma findet man in: Phillip Harvey, *The Government vs. Erotica: The Siege of Adam and Eve* (New York: Prometheus Books, 2001), 43–44.

18 Allan C. Carlson, „Comstockery, Contraception and the Family: The Remarkable Achievements of an Anti-Vice-Crusader", *The Family in America* 23, Nr. 1, http://www.profam.org/pub/fia/fia.2301.htm.

19 Xaviera Hollander, mit Robin Moore und Yvonne Dunleavy, *The Happy Hooker: My Story* (New York: Dell Books, 1972). Deutsche Ausgabe: *Die fröhliche Nutte* (Frankfurt am Main: Olympia Press, 1972).

20 Sheldon Ranz, „Interview: Nina Hartley", *Shmate: A Magazine of Progressive Jewish Thought,* Nr. 22 (Frühjahr 1989), 15–19. Nachdruck online unter *The Smackdog Chronicles* (Ver. 2.6), http://www.redgarterclub.com/SDChronBlog2dot5/about/nina-hartley-shmate-interview-pt1/.

22 Linda Williams, *Hard Core: Power, Pleasure and the „Frenzy of the Visible"* (Berkeley: University of California Press, 1999), 27–32.

23 Cindy Gallop, „Make Love, Not Porn", Vortrag, L2: Generation Next Conference, New York, NY, 14. Mai 2010, http://fora.tv/2010/05/14/Cindy_Gallop_Make_Love_Not_Porn.

24 Guttmacher Institute, „States Enact Record Number of Abortion Restrictions in First Half of 2011", News in Context, 13. Juli 2011, http://www.guttmacher.org/media/inthenews/2011/07/13/index.html.

Den Kurs bestimmen: Feministischer Porno in Theorie und Praxis

Tristan Taormino

Tristan Taormino (tristantaormino.com) ist eine preisgekrönte Autorin, Kolumnistin, Redakteurin, Sexualerzieherin, Radiomoderatorin und feministische Pornografin. Sie ist Autorin von sieben Büchern, darunter *The Ultimate Guide to Anal Sex for Women* und *True Lust: Adventures in Sex, Porn and Perversion*. Sie leitet die Porno-Produktionsfirma Smart Ass Productions und ist Regisseurin und Produzentin von vierundzwanzig Pornofilmen, einschließlich der bahnbrechenden Serie *Rough Sex*, basierend auf wahren weiblichen, von der „Norm" abweichenden Fantasien, und der Serie *Expert Guide* zum Thema Sexualerziehung, die sie für Vivid Entertainment herstellte. Gewinnerin zahlreicher Adult Video News (AVN) und Feminist Porn Awards, war sie die erste weibliche Regisseurin, die für *Chemistry*, den ersten Film ihrer Reality-Serie, einen AVN Award als Best Gonzo Movie erhielt. Bei den Feminist Porn Awards von 2010 wurde sie für ihr Lebenswerk mit dem Trailblazer Award ausgezeichnet. Sie ist Moderatorin von *Sex Out Loud*, einem wöchentlichen Radioprogramm in The VoiceAmerica Talk Radio Network. Fast zehn Jahre lang war sie Kolumnistin für *The Village Voice* und schreibt eine Kolumne für *Hustler's Taboo*. Sie war die begründende Herausgeberin der Serie *Best Lesbian Erotica*, die den Lambda Literary Award gewann, und ist Herausgeberin von fünfundzwanzig Sammelbänden. Sie schrieb für eine Vielzahl von Publikationen, von *Yale Journal of Law and Feminism* bis *Penthouse*, und war Redakteurin von *On Our Backs*. Sie trat in CNN, HBOs *Real Sex, The Howard Stern Show, Loveline, Ricki Lake*, in MTV, Oxygen, MSNBC, Fox News, The Discovery Channel und in über fünfzig Radiosendungen auf. Sie hält Vorlesungen an den führenden Hochschulen und Universitäten und leitet in der ganzen Welt Workshops zum Thema Sex und Beziehungen.

Meine Leidenschaft für Sexualerziehung machte aus mir eine Pornografin. 1998 veröffentlichte ich meinen ersten Ratgeberband, *The Ultimate Guide to Sex for Women*, und begann durch das Land zu touren und Workshops über Analsex zu halten, meist in sexpositiven Sexspielzeugläden. Eine Menge Menschen fragten mich: „Wann werden Sie eine Videoversion ihres Workshops machen?" Ich hatte Videos zur Sexerziehung angesehen, und während sie zweifelsohne informativ waren, fand ich sie nicht sehr sexy. Falls ich einen Schulungsfilm machen würde, wollte ich etwas anderes machen. Ich wollte einen Film drehen, der den Leuten nicht nur zeigte, wie sie sicheren und genussvollen Analsex haben konnten, sondern der so heiß war, dass sie nach dem Betrachten angeregt waren, hinauszulaufen und *es zu tun*. Ich wusste, es würde in dem Film, den ich mir vorstellte, eine Menge expliziten Sex geben und ich würde im Hardcore-Territorium landen. Ich überlegte, den Versuch zu starten, selbst eine Independent-Produktion zu finanzieren und zu vertreiben, aber dann würde ich nur zu den schon Bekehrten predigen. Ich wollte mit meiner Botschaft die Massen erreichen. Also sendete ich an mehrere große Porno-Unternehmen eine Anfrage und bat sie, ein Schulungsvideo über Analsex zu finanzieren, das auf Frauen ausgerichtet und gleichzeitig ein heißer Porno war. Die Leute, denen ich dieses Angebot machte, antworteten, als ob ich eine Fremdsprache spräche, und ignorierten mich allesamt oder wiesen mich ab.

Monate später rief mich eine der Personen, denen ich ein Angebot geschickt hatte, an: John Stagliano, Leiter der Evil Angel Productions, ein sehr angesehener Industrie-Mogul, der als Vater des Gonzo-Genres galt (das *Cinéma vérité* des Pornos). Mehrere Gespräche später willigte er ein, meinen Film zu produzieren. Dies führte zu einem Crashkurs in Porno-Produktion, wobei ich sowohl John (der bei dem Film mit Regie führte und ihn selbst aufnahm) als Mentor hatte als auch den bekannten Fetischfilm-Regisseur Ernest Greene (der sich an der Regie und der Produktion beteiligte). Ich kam zu dem Projekt ohne Vorkenntnisse oder Erfahrungen im Filmemachen und mit nur wenig Vertrautheit mit der Industrie, aber viel Zuversicht, Enthusiasmus und Idealismus. Ich hatte kein Sexkriegsgepäck vom Feminismus der zweiten Welle mitgebracht. Ich hatte nie geglaubt, der gesamte Porno für Frauen sei herabwürdigend und schrecklich, obwohl mancher es sicherlich war. Ich hatte lesbische, feministische Pornofilme wie *Suburban Dykes* und *How to Female Ejaculate* gesehen, wusste also, dass sexpositiver, nicht ausbeuterischer, revolutionärer Porno möglich war.

Ich war entschlossen, authentische Darbietungen von Frauen zu zeigen, die Arschficks wirklich genossen, echte weibliche Orgasmen und den Gebrauch von Kondomen, neben realistischeren Darstellungen von Analsex, als ich im herkömmlichen Porno gesehen hatte – mit Kommunikation zwischen den Partnern, sehr viel Gleitgel, Klitorisstimulation und jede Menge Vorspiel vor dem Verkehr. Ich musste jedoch auch die Erwartungen erfüllen, die hinter dem Namen Evil Angel standen: Stagliano war bekannt für seine langen, verweilenden Aufnahmen von Frauenärschen und Hardcore-Analaktionen. Es gab keine Diskussion oder Debatte darüber, wie jede Szene enden würde: Sie würde in einem Money Shot gipfeln – wobei der Darsteller auf den Körper der Darstellerin ejakuliert. Alternative Enden waren keine Option, aber ich machte etwas Gebrauch von jenen feministischen Theoriestunden, die ich im College belegt hatte: Ich erklärte, es werde in dieser Produktion keine Cum Shots ins Gesicht geben. *Das ist eine Porno-Trope! Es ist herabwürdigend! Frauen genießen das nicht!* Meine Aussage überraschte die DarstellerInnen und vermutlich ärgerte sie John, obwohl er mir darin nicht widersprach.

Im Laufe des siebentägigen Drehs war die Lernkurve steil. Ich traf Entscheidungen, machte Kompromisse und gab mein Debüt vor der Kamera, nicht nur als Sexualerzieherin, sondern auch als die Zielperson einer Gruppensexszene der gesamten Besetzung. Ich erhaschte einen Blick auf den Mikrokosmos der Porno-Industrie: DarstellerInnen mit unterschiedlichen Graden an Motivation, Engagement und Begeisterung für ihre Arbeit. 1999 veröffentlichte Evil Angel *The Ultimate Guide to Anal Sex for Women*. Er erhielt eine Menge Aufmerksamkeit, gewann etliche Preise und ich machte sogar eine Fortsetzung, *The Ultimate Guide to Anal Sex for Women 2*. Ich war stolz auf meine Errungenschaft, sah mich jedoch niemals als hauptberufliche Pornografin. Also kehrte ich zu meinem Leben als Autorin, Redakteurin und Leiterin von Sex-Workshops zurück.

2005 beschloss ich, Porno mehr in meine Arbeit einzubauen und zur Porno-Industrie zurückzukehren. Meine Entscheidung wurde durch den Glauben bestärkt, dass Gonzo korrupt war, Zuschauerinnen weiterhin weitgehend ignoriert wurden oder ihnen der gleiche formelhafte Knochen vorgeworfen wurde und dass Porno nicht sein volles Potenzial erreicht hatte.

Ich war schon immer ein Fan von Gonzo als Genre, weil ich als Betrachterin in meinem Porno keine hohen Produktionsstandards, aufwendigen Sets und Kostüme oder ausgeklügelten Handlungen brauche. Ich liebe die Spontaneität, die rohe Chemie und das organische Gefühl von Gonzo. *Wen kümmert's, ob ein Lichtständer im Weg steht, sieh dir an, wie intensiv ihre Beziehung ist!* Bis zur Mitte der 2000er war Gonzo außer Rand und Band geraten – aber nicht im positiven Sinn. Der Trend bei Gonzo war, je extremer, desto besser. Es ging nur mehr um rohen Sex, mehrfache Pfählungen (wie viele Dinge passen gleichzeitig in wie viele Öffnungen), klaffende Arschlöcher und zirkusähnliche Stunts. Es war so herabwürdigend und offensiv wie der schlimmste Albtraum jeder Anti-Porno-Feministin. Bei den Szenen ging es nicht um die Erkundung von Dominanz und Unterordnung, gewalttätig zu sein oder bis an die Grenze zu gehen. Die Stimmung von manchen schien geradezu feindselig zu sein. Zudem fehlte ihnen eine grundlegende Komponente: weibliche Lust. Ich meine, wenn einer sich die Mühe macht, eine Frau eine Schlampe zu nennen und sie zu schlagen, während er sie fickt, sollte verdammt noch mal zumindest ein fantastischer Orgasmus für sie drin sein. Wenn sie es nicht wirklich genießt, was soll dann das Ganze?

Ein weiterer Grund, warum ich zum Porno zurückzukehren beschloss, war, dass das Genre „Porno für Frauen" nicht wuchs oder variierte und es wenige selbstidentifizierte Feministinnen gab, die Porno machten. Als die zur Regisseurin konvertierte Darstellerin Candida Royalle in den späten 1980ern der Welt ihren „Porno aus der Sicht der Frauen" vorstellte, sprengte sie den Club der Jungs und bewies, dass Frauen und Paare ein rentabler Markt waren. Ihre Filmreihe konzentrierte sich auf hohe Produktionsstandards, Romantik und weibliche Lust und vermied bewusst Konventionen des Mainstream-Pornos, wie extreme Nahaufnahmen von Genitalien, Analsex und externe Spermaergüsse. Als sie debütierte, blockten alle ab, doch heute übernehmen Filme, die auf Paare und Frauen ausgerichtet sind, einen Großteil ihrer Formel. Die vorherrschende Ansicht in der Industrie ist, dass Paare und Frauen sanfteren und behutsameren Porno vorziehen. Diese Vorstellung spiegelt Klischees über weibliche Sexualität wider und bestärkt sie gleichzeitig: Wir wollen Romantik und Blumen und schönes Licht und nichts allzu Hartes. Und das stimmt für manche Frauen, *aber nicht für alle von uns*. Der existierende Porno hatte Frauen nur wenige Möglichkeiten offengelassen: „Porno für Frauen" war in einer Idee steckengeblieben, die in den späten 1980ern geboren wurde, Gonzo war in eine Richtung gegangen, die oft befremdlich war, und bei den anderen Genres mussten sie sich alleine durchschlagen, um etwas Ansprechendes und nicht Offensives zu finden. Ich wollte eine Alternative für Frauen und Männer schaffen.

Regie im Porno zu führen war letztendlich eine Art, mich selbst infrage zu stellen. Ich konnte über die Theorie salbadern, mit Anti-Porno-Feministinnen debattieren und über das Potenzial von Porno, revolutionär zu sein, sprechen – aber konnte ich ihn auch machen? Konnte ich tatsächlich eine andere Art von Porno machen? In der Zeit, in der ich von der Industrie weg war, arbeitete ich als Redakteurin von *On Our Backs*, dem ältesten Porno-Magazin von und für Lesben der Nation. Ich hatte bei Dutzenden Fotoaufnahmen von explizitem Sex Regie geführt, und was die Leser am meisten ansprach, war der Grad an echtem Verlangen und an wahrer Verbindung zwischen den Leuten. Wenn ich das in einem bewegten Bild einfangen könnte, wäre es vielleicht noch spürbarer und kraftvoller. Das schon einmal flügge gewordene, unabhängige, von Lesben produzierte Lesben-Porno-Genre erfreute sich neuen Wachstums und einer neuen Vielfalt. Es war Zeit für mich, die feministischen Ideale zum heterosexuellen Mainstream-Porno zu bringen.

Ich unterschrieb einen exklusiven Vertrag, um für eines der größten Unternehmen der Industrie, Vivid Entertainment, Regie zu führen, und mein erstes Projekt war eine Reality-Serie namens *Chemistry*. Ich wollte zu den Ursprüngen von Gonzo zurückkehren, wo die Kamera wahrgenommen wird, die Handlung nicht vorgeschrieben ist und das Ganze mehr wie ein Dokumentarstreifen gedreht wird. Die Prämisse für *Chemistry* entlehnte ich meiner Liebe zum Reality-Fernsehen: Ich bringe eine Gruppe von Pornostars für sechsunddreißig Stunden in ein Haus. Es gibt kein Skript und keinen Terminplan und alles wird gefilmt. Sie entscheiden, mit wem sie Sex haben, wann, wo und was sie tun.

Ich sage den Akteuren, bevor wir zu drehen beginnen: *Vergesst alles, was ihr über Porno wisst*. Mainstream-Porno ist sehr reglementiert und es gibt für die meisten heterosexuellen Szenen eine genaue Formel. Im endgültigen Schnitt sieht das so aus: zwei Minuten Fellatio, zwei Minuten Cunnilingus (dies ist optional), zwei bis drei Minuten die erste Koitus-Position, zwei bis drei Minuten die zweite Position, zwei bis drei Minuten die dritte Position, externer Samenerguss. Natürlich gibt es manchmal leichte Abwandlungen, aber zum größten Teil ist es das. In erster Linie ist es langweilig und unnötig. Es ist nicht die Art, wie Menschen ohne Kamera Sex haben. Und es lässt wenig Spielraum für die weibliche Lust: Es gibt nicht viel Vorspiel vor dem Geschlechtsakt, der Geschlechtsakt wird als Ziel und Kernstück des Sex hingestellt und der Positionswechsel unterbricht zu häufig die Verbindung zwischen den Partnern und die Dynamik des Erregungsaufbaus (welche zum Orgasmus führen könnte). Mir ist es wichtig, dass sich die Handlung organisch entwickeln kann (so organisch, wie es mit Lichtern, Kameras und Menschen, die um einen herumstehen, möglich ist), und dass die Personen sich bewegen und ficken können, wie sie möchten, so lange sie es möchten. Ich will die Darstellerinnen und Darsteller bestärken, uns zu zeigen, was sie tun möchten, einen Teil ihrer Sexualität mit der Kamera zu teilen. So viele Pornos verlangen von den AkteurInnen, die Fantasie eines oder einer Anderen auszuleben oder zu tun, was der oder die Andere als sexy empfindet: Was wäre, wenn sie die Möglichkeit erhielten, ihr eigenes Ding zu tun? Zudem gebe ich ihnen ihre eigene Kamera (welche die Cast-Mitglieder des *Chemistry*-Vorläufers *House of Ass* „the perv cam" betitelten), um sich selbst und gegenseitig aufzunehmen.

Im Unterschied zum Reality-TV ist es keine zufällige Gruppe von Fremden. Ich besetze zuerst eine Akteurin und frage sie dann nach ihrer „Nein-Liste". Diese Vorgehensweise ist in der Industrie üblich: Alle DarstellerInnen haben eine Liste von anderen DarstellerInnen, mit denen sie nicht arbeiten wollen. Danach tue ich etwas weniger Übliches: Ich frage sie nach einer „Ja-Liste": Mit wem stimmt ihre Chemie besonders zusammen? Wessen Gegenwart genießen sie wirklich? Wie steht es mit Leuten, mit denen sie noch nie zusammengearbeitet haben, die aber ihr Interesse wecken? Ich wähle den zweiten Darsteller, die zweite Darstellerin aus der Ja-Liste und wiederhole dann den Vorgang. So weiß ich, bevor der Dreh beginnt, dass alle sich gegenseitig mögen und bestenfalls begeistert oder zumindest offen sind, mit fast jedem im Haus Sex zu haben.

Neben dem Sex verbringe ich Stunden damit, Interviews mit allen DarstellerInnen zu filmen, die dann in die erotische Handlung eingeschnitten werden. Interviews sind inzwischen sehr beliebt, manchmal als Teil des Anfangs einer Szene, häufiger jedoch als Filmmaterial nach den Szenen, das auf DVDs als „Bonus" hinzugefügt wird. Aber wie beim Sex folgen diese Interviews einem üblichen Muster. Eine Kamera schwenkt zu einem Mädchen, das in einem Stuhl sitzend ihr Make-up aufträgt. Eine Stimme sagt: „Möchtest du dich nicht vorstellen und uns sagen, was hier abläuft?" „Hi, ich bin Brandy und heute werde ich gefickt." Und *Szene*. Das war's. Was die Männer im Porno angeht – in einem typischen Video sprechen sie nicht. Nach meiner Erfahrung gibt es Darsteller, die tatsächlich viel mehr zu sagen hätten: darüber, was sie für ihren Lebensunterhalt tun, warum sie es tun, was sie mögen, was sie hassen und wie es ihre Beziehungen beeinflusst. Sie sind in der Tat selbstbewusst, eigensinnig und faszinierend. Es ist wichtig, SexarbeiterInnen die Möglichkeit zu geben, für sich selbst zu sprechen, etwas, was die Mainstream-Medien selten tun. Eine Menge Zuschauer haben mir gesagt, sie hätten das Gefühl, die DarstellerInnen in meinen Filmen kennenzulernen, und sobald sie das täten, hätten sie mehr Interesse daran, sie beim Sex zu sehen. Plötzlich seien sie dreidimensionale menschliche Wesen anstatt glänzende Sex-Roboter. Interviews mit DarstellerInnen sind das Ausgangsmaterial meiner Arbeit geworden und ich baue sie in zwei weitere Serien ein, die ich kreiert habe und in denen ich Regie führe: meine *Expert Guide*-Serie zur Sexualerziehung und meine Charakterskizzen-Serie *Rough Sex*. Jede dieser Serien hat einen anderen Fokus und eine andere Vision, was jedoch konstant bleibt, ist meine Mission, feministischen Porno zu erschaffen.

Was also ist feministischer Porno? Einige meinen, es ist ein Widerspruch in sich, kein Porno könne jemals feministisch sein. Doch viele von uns sind anderer Meinung. Trotzdem heißt das nicht, dass wir bezüglich seiner Bedeutung oder einer Standarddefinition *übereinstimmen*. Also werde ich darüber sprechen, was feministischer Porno für mich bedeutet.

Erstens muss die Produktion ein fairer und ethischer Prozess sein und für jeden ein positives Arbeitsumfeld bieten. Die DarstellerInnen bestimmen ihren eigenen Lohn und wissen im Voraus, wofür ich sie angeheuert habe. Es besteht ein absolut klares Einvernehmen und kein Zwang irgendwelcher Art. Sie wählen ihre SexpartnerInnen für die Szene. Zwischen den DarstellerInnen und dem Produktionsteam herrscht gegenseitiger Respekt. Der Arbeitsplatz ist sauber und sicher. Die DarstellerInnen müssen die Auflagen des von der Industrie selbst auferlegten Testprogramms erfüllen: sich alle dreißig Tage oder eher auf sexuell übertragbare Infektionen testen zu lassen. Sie dürfen verlangen, dass ihre Szene-PartnerInnen einen jüngeren Test beibringen (beispielsweise haben einige Personen ein persönliches Programm von fünfzehn Tagen). Zudem biete ich allen die Option, einen Safer-Sex-Schutz, wie Kondome, Handschuhe und Kofferdam zu verwenden und diese Dinge am Set zu bekommen.

Dieser Standard ist mir wichtig sowie auch, das Set für die DarstellerInnen so gemütlich wie möglich zu gestalten. Ich verlange von ihnen einen körperlich anstrengenden Job – sich nackt auszuziehen, viel länger als Privatpersonen Sex zu haben, unter heißen Lichtern, manchmal unter schwierigen Umständen. Ich scheue keine Mühen, um herauszufinden, was sie brauchen, um diesen Job zu machen – und ihn gut zu machen. Möchten Sie Ihre bevorzugte Gatorate-Geschmacksrichtung am Set haben? Gut hydrierte SexdarstellerInnen sind bessere SexakteurInnen, mit mehr Ausdauer und Durchhaltevermögen. Wie wär's mit frischen, nahrhaften Snacks, um niedrigem Blutzucker und Überspanntheit vorzubeugen, und einem sauberen Badezimmer, gut ausgestattet mit allen Arten von Produkten der persönlichen Hygiene? Einigen mag dies nebensächlich erscheinen, es ist aber wichtig. In der Sexarbeit besteht besondere Gefahr, dass sich die Leute über diese grundlegenden Standards mit der Antwort „Es ist nur Porno" hinwegsetzen. „Es ist nur

Porno" entstammt der „Es ist nur Sex"-Auffassung, die in der Gesellschaft vorherrscht, eine Einstellung, die die Sexarbeit und die SexarbeiterInnen herabwertet und ihnen eine faire Behandlung und Arbeitsrichtlinien wie bei anderen Arbeitsarten verweigert.

Um zu einem positiven Arbeitsumfeld beizutragen und den DarstellerInnen eine aktive Rolle bei der Art und Weise, wie sie gezeigt werden, einzuräumen, ist Zusammenarbeit ein wichtiges Element meines Schaffensprozesses. Bevor wir den Fuß ins Set setzen, führe ich Gespräche mit meinen AkteurInnen, lerne sie kennen, stelle ihnen Fragen über ihre sexuellen Vorlieben und Abneigungen, ihre beliebtesten Aktivitäten und Spielzeuge und was ihnen hilft, eine wirklich tolle Arbeitserfahrung zu machen. Ich entwerfe ihre Szenen anhand dieser Informationen. Schließlich möchte ich die DarstellerInnen an der Erschaffung ihrer eigenen Darbietung teilhaben lassen. Frauen und Männer erhalten die Wahl: Sie wählen, mit wem sie Sex haben werden, sie wählen die Positionen, in denen sie sein möchten, sie wählen die Spielzeuge, mit denen sie spielen, alles ausgehend davon, was sich gut für sie anfühlt, alles basierend auf ihrer wahren Sexualität, nicht auf einem vorgefertigten Skript. Ich möchte komplexe, dreidimensionale Wesen erfassen anstatt grob vereinfachter Stereotypen. Ich möchte ein offenes Umfeld schaffen, das für alle – und speziell für Frauen – sicher ist, damit sie ihre Lust selbstverantwortlich steuern können und imstande sind, ihre Wünsche frei zu äußern. Ich versuche einen bestimmten Grad an Authentizität zu erreichen, eine Verbindung zwischen den Partnern und möchte spüren, dass sich alle wohlfühlen. Nennen wir es organischen, fair gehandelten Porno.

Feministischer Porno versucht der Botschaft, die wir von der Gesellschaft erhalten und die im Mainstream-Porno reflektiert wird, entgegenzuwirken: Sex ist schändlich, unanständig, schmutzig, beängstigend, gefährlich oder es ist die Domäne der Männer, wo nur ihre Gelüste und Fantasien erfüllt werden. Im feministischen Porno werden weibliche Begierde, Lust und Orgasmus priorisiert und gefeiert. Wenn der Sex auf dem Bildschirm die Erfahrung der DarstellerInnen wiedergibt (niemand „täuscht" etwas vor) und diese Erfahrung positiv und unterstützend angelegt ist, wird Sex als freudvoll, amüsant, sicher, einvernehmlich und befriedigend gezeigt.

Feministischer Porno antwortet auf dominante Bilder einerseits mit Alternativen und erschafft andererseits eine eigene Bildsprache. Ich arbeite bewusst daran, Abbildungen entstehen zu lassen, die andere Pornografien, welche Männer und Frauen als eindimensionale Objekte darstellen – wo Männer sexuelle Roboter und Frauen Vehikel für ihren Genuss sind –, infrage stellen und ihr widersprechen. In vielen heterosexuellen Mainstream-Pornos ist der archetypische Mann stoisch/schweigsam, immer erregt und steinhart, dominant, durchsetzungsfähig und (beurteilt man, wie sein Gesicht und ein Großteil seines Körpers aus dem Bild geschnitten ist) der Kamera im Weg. Selten sind Männer bisexuell, devot oder passiv und fragen nach Anleitungen, geben dem Genuss ihrer Partnerinnen Vortritt oder mögen es, wenn mit ihren Hintern gespielt wird. Frauen sind weiß, dürr, unterwürfig und großbrüstig. Sie sind immer zum Sex bereit, sie sagen niemals Nein, obwohl ihr Genuss keine Priorität hat. Bedeutend seltener sieht man farbige Frauen, Frauen die nicht-dürr/umfangreich/übergroß sind, die das Sagen haben, dominant sind oder devot, aber gleichzeitig die Kontrolle haben.

Die Schnittfläche zwischen Sexualität und Rasse im Mainstream-Porno ist ein komplexes Territorium mit einer Geschichte der Ungleichheit, der Klischees und der rassistischen Darstellungen. Man muss nur die Titel der sogenannten „ethnischen" Genres betrachten – der asiatischen, lateinamerikanischen oder schwarzen (denn im Mainstream-Porno kann man nur eins sein) –, wie *Slant Eyed Sluts, Naughty Spanish Maids* und *Big Black Asses*, um zu sehen, wie Rassen exotisiert, fetischisiert und auf sehr bestimmte Art modifiziert werden. Ich glaube, feministischer Porno muss die typische Gettoisierung farbiger Menschen ablehnen, indem er sich weigert, bei dem stillschweigenden und doch systematischen Ausschluss farbiger DarstellerInnen von bestimmten Filmarten mitzumachen. Häufig werden farbige DarstellerInnen nur in „ethnischen" Filmen besetzt und Rollen in Spielfilmen, Charakterskizzen und weiteren Genres gehen an weiße DarstellerInnen. Weiße Hautfarbe wird, sofern nicht anders angegeben, im Porno vorausgesetzt, womit Weiß als die stillschweigende und unangefochtene Norm festgelegt wird.

Ich besetze farbige DarstellerInnen in jedem Film, den ich mache, als Teil meines Engagements für ethnische Vielfalt und aus etlichen weiteren Gründen: um die lang anhaltende Praxis anzufechten, farbigen DarstellerInnen die gleichen Möglichkeiten wie weißen DarstellerInnen zu verweigern; um in ihren Interviews eine Plattform für eine offene Diskussion über Rassen in der Porno-Industrie zu schaffen und um ihnen die Chance zu bieten, sich an ihrer Darbietung mit Blick auf die Veränderung der unter Produzenten und Konsumenten vorherrschenden Grundhaltungen zu beteiligen. Ich bin entschlossen, stereotype Darstellungen auf allen Ebenen zu bekämpfen: Ich weigere mich, rassenspezifische und oft erniedrigende Sprache auf Schutzhüllen und Werbematerialien zu verwenden.

Feministischer Porno schafft seine eigene Ikonografie und möchte die Vielfalt der Geschlechter, Rassen, Ethnien, Nationalitäten, Sexualitäten, Klassen, Körpergrößen, Fähigkeiten und Altersklassen verbildlichen. Feministischer Porno hinterfragt auch, was Sex an sich ausmacht, sowie die heteronormativen Koitus-Darstellungen Penis in Vagina (oder Po) als endgültigen, kulminierenden Akt und alles Weitere als eine Art inkonsequenter Augenwischerei. Feministischer Porno bewegt sich jenseits von bezopften Jungfrauen, Sexkätzchen und hyperorgasmischen Nymphomaninnen hin zu komplexeren und vielfältigeren Abbildungen der Weiblichkeit und Femininität, inklusive allem, was Schönheit, Begehrlichkeit und Sexualität ausmacht. Er tut das Gleiche für die Männer und die Männlichkeit, indem er die festgelegten, stereotypen Formen, in denen die männliche Sexualität dargestellt wird, angreift. Einige Menschen glauben fälschlicherweise, feministischer Porno befasse sich nur mit Frauen. Wir können die geschlechtliche Unterdrückung nicht bekämpfen und versuchen, die strengen Geschlechterrollen zu demontieren, sofern wir nicht alle Täuschungen bezüglich der Geschlechter aufzeigen. Die Art, wie Männer im Porno behandelt und abgebildet werden, muss ebenfalls Teil des feministischen Themenkatalogs sein.

Es gibt sehr wenige Orte, an denen die öffentliche und private Sphäre so explizit aufeinanderprallen und ihre falsche Zweiteilung so deutlich bloßgestellt wird. Porno ist schlichtweg einer der wenigen Orte, an denen wir andere Menschen sexuell interagieren sehen können. FeministInnen können Porno als eine Plattform verwenden, um verschiedene Formen der sexuellen Begierde, Fantasie, Kommunikation, Lust und

Orgasmusvielfalt abzubilden, an denen es in anderen Medienarten zutiefst mangelt. Falls die Menschen vom Porno lernen (und das ist immer noch die große Frage), warum sollte man ihnen keine sexuellen Vorbilder geben, die ausdrücklich sagen, was sie möchten, Gleitmittel und Sexspielzeuge benutzen und länger als zwei Minuten brauchen, um erregt zu werden und einen Orgasmus zu haben? Feministischer Porno arbeitet auch daran, Sex nicht als stereotypes Kräfteungleichgewicht darzustellen, sondern als einen Freiraum, um mit Macht zu spielen und einvernehmlichen Machtaustausch zu erotisieren, wobei die Unterschiede zwischen sexueller Handlungsmacht und sexuellem Rollenspiel klar artikuliert sind.

Ich lege so viel Betonung auf den Prozess der Porno-Herstellung, weil es schwierig zu bestimmen ist, wie ein feministisches Porno-*Image* aussieht. Als ich meinen ersten Film drehte, griff ich die Vorstellung auf, bestimmte Darstellungen, wie Spermaladungen ins Gesicht, seien für alle Frauen abtörnend. Meine Auffassung darüber hat sich jedoch mit der Zeit geändert. Ich glaube, ZuschauerInnen schätzen Einvernehmen, Inhalt, Chemie sowie die freie Handlungsentscheidung der DarstellerInnen mehr als das Vorhandensein oder Fehlen eines bestimmten Akts. Die Libido ist jedoch ein verzwicktes Ding: Was uns anmacht, kann von unseren gesellschaftlichen und politischen Werten abgetrennt sein oder im Widerspruch dazu stehen. Als Filmemacherin bin ich mir der Gefahren der Wiederholung eines bestimmten Akts, wie eines Cum Shots ins Gesicht und was er bedeuten könnte, bewusst, sprich, die Orgasmen der Männer sind der Höhepunkt einer Szene (und des Sex an sich) und Frauenkörper sind Dinge, die verwendet, kontrolliert und wie Territorien markiert werden können. Obwohl ich eine andere Art Porno zu machen versuche – sobald ich ihn in die Welt setze, kann ich nicht bestimmen, wie er aufgenommen wird. Einige Personen erkennen vielleicht, was ich zu tun versuche, andere sehen vielleicht einfach einen heißen Film, der sie antörnt. Im Idealfall kommen die Leute drauf und kommen dann auch. Was feministischen Film von anderen unterscheidet, ist, dass hinter seiner Herstellung eine klare Absicht steckt. Ich betrachte meine „Schweinkram"-Herstellung politisch. Ich denke, die Porno-Herstellung kann ein politischer Akt sein, einer, der genauso berechtigt und wertvoll ist wie andere Formen des Aktivismus innerhalb der feministischen Bewegung.

Ich möchte kein unrealistisches Bild malen. In der Porno-Produktion sind Verwicklungen und Widersprüche inbegriffen. Mit einigen davon war ich während jenem allerersten Dreh mit Evil Angel konfrontiert und kämpfe immer noch mit ihnen. Ich möchte, dass sich die DarstellerInnen umsorgt und geschätzt fühlen, und ich habe ein begrenztes Budget. Ich wünsche mir eine Atmosphäre ohne Druck und ich habe diesen Drehort nur für eine bestimmte Anzahl von Stunden. Ich möchte dich mit deinem bevorzugten Filmpartner arbeiten lassen und er hat sich gerade krankgemeldet und muss ersetzt werden. Manchmal müssen alle mithelfen, damit es innerhalb der existierenden Grenzen funktioniert, und manche Tage fühlen sich begrenzter an als andere. Wenn jedoch alles zusammenkommt, fühlt sich das großartig an.

Was mich bei meiner Arbeit am meisten befriedigt, ist die Reaktion der AkteurInnen und der Mitglieder des Produktionsteams, mit denen ich arbeite. Die AkteurInnen sagen mir, es sei die beste Erfahrung, die sie jemals an einem Set hatten. Ich zahle ihnen nicht mehr, als jemand anderes es tut, aber die Atmosphäre ist fröhlich und sicher und ich behandle sie gut. In einigen Kreisen habe ich den Ruf, die AkteurInnen zu verwöhnen. Ich besorge ihr Lieblingsessen, Lieblingsgleitmittel und ihre Lieblingsspielzeuge für sie. Lassen Sie mich eines klarstellen: Ich verwöhne sie nicht, ich schätze sie. Ich schätze sie als menschliche Wesen, als SexarbeiterInnen, als DarstellerInnen und ich schätze die Arbeit, die sie tun. Ich hoffe, sie verinnerlichen diese Wertschätzung und ich steigere ihre Erwartungen an das, was eine Arbeitserfahrung sein kann.

Porno ist eine Milliarden-Dollar-Industrie und ein verbreitetes, einflussreiches kulturelles Medium. Sind Feministinnen in der Porno-Industrie eine Minderheit? Allerdings. Wenn wir Porno jedoch ignorieren oder ablehnen, dann denke ich, wir lassen uns eine wichtige Chance entgehen. Der Prozess der Porno-Herstellung kann nicht nur einvernehmlich, er kann auch sicher, professionell, politisch, bestärkend und amüsant sein. Als Feministin entscheide ich bewusst, das zu beanspruchen, was einige Feministinnen einen Frauenfeind nennen, und den gegenwärtigen Zustand einer historisch von Männern dominierten Industrie herauszufordern. Statt meine Energien und Ressourcen zu nutzen, um die Stimmen und Visionen anderer auszuschalten, indem ich gegen schlechten Porno zu Feld ziehe, wähle ich, dem Mix meine eigene Stimme und Vision hinzuzufügen. Feministische Pornografinnen widersprechen den Schilderungen, laut denen Frauen, die im Porno arbeiten, betrogen, verdinglicht und machtlos sind. Wir sind keine rücksichtslosen, zwielichtigen Gestalten, die Mädchen aus dem Mittelwesten an Busstationen aufgabeln und sie zwingen, Dinge zu tun, die sie nicht möchten (ich habe bis jetzt noch keinen dieser Kerle getroffen). Wir stellen die Konventionen einer von Männern dominierten Industrie infrage und zerrütten die Anti-Porno-Rhetorik über die Sünden der Männer und ihre Ausbeutung und Herabwürdigung der Frauen.

Bei den verschiedenen Events habe ich häufig Gelegenheit, in Diskussionsforen neben Frauen mit mächtigen Positionen in der Porno-Industrie zu sitzen. Bei einem der jüngsten sagte eine Produzentin: „Meine Mission ist es, Unterhaltung für Erwachsene zu erschaffen. Ich habe keinerlei Illusion, die Welt oder irgendetwas verändern zu können." Ich war von Ihrer Aussage getroffen und begriff sofort, dass ich anderer Meinung war. Ich habe tatsächlich das Gefühl, die Welt verändern zu können – einen feministischen Pornofilm nach dem anderen.

Unsere Pornografie

Christopher Daniel Zeischegg
alias Danny Wylde

Christopher Daniel Zeischegg alias Danny Wylde ist ein Pornograf, Autor und Filmemacher, der in Los Angeles, Kalifornien, lebt. Seinen persönlichen Blog findet man unter http://trvewestwestcoastfiction. blogspot.com.

Eine Freundin und Kollegin, die Porno-Darstellerin Paris Kennedy, lud mich zu sich zum Essen ein. Beim Essen – selbst gemachte Gemüse-Lasagne – machten sie und ihr Partner, der Porno-Produzent Alex Bettinger, mir einen Vorschlag.

„Wir möchten einen Buchclub gründen", ließ Bettinger mich wissen. „Aber für Leute in der Branche."

„Hört sich gut an", sagte ich.

„Es wäre mehr als nur ein Club", fuhr Bettinger fort. „Ich möchte, dass wir Diskussionen über jedes Buch filmen, das wir lesen. Und ich möchte davon gern Ausschnitte online stellen, damit die Leute sie sich ansehen können."

„Und was sollen wir lesen?", fragte ich.

„Ich möchte gern damit anfangen." Bettinger drückte mir ein Taschenbuch des Pulitzer-Preisträgers Chris Hedges mit dem Titel *Empire of Illusion: The End of Literacy and the Triumph of Spectacle* in die Hand.

Damit hatte ich nicht gerechnet. Ich hätte gedacht, dass wir uns Romane aussuchen, die wir bewundern, und mit einer Gruppe von Freunden teilen. Aber Bettinger und Kennedy schwebt etwas anderes vor. Sie wünschen sich intensive Diskussionen über den Charakter unserer Branche. Und sie möchten mit Chris Hedges' Meinung zum Thema Pornografie anfangen. Eine Meinung, die, wie ich bald herausfinden sollte, heftige Kritik einschließt.

„Ich empfehle, das ganze Ding zu lesen", sagte Bettinger, „aber ihr solltet euch zumindest das Kapitel über Porno reinziehen."

„An sich ist es sogar ziemlich interessant", sagte Kennedy ergänzend. „Ich muss mich anstrengen, dass ich nicht die Lust verliere, wenn ich so etwas lese." Mit *so etwas* meint sie einen Frontalangriff gegen den Beruf ihrer Wahl.

„Hedges hat ein paar stichhaltige Argumente, aber es ist kein akademisches Buch", sagte Bettinger. „Es ist ein polemisches Buch. Er beruft sich meines Erachtens auf Extrembeispiele und baut auf dieser Grundlage seine Argumentation auf."

„Ich schreibe mir den Titel auf und sehe, ob ich es in meiner Buchhandlung bekomme", sagte ich.

„Nein", antwortete Bettinger. „Dieses Exemplar ist für dich."

Tags darauf fing ich an zu lesen. Das zweite Kapitel, „The Illusion of Love", befasst sich ausschließlich mit Pornografie. Hedges' Kernaussage ist, dass Pornografie zwischenmenschliche Beziehungen wie Liebe und Intimität zerstört und stattdessen nur grausamen, oberflächlichen und manchmal brutalen Sex bietet. Zum Thema Porno-Darstellerinnen schreibt Hedges: „Die einzige Emotion, die sie zeigen dürfen, ist das unstillbare Verlangen, Männer zu befriedigen, besonders wenn zu dieser Befriedigung die körperliche und emotionale Erniedrigung der Frauen gehört."[1] Hedges schreibt nicht, dass Frauen im Porno *manchmal* keinem anderen Zweck dienen, als Männer zu befriedigen und um sexuelle Erniedrigung zu betteln. Er schreibt nicht, dass Frauen *häufig* oder *üblicherweise* diesem Zweck dienen. Seine Behauptung ist allumfassend: Porno zeigt und befürwortet grundsätzlich sexuelle Gewalt, meist gegen Frauen.

Hedges interviewt überwiegend Leute, die seine Ansichten teilen. Shelly Lubben, ein Ex-Pornostar und Gründerin des christlichen Hilfsprogramms Pink Cross, beschreibt Porno-DarstellerInnen als DrogenkonsumentInnen, die sich selbst betäuben müssen, und fügt hinzu, dass sie „emotional abschalten und sterben".[2] Ein weiterer Ex-Pornostar, Patrice Roldan (alias Nadia Styles), spricht über ihre Zeit als Darstellerin: „Ich sagte: ‚Behandle mich wie eine kleine Schlampe' oder ‚Ich bin deine läufige Hündin' oder ‚Fick mich wie eine Hure'. Ich sagte die entwürdigendsten Sachen über mich, weil ich dachte, dass das sexy sein müsste und die Leute es hören wollten … Für die Zuschauer ist man nur eine Schlampe. Man ist nichts."[3]

Nicht Interviews mit Leuten, die nach wie vor in der Branche arbeiten, zeichnen ein fröhlicheres Bild. Porno-Regisseur Jim Powers erzählt Hedges, dass Porno-Darstellerinnen vor Jahren Schauspielerinnen waren, die ihre Arbeit ernst nahmen. Aber heute: „Sie sind Huren. Denen ist alles egal. Sie sind ein Wegwerfartikel in einer Wegwerfwelt."[4]

Hedges setzt seinen Frontalangriff gegen die Branche fort, indem er die rassistischen Porträts ethnischer Minderheiten in vielen Pornofilmen ebenso anprangert wie die abscheulichen, zirkusartigen Akte, die menschenverachtende Sprache von vielen DVD-Hüllen und Webseiten und die scheinbar widerwärtige Ausbeutung von TeilnehmerInnen, die eigentlich gar nicht mitmachen wollen. Er kommt zu dem Schluss: „Die Gewalt, Grausamkeit und Erniedrigung in Pornos sind Ausdruck einer Gesellschaft, die die Fähigkeit zu Mitgefühl verloren hat."[5]

Als ich mein Exemplar von *Empire of Illusion* aus der Hand gelegt habe, bin ich fast davon überzeugt, dass Porno eine böse Macht ist, die unsere Verachtung nach sämtlichen ethischen Maßstäben verdient. Aber ich bin Porno-Darsteller und Produzent und durchaus zu Liebe, Fürsorge und Mitgefühl fähig. Ich besitze ein Gewissen und fühle mich für meine Taten verantwortlich. Hedges' Vorwürfen zum Trotz empfinde ich herzlich wenig Schuldgefühle. Meine Erfahrungen als Darsteller sind natürlich subjektiv, dennoch kann ich getrost sagen: *Ich bin Porno-Darsteller und habe keinen Anteil an der Ausbeutung oder Erniedrigung meiner Mit-Schauspieler.* Und ich sage das wohl wissend, welche Privilegien ich als weißer, heterosexueller Mann genieße. Nachdem das gesagt ist, widerspreche ich Hedges' Einsichten nicht unbedingt. Ich habe sogar schon am eigenen Leib Ausbeutung erfahren, die ihm recht gibt.

Während einer Livecam-Sitzung schrieb mir ein Fan über eine Szene, in der ich mit einem älteren Schwulen gespielt hatte. Ich konnte mich nicht an die Szene erinnern und bat den Fan um mehr Informationen. Er schickte mir einen Link zu einer Webseite, wo ich eine ängstliche, nervöse, neunzehnjährige Version von mir sah, an der ein Mann Mitte fünfzig Oralsex praktizierte.

Als ich das Video sah, fiel mir das Erlebnis sofort wieder ein. Der Mann hatte mich durch eine Anzeige auf Craigslist in sein Apartment gelockt. Ich hatte den Eindruck, als handelte es sich um eine Art Vorsprechen, das auf Video festgehalten wurde, um eine Rolle in einer zukünftigen Porno-Produktion zu bekommen. Nach einer gewissen Zeit wurde mir klar, dass der Mann mich nur wollte, um seine Lust an mir zu befriedigen. Er bot mir zusätzlich Geld dafür, dass er mir den Schwanz lutschen durfte. Ich war arm, also nahm ich das Geld. Fünf Jahre später fand ich heraus, dass der Mann nicht nur gelogen hatte, was das Vorsprechen betraf, er profitierte von der Episode, da er das Video gegen Bezahlung auf seiner Webseite zeigte. Sein Handeln war ausbeuterisch; ich fühlte mich ausgenutzt. Er hatte etwas behauptet, dann abgewartet, bis ich nackt und angreifbar war, und etwas anderes behauptet. Wäre es mein erstes Porno-Erlebnis gewesen, es hätte mein letztes sein können. Aber ich hatte schon für Leute in der Branche gearbeitet, die aufrichtig waren, mich gut bezahlten und respektvoll behandelten. Ich wusste, dass Pornostar ein legitimer Beruf sein konnte.

Bei meinem ersten Pornodreh wurde ich gefesselt, ausgepeitscht, mit Strom geschockt und in den Arsch gefickt. Es war eine BDSM-Szene für Kink.com (das damals noch Cybernet hieß). Klar, manche Aspekte dieses Drehs waren körperlich schmerzhaft, aber man informierte mich über jeden Akt, bevor er stattfand, gab mir Ausweichmöglichkeiten und „Safewords" und gab mich in die Obhut von Leuten, deren Aufgabe es war, für mein körperliches und emotionales Wohlergehen zu sorgen.

Oberflächlich gesehen mag ich bei dem Mann von Craigslist besser aufgehoben gewesen sein als in der BDSM-Szene. Aber der Mann von Craigslist hatte mich ausgenutzt und später sogar ausgebeutet, indem er das Video mit mir ohne mein Wissen verkaufte. Auch wenn die BDSM-Szene manchen brutal erscheinen mag, so habe ich doch freiwillig daran teilgenommen und wusste genau, was mich erwartete.

Manche Pornos mögen sexuelle Ungleichheit auf entwürdigendstem Niveau zeigen, aber wir können nicht mit Sicherheit sagen, ob die Darsteller *tatsächlich* entwürdigt wurden oder sich an einem einvernehmlichen Rollenspiel beteiligten. Andere Pornos können eine sexuelle Machtdynamik darstellen, aber gleichzeitig die enthusiastische und informierte

Zustimmung der DarstellerInnen vermitteln. Produktionsfirmen wie Kink.com führen vor und nach den Auftritten Interviews mit allen Beteiligten durch, um deren Einvernehmen sicherzustellen. Der Einsatz von Elementen, die das Einverständnis belegen, wie zum Beispiel Interviews, tragen dazu bei, Diskussionen über raue und gewalttätige sexuelle Fantasien anzuregen, zeigen die Leute, die Pornos machen, aber auch als Personen, die nicht nur verantwortungsvoll miteinander umgehen, sondern auch mit ihrem Publikum. Alle selbsterklärten feministischen Pornografinnen, mit denen ich zusammengearbeitet habe, legen größten Wert auf Einvernehmlichkeit und Ethik in ihren Werken. Und es gibt eine Menge andere Porno-ProduzentInnen – von Kink.com bis zu Mainstream-Firmen –, auf die das ebenfalls zutrifft. Ich habe ausführliche Interviews mit ProduzentInnen, RegisseurInnen und DarstellerInnen der Mainstream-Industrie geführt, deren erklärtes Ziel es ist, „ethische" Pornos zu machen. Diese Interviews habe ich ungekürzt auf meinem Blog veröffentlicht. DarstellerInnen haben mir erklärt, was eine sichere Arbeitsumgebung von einer herabwürdigenden oder ausbeuterischen unterscheidet: offene Verhandlungen und Kommunikation unter den DarstellerInnen, eine gute Arbeitsbeziehung mit dem Regisseur, der Regisseurin, und dass man die Erwartungen und Grenzen von jedem Beteiligten schon im Vorfeld kennt. Sie zitieren den entscheidenden Unterschied zwischen Herrschaft und Erniedrigung: Einvernehmlichkeit.

RegiseurInnen, AgentInnen und alle anderen, die an der Produktion eines Pornos beteiligt sind, haben also eine enorme Verantwortung. Sie müssen gewährleisten, dass die DarstellerInnen auch bei allem mitmachen möchten und dann für ihre Sicherheit und Gesundheit am Set garantieren. Alle ProduzentInnen sollten ein gewisses Maß an Transparenz walten lassen, damit die Einvernehmlichkeit nicht nur existiert, sondern den ZuschauerInnen auch vermittelt wird.

Hedges lässt nicht gelten, dass manche Porno-Produktionsfirmen Parameter für Einvernehmlichkeit und Respekt festlegen, an die die DarstellerInnen sich halten müssen. Ich zum Beispiel arbeite regelmäßig für Naughty America, einem der größten Anbieter von Internetpornografie. Naughty America hat die Regel, dass Darsteller Frauen nicht anspucken, würgen oder schlagen dürfen. Einer Darstellerin darf auf den Hintern geschlagen werden, aber sie muss vorher darum bitten. Ein Darsteller darf eine Darstellerin nicht „Schlampe", „Fotze" oder „Hure" nennen, noch irgendeinen anderen herabwürdigenden Ausdruck verwenden. Tatsächlich bevorzugt man, dass während einer Szene so wenig wie möglich gesprochen wird.

Mich haben RegiseurInnen von Vivid, Heartcore, Madison Bound Productions, Sweet Sinner und andere angeheuert, die Diskussionen über sexuelle Begierden, Anmacher, Zuneigung zu DarstellerkollegInnen, Grenzen und so weiter anregen. Manche dieser Firmen drehen gern Filme über groben Sex, aber nur wenn alle Beteiligten explizit dem Wunsch dazu Ausdruck verleihen. Meiner Erfahrung nach muss Porno Menschen nicht zwangsläufig entwürdigen. Er kann sogar das genaue Gegenteil tun.

Natürlich kann es eine Grauzone von PornokonsumentInnen geben, die aggressive sexuelle Fantasien hegen, sich aber dennoch selbst als ethische Zuschauer sehen. Der Kauf eines kommerziellen Produktes beinhaltet die Entscheidung, den Produktionsmodus finanziell zu unterstützen. Wenn KonsumentInnen mehr von einer bestimmten Pornoart kaufen, dann werden mehr Pornos dieser Art produziert. Es ist eben so, dass es für Pornos, anders als für Lebensmittel oder Kleidung, keine Verbraucherschützer gibt, die darüber informieren könnten, die Pornos welcher Studios, welcher RegiseurInnen oder welcher Film-Serie man vom ethischen Standpunkt aus unbedenklich kaufen kann.

Bei dem ganzen Dilemma sollte man meines Erachtens jedenfalls unbedingt darauf hinweisen, dass Pornos nach wie vor eine Form der Unterhaltung sind. Und darum sollten dafür dieselben Maßstäbe gelten, die für andere Formen der Unterhaltung gelten, nicht mehr und nicht weniger. Wenn Regeln festgelegt werden, sollten sie, finde ich, von jedem selbst festgelegt werden. Die Geschichte der Zensur ist so voll von Subjektivität und Vorurteilen, dass man etwas so Komplexes wie sexuelle Fantasien und Praxis keinesfalls in die Hände einer einzigen Person oder Organisation legen sollte. Aufgabe des ethischen Pornografen ist es, mit einem hohen Maß an Transparenz zu arbeiten. Zustimmung oder Ablehnung zu äußern, das liegt in der Verantwortung der DarstellerInnen. Wenn das Publikum mehr Filme sehen möchte, die es ohne schlechtes Gewissen anmachen, liegt es in seiner Verantwortung, die Filme gewissenhaft auszuwählen. Es ist höchste Zeit, dass ZuschauerInnen, die ethische Pornos wünschen, sich darüber informieren, wer sie produziert und wen sie finanziell unterstützen möchten. In jedem Stadium haben die Leute ein gewisses Maß an Kontrolle über die Art von Pornos, die sie erschaffen und unterstützen. Das ist unsere Pornografie.

Anmerkungen

1 Chris Hedges, *Empire of Illusion: The End of Literacy and the Triumph of Spectacle* (New York: Nation Books, 2010), 57.
2 Ebenda, 60.
3 Ebenda, 63.
4 Ebenda, 78.
5 Ebenda, 74.

TEIL IV

Außerhalb der Kategorien: Andersgeschlechtliche Identitäten und Darbietungen im Independent- und Mainstream-Porno

Jiz Lee

Jiz Lee ist ein andersgeschlechtlicher Pornostar, die für ihren androgynen Look, weibliche Ejakulation, vaginalen Faustfick, Umschnalldildo-Darbietungen und ihre lebenslustige, sexpositive Einstellung bekannt ist. Die preisgekrönte Darstellerin bevorzugt das Pronomen „sie" (they/them) und vertritt ethische Pornografie, die kreativ und authentisch queere Sexualität widerspiegelt. Schon immer von dem radikalen Potenzial von Sex, Liebe und Kunst fasziniert, betreibt Jiz einen persönlichen Blog und eine wohltätige „Karma pervs" Pay-Site unter Jizlee.com. Sie sind Herausgeber des Sammelbands *How to Come Out Like a Porn Star: Essays from the Porn Industry on Family Matters*.

Ich trage einen hellen, pastellblauen Anzug, den ich selbst von Hand eingefärbt habe, um ihn dem Anzug anzugleichen, den David Bowie in seinem Musikvideo für „Life on Mars" trug. Ich bin eine elegantere Version von Bowie, für Fotos mit einer goldenen, aufgedonnerten Adrianna Nicole in einem der größten und am eigenwilligsten dekorierten Eigenheime, die ich je gesehen habe, posierend. Adrianna hat ihre FilmpartnerInnen handverlesen, um Szenen aus ihren persönlichen Fantasien zu spielen. Sie lehnt sich auf einer weißen Chaiselongue zurück, goldene Lamé-Beine um mich geschlungen, mit weiten, hungrigen Augen. Mein großer, fleischfarbener Umschnalldildo ragt aus dem Hosenschlitz meiner David-Bowie-blauen Hose heraus und meine Hand schiebt sich energisch in ihren Mund. Es fühlt sich alles so gut an. Warm, feucht, unglaublich intim. Meine Finger erforschen ihren geweiteten Mund. Ich könnte dies für Stunden tun. Irgendwann sehe ich eine Blutspur in ihrem Speichel, gefärbte Spucke auf dem Weiß ihrer Zähne. Ich zögere eine Sekunde, aber sie bedeutet mir, dass es ihr gut geht. Wir ficken in verschiedenen Positionen, zum Schluss kommend, als Adrianna heftig mit einem Hitachi Magic Wand an ihrer Klitoris und meinem Daumen tief in ihren rosa Arsch gepresst kommt.

Pause. Zurückspulen. Lasst uns die Szene von Anfang an sehen. Wo beginnt dieser Porno wirklich? Vielleicht 2005, an einem strahlenden Tag in San Francisco, als ich eine erotische Fotografin namens Syd traf und sie anbaggerte. Mein Begehren war zweigeteilt: Ich wollte sie und ich wollte sexuelle Kunst machen.

Ich war Kuratorin einer queeren Tanzperformance, Asian Pacific Islander (API), und das von mir angemietete Theater hatte eine große Lobby mit leeren Wandpartien, die für bildende Kunst als Ergänzung der Show ideal gewesen wären. Syds Arbeit war Teil einer Kunstausstellung queerer asiatischer Frauen mit dem Titel „SLIT", und ihre großen Drucke von androgynen, andersgeschlechtlichen Hapas in BDSM-Szenarios porträtierten ein Element der Sexualität, das ich nachempfinden konnte. Es kommt nicht oft vor, dass ich Künstlerinnen sehe, mit denen ich mich identifizieren kann – andere Queere wie ich. Ich spürte eine magnetische Vertrautheit mit Syd und den Modellen ihrer Fotografien. Eine attraktive, geistreiche Kunststudentin mit muskulösem Körperbau, zeigten Syds sommersprossige Wangen eine Mischung amerikanisch-europäischer und japanischer Abstammung. Ihr leicht maskulines Auftreten wurde durch lockiges, hellbraunes Haar mit Zöpfen kontrastiert. Es war andersgeschlechtliche Hapa-Liebe auf den ersten Blick.

Wochen später fand ich mich in ihrem Schlafzimmer wieder, über ihre Arbeiten redend, die die Wände ihres kleinen Apartments in der Mission schmückten. Nachdem wir uns geeinigt hatten, welche ihrer Drucke wir aufhängen würden, erwähnte ich beiläufig, dass ich interessiert sei, für sie Modell zu stehen, falls sie irgendwelche neuen Projekte machte, was sie positiv aufnahm. Sie fügte hinzu, falls ich interessiert sei, gefilmt zu werden, eine Freundin von ihr würde gerade ein queeres Porno-Unternehmen starten und die Rollen besetzen. Sie riss einen Klebezettel ab und schrieb eine Telefonnummer und den Namen „Shine Louise Houston" auf.

Sechs Monate später waren Syd und ich lustvoll zusammen … und probten unsere erste gemeinsame Szene für das, was ein durchschlagender, lesbischer Porno-Hit werden sollte: *The Crash Pad*. Ich sagte, unser Zusammensein war lustvoll, aber ich bin mir nicht sicher, ob dies das richtige Wort ist. Libidinös? Wir pflegten uns auf schweißnassen, queeren Tanzpartys gegenseitig zu beackern, uns wie heißhungrige, rabiate und läufige Hündinnen aufführend. Wir waren verliebt im höchsten „Verliebtsein ist eine Droge"-Stadium, das vorstellbar ist, unsere Öffnungen und sexy Zonen aufgeschwollene Erweiterungen der mentalen Orgasmen, die wir füreinander empfanden. Ich denke nicht, dass sich unsere Verbindung in Worte fassen lässt. Sie wurde am besten durch die Kunst und bei mehreren Anlässen ausgedrückt, wo wir im Film Liebe machten.[1]

Die Leute fragen mich oft: „Wie kamen Sie zu dem Entschluss, ein Pornostar zu werden?" Und ich sage ihnen die Wahrheit: Ich möchte meinen sexuellen Ausdruck mit anderen teilen. Ich mag es, es fühlt sich befreiend an und ich weiß, es hilft anderen, sich ebenfalls frei zu fühlen. Ich möchte mehr Darstellungen von Menschen wie mir zeigen. Ich verwende Wörter wie hegemonisch, homonormativ und marginalisiert. Dies sind Wörter, die ich lernte, als ich mich durchs College manövrierte, aber ich kannte ihre Bedeutung, bevor ich meinen Abschluss erhielt. Ich erzähle Geschichten von Menschen, die mir geschrieben und sich bedankt haben, dass ich meine Sexualität öffentlich gemacht habe, ihnen geholfen habe, stolz und in ihren eigenen Kämpfen bestärkt zu werden. All dies ist wahr und ein Teil davon, warum ich es getan habe. Was ich jedoch nicht sage: Ich habe es aus Liebe getan.

Und damit meine ich einfach, dass ich nicht wirklich darüber nachgedacht habe.

Als ich meinen ersten Film machte, war ich kein Pornostar. Ich wollte einen Film mit Syd drehen, um zu sehen, wie es war. Und ich liebte es. Bei meinem zweiten Film erinnere ich mich, in einem Interview geäußert zu haben: „Ich bin kein [Anführungszeichen-Gebärde] ‚Pornostar'. Ich bin einfach ich selbst." Und doch, wenn mich die Leute heute – mehrere Filme und Preise später und ganz sicher ein Pornostar – fragen: „Wie kamen Sie zu dem Entschluss, ein Pornostar zu werden?", so antworte ich, dass jedes einzelne Projekt immer noch eine Entscheidung ist, Porno zu machen. Ihn weiterzumachen, und ihn zu machen, während ich „einfach ich selbst" bin.

Als queere Darstellerin bemühe ich mich, so authentisch zu sein, wie ich nur kann, die Sichtbarkeit zu zelebrieren und Porno als ein Mittel einzusetzen, um zu erziehen und unsere Leben anzuerkennen. Wenn Hollywood unsere Erfahrungen neu schreibt und besetzt und Schulen unsere Geschichte und sexuelle Erziehung ignorieren, ist queerer Porno eines der wenigen Medien, die unsere Geschichten explizit erzählen können. Indem ich meine Rolle in der Industrie erkunde, von Independent bis Mainstream, hinterfrage ich die Möglichkeiten, wie ich Porno machen und sichtbar sein kann, während ich gleichzeitig ich selbst bin.

Ohne Agenten in dem Geschäft habe ich meinen eigenen organischen Arbeitsablauf entwickelt, der umfasst, RegisseurInnen und FilmpartnerInnen zuerst zu treffen, bevor ich einwillige, mit ihnen zu drehen. Erst wenn ich das Gefühl habe, sie haben mich verstanden und ich kann darauf vertrauen, dass sie mich richtig repräsentieren, wage ich den Versuch, mit ihnen zu arbeiten. Meistens hat das glänzend geklappt.

Es hat auch einige interessante Szenarios geschaffen, jedes für mich eine Herausforderung, um die Wege zu testen, wie ich meinen Geschlechtsausdruck und weitere Identitäten in einer Industrie steuere, die für ihre extremen Übertreibungen des Geschlechts und der physischen Sex-Attribute bestens bekannt ist. Wo gut dotierte Männer und großbrüstige Frauen vorherrschen, sehe ich mich seltsamerweise aus dem Rahmen fallen. Ich bin queer. Und obwohl ich dem untrainierten Auge als Lesbe erscheinen mag, bin ich es nicht.

Ich bin nicht einmal ein Mädchen.

Während viele Fans und Porno-KritikerInnen der ersten Zeit mich vielleicht als Lesbe interpretieren, denke ich, mein eigenes Geschlecht und meine eigene Sexualität – und häufig auch die Identitäten meiner LiebhaberInnen – gehen über das „Frauen lieben Frauen" hinaus. Ich bin queer und habe alle Arten von LiebhaberInnen im Film und im Privatleben. Ich bin mit Männern, sowohl Trans- als auch Cisgender-, und mit weiteren Andersgeschlechtlichen sowie mit Trans- und Cisgender-Frauen aufgetreten. Ich nehme an, weil ich den Großteil meiner Mainstream-Arbeit mit Frauen gemacht habe und weil ich „bei der Geburt als weiblich eingestuft" wurde und den meisten ZuschauerInnen als „eine Frau" erscheine, wenn ich nackt bin, denken viele, ich sei eine Lesbe.

Es macht mir nicht so viel aus, als Frau gesehen zu werden, wenn das bedeutet, dass ich einem breiteren Publikum eine Lesben- oder Butch-Lesben-Sicht nahebringen kann. Aber wenn mich jemand wirklich kennenlernen will, werden sie verstehen, dass mein Geschlecht fluid, androgyn ist. In den letzen paar Jahren betone ich klar meine Vorliebe für das Pronomen „sie"(„they/them"). Ich glaube, es ist das verbreitetste geschlechtsneutrale Pronomen der englischen Sprache. Nicht jeder teilt jedoch meine Auffassung. Eine Journalistin *verweigerte* mir meinen Wunsch nach bevorzugten Pronomen sogar gänzlich, weil sie diese als grammatikalisch inkorrekt ansah. Ihr Artikel zum Thema queerer Porno wurde veröffentlicht, mich mit weiblichen Pronomen beschreibend – was ich sogar als noch offensiver empfand als die Tatsache, dass sie mich auch als „exotisch" beschrieb. Singularpronomen waren bei den Engländern über Jahrhunderte gebräuchlich und moderne Social Media Sites wie Facebook verwenden „they/them", wenn das Geschlecht einer Person nicht angegeben ist – sodass es wirklich keine allzu ausgefallene Pronomenwahl ist –, und bis jetzt ist es die nächstliegende, die ich in Bezug auf eine Neutralität, in der ich mich wohlfühle, gefunden habe.

Von den verschiedenen Namen, die ich mir gebe, ist der eine, mit dem ich bei meiner Arbeit am meisten zu kämpfen habe, das Wort „genderqueer". Ich fühle mich nicht als Frau, noch fühle ich mich als Mann. Für mich ist „genderqueer" ein absichtliches Unterlaufen des Geschlechts oder eine bewusste Nicht-Vergeschlechtlichung. Seltsamerweise habe ich mich nie sicherer gefühlt als bei der Einnahme dieses fließenden, undefinierten Status. Es dauerte eine Weile, ihn zu finden. Ich war ein nuttiger Range, der durch Subkulturen eierte und eine Sexualität zu finden versuchte, die passte. Langes Haar oder kein Haar, Grufti-Make-up, kurze Röcke, Kapuzen-Shirts, Khakis, hohe Absätze, Krawatten, Hängejeans, die Seiten meines Fotoalbums sahen nach extremem Imagewechsel aus. Was bin ich?

Als ich zum ersten Mal das Wort „transsexuell" hörte, dachte ich, ich würde mich als Mann besser machen. Aber nach einem Sommer, in dem ich neue soziale Zwänge jenseits von männlicher Lesbe entdeckt hatte, begriff ich schnell, dass ich nicht mehr ein Mann als eine Frau sein wollte. Trotzdem war es in einer Trans-Identität, wo ich erkannte, dass das Geschlecht fließend ist und dass mein Körper – auf eine Art stark und auf eine andere weich – für mich schon perfekt war. Er wurde meine Leinwand für die Kunst und den Sex.

Welch eine Entdeckung, dass das Geschlecht ein Instrument sein kann, sogar ein Sexspielzeug! Ausdruck kann spielerisch, erotisch sein. Ich fand es angenehm, meine Weiblichkeit im queeren Porno zu erkunden. Ich trat mit FreundInnen und LiebhaberInnen auf – für FreundInnen und LiebhaberInnen. Bei San Franciscos queerer Pornoszene geht es darum, in deiner eigenen Haut sexy zu sein, Sexualität für uns selbst zurückzufordern. Spielerisch oder nicht, ich konnte genauso aussehen, wie ich wollte, und andere wie ich würden es sexy finden. Ich musste überhaupt nichts verändern.

Beispielsweise war die Entscheidung, meine Beine für queere Filme wie *Superfreak* zu rasieren, meine eigene. Wichtig ist, dass es eine Wahl ist, kein Ultimatum. Einmal war ich gebucht, mit einem Mainstream-Unternehmen zu arbeiten, und zwei Tage vor den Aufnahmen fand der Produzent heraus, dass ich gewöhnlich „natürlich behaart" drehte. Ich wurde sofort informiert, ich müsse für die Szene alles rasieren. Meine Entscheidung in dieser Situation war, die Aufnahmen abzulehnen. Ähnliche Ansichten über Haare kamen von anderen Firmen: „Bitte rasieren Sie sich, wir versuchen Filme an Leute im mittleren Westen zu verkaufen." Hier sehen wir Cisgender-Zwänge, basierend auf meiner rezipierten weiblichen Darbietung für (queer-phobische) heterosexuelle männliche Konsumenten. Diese Firmen möchten, dass ich mehr wie eine Frau aussehe.

Freie Wahl oder die sexuelle Handlungsmacht der DarstellerInnen ist einer der Hauptunterschiede zwischen queerem Porno und Mainstream-Genres. Kürzlich schlug ich auf einem „lesbischen" Set in Los Angeles vor, Kofferdam zu verwenden. Die Regisseurin lachte mich aus und sagte entschieden: „Nein, du kannst keinen Kofferdam verwenden.

Niemand würde das ansehen wollen, es ist nicht sexy." Ich mag sicheren Sex und ergreife gerne die Gelegenheit, ihn vor der Kamera darzustellen. Ich kann gegen einen straffen Kofferdam sogar heftig ejakulieren. Mich sicherer zu fühlen gibt mir mehr Vertrauen und Sexappeal. Wenn es ein Ding gibt, das queeren Porno anders macht, ist es der Respekt vor der Entscheidung der AkteurInnen – der Entscheidung, sicher zu ficken, wie sie es möchten, und auszusehen, wie sie es für sexy halten.

Gewöhnlich mache ich sexpositive Produktionen mit queeren Porno-Unternehmen, aber außerhalb der Seifenblase zu sein hilft mir, meine Werte zu festigen und meine Ziele klarer zu definieren. Was als Vorführung für meine Community begann, gibt mir nun die Möglichkeit, für jene außerhalb meiner Gemeinschaft aufzutreten, und das beinhaltet Macht – vor allem wenn es darum geht, innerhalb der Nuancen des Mainstreams zu ficken.

Mainstream-Porno baut auf Kategorien, und dies bedeutet natürlich eine Menge Unterstellungen. Irgendwo in einem Büro kämmt ein Mitarbeiter einer Porno-Website die Pornos Szene für Szene durch, verschiedene Kästchen anklickend, welche die Szene „beschreiben": #Lesbisch, #Dicker Arsch, #Brünette, #Asiatisch, #Fingern, #Umschnalldildos. Oder vielleicht: #Kleine Titten, #Kurze Haare, #Weiß, #Lesbisch, #Von hinten. Meine FilmpartnerInnen und ich können auf viele Arten wahrgenommen werden, abhängig vom Haarstil, der Ausleuchtung, der Person, die die Kästchen anklickt. Wann bin ich weiß? Asiatisch? Lesbisch? Die Etiketten sind schnelle Versuche einer Beschreibung, von der ich gar nicht sicher bin, ob sie dem Konsumenten nützen, aber für DarstellerInnen ist es faszinierend, als etwas etikettiert zu werden, was sie nicht oder nicht vollauf sind.

Online getaggt zu werden ist nicht viel anders, als mit Fremden zu interagieren, während man die Straße hinuntergeht oder sich für einen Job bewirbt. Bisweilen bin ich nicht sicher, ob ich als etwas gesehen werde, was ich vielleicht bin oder vielleicht nicht bin. Mit einer Markierung im Internet kann ich zumindest sagen, wie jemand anders mich gesehen hat. Queerer Porno wird gewöhnlich nicht wie Mainstream-Porno markiert, was der Grund ist, warum ich mich da am behaglichsten fühle. Ein queerer Pornofilm kann verschiedene Pornoszenen enthalten, die Menschen einbeziehen, die trans, femme, boi, fag, cisgender, queer und mehr sein können. Die Auswahl an unterschiedlichen Darstellungen ist viel größer als bei den Mainstream-Produktionen. In queeren Werken findet man AkteurInnen aller Körpergrößen, einen höheren Prozentsatz von farbigen Menschen und verschiedene Demonstrationen des Geschlechtsausdrucks. Es gibt zu viel zu kategorisieren. Die Kästchen sprengen das Fenster.

Ich habe große Anerkennung dafür erhalten, außerhalb der Box sichtbar zu sein. Ich bin stolz darauf, dass sich Mainstream-Websites wie Fleshbot.com mit meinen bevorzugten Geschlechtspronomen auf mich beziehen und ihre Leser über meine Geschlechtsidentität unterrichten. Ich bin begeistert, als Best New Web Starlet für die AVN Awards nominiert zu sein – was unzählige Besucher auf meine Website schickt, wo sie mehr über mich herausfinden können. Dank meines Blogs und meiner Arbeit in der Industrie wurde ich als „Boundary Breaker" der Feminist Porn Awards geehrt, ein Titel, den ich jetzt mit seinem früheren Gewinner Buck Angel teile. Als ich den Preis akzeptierte, weinte ich und bekundete meine Dankbarkeit gegenüber den Kollegen in der Industrie, die meine Identität schätzen und verstehen und mir dabei helfen, mich in der Pornografie mehr anerkannt und bestärkt zu fühlen als zu irgendeiner anderen Zeit in meinem Leben.

Es ist wahr – ich habe so viel vom Porno bekommen, den manche für ein Schimpfwort halten, den ich jedoch als etwas respektiere, was so viel mehr ist. Zum einen hat der öffentliche Auftritt mir geholfen, mein Selbstvertrauen beim Schreiben aufzubauen und meine Angst vor öffentlichen Reden zu überwinden. Ich habe Vorträge bei einer Handvoll akademischer Institutionen, vom Mills College bis zur Stanford-Universität, gehalten. Ich bin jetzt sogar unabhängiger Studienberater des California College of the Arts. Zudem habe ich Workshops über Impact Play, Fisting, Bondage und queere Sexthemen geleitet und Reisen außerhalb der USA unternommen, um bei Preisverleihungen und Filmvorführungen in Kanada und Europa dabei zu sein. Ich war die erste meiner Abschlussklasse, die ihre Studienkredite vollständig zurückgezahlt hat, und konnte eine Laser-Augenoperation mit den Geldmitteln aus der Sexarbeit bezahlen. Ich habe Tausende von Dollars über meine Mitglieder-Website Karma Pervs aufgetrieben, um queere, sexpositive und kink-freundliche gemeinnützige Organisationen zu unterstützen. Und ich habe einige der wärmsten, klügsten und hilfsbereitesten Menschen getroffen, die ich kenne. Es fühlt sich mehr wie eine Berufung an denn wie eine Karriere. Es macht Spaß, was genau so ist, wie ich es mag.

Meine gemischten Identitäten haben mich zu der Schlussfolgerung geführt, dass es kein Gut und Böse gibt, keine endgültige Erfahrung, keine einseitige Weise, die Welt zu betrachten. Nichts ist schwarz oder weiß, und diese Tatsache wird noch klarer, wenn du grau bist. Ich glaube, dass es in der Uneinheitlichkeit und Widersprüchlichkeit, in der Verletzlichkeit und den ständigen Fragen, die mit der Wahrnehmung als eine ethnische Identität oder eine andere, eine Geschlechtsidentität oder eine andere, eine sexuelle Identität oder fünf weitere auftauchen, Schönheit und Erkenntnis gibt. Abwarten und Tee trinken, wie das Sprichwort besagt, und es macht mir nichts aus, denn wenn der Blickwinkel genau richtig ist, fühlt es sich sehr, sehr gut an.

Anmerkungen

1 Wir arbeiteten zwischen 2005 und 2009 als das Performance-Kunst-Duo „twincest" zusammen. Unsere emotionale Beziehung widerspiegelnd, trennten wir uns mit einem Stück über den Tod. Unsere Grabinschrift ist die Website twincest.net.

Fatty D. zu sein: Maße, Schönheit und Verkörperung in der Porno-Industrie

April Flores

April Flores, grell rothaariges Rasseweib des neuen Porno-Ordens, ist eines der auffallendsten Beispiele des neuen Sexappeals, von ihrer Arbeit als BBW-Pornofilmstar bis hin zu ihrem eigensinnigen Feminismus und dem körperpositiven Aufbrechen von Klischees. Flores hat die Titelseiten von *Bizarre*- und *AVN*-Magazinen geschmückt, wurde in mehreren Kunstfotografiebänden abgebildet und trat in Pornofilmen aller Genres der Porno-Industrie auf. April lebt und schaffte in Los Angeles mit ihrem Ehemann, dem (inzwischen verstorbenen – Anm. d. Übers.) Künstler Carlos Batts.

Im Heranwachsen begriffen, war ich immer voluminöser als die meisten meiner KlassenkameradInnen. Das damals gängige Wort, um mich zu beschreiben, war stämmig. Ich wünschte mir nichts mehr, als dünn zu sein. Ich verbrachte meine Teenagerjahre damit, zu glauben, mein Leben würde tausend Mal besser werden, wenn ich mager wäre. In meinen frühen Zwanzigern verlor ich eine Menge Gewicht und wurde dünn. Trotzdem war ich nach wie vor unglücklich. Ich erkannte, dass das Leben dasselbe bleibt, ganz gleich wie dick oder dünn man ist, und das Glücklichsein eine Entscheidung ist. Sobald ich das begriffen hatte, änderte sich alles und mein Selbstvertrauen wuchs.

Im Jahr 2000 traf ich den Fotografen und Regisseur Carlos Batts. Er zeigte Interesse, Fotos von mir im Bikini zu schießen. Ich war verunsichert. Ich hatte niemals etwas Ähnliches getan, wollte jedoch nicht, dass meine Unerfahrenheit mir dabei im Wege stand, etwas Neues auszuprobieren. Auch war ich geschmeichelt und begeistert, dass ich einen Künstler inspirierte. Während unseres allerersten Treffens meinte er, wir könnten zusammen die Welt verändern.

Wir machten den Fototermin und ich erinnere mich, am nächsten Morgen mit einem überschwänglichen Gefühl der Bestärkung aufgewacht zu sein. Fähig zu sein, meine Selbstzweifel beiseitezulegen und dem Künstler, mit dem ich arbeitete, zu vertrauen, gab mir ein fantastisches Gefühl der Befriedigung. Ich stand für Standaufnahmen Modell, meine Arbeit mit Carlos und einer Handvoll weiterer Fotografen über mehrere Jahre fortsetzend. Carlos hatte angefangen, mich mit Kosenamen „Fatty Delicious" zu nennen. Als die Zeit kam, einen Bühnennamen für meine Website zu finden, schien es, als könne Fatty D. gut funktionieren.

Nachdem wir eine Weile mit Fotografie gearbeitet hatten, beschlossen Carlos und ich, Video als alternatives künstlerisches Medium einzusetzen. Wir wollten unser Leben dokumentieren. Ich begann zu masturbieren, während Carlos filmte. Meine anfänglichen Solo-Darbietungen wurden später in unseren ersten vertriebenen Film, *Alter Ego*, eingebaut.

2005 traf ich den Porno-Superstar Belladonna. Sie sah Fotos von mir in Carlos' Buch *Wild Skin* und lud mich ein, in einem ihrer Filme eine Szene mit ihr zu machen. Das Angebot schien mir verlockend. Sie war warm, freundlich und sexy. Ich hatte schon vorher mit Frauen herumgeknutscht, aber sie war die erste Frau, mit der ich Sex hatte. Am Drehtag war ich sehr nervös, doch es lief entgegen meinen Erwartungen auf die bestmögliche Art. Wir drehten in ihrem Studio und die einzigen Menschen, die da waren, waren wir beide, ihr Ehemann, der die Kamera bediente, und Carlos. Das Ambiente war entspannt, perfekt für einen erstmaligen Dreh. Ich war fähig, mich vollkommen auf die Darbietung und meine Verbindung zu Belladonna zu konzentrieren. Damals dachte ich, der Auftritt im Porno würde eine einmalige Sache bleiben. Doch nach diesem Dreh wurde ich eingeladen, mit anderen RegisseurInnen zu arbeiten. Von da an entwickelte sich alles.

Man sieht nicht viele Frauen wie mich im Porno (oder in den Mainstream-Medien, was das angeht). Wir sind nicht vollkommen unsichtbar, wurden aber, ähnlich wie andere unterrepräsentierte Identitäten, in das größtenteils fetischisierte Porno-Sub-Genre BBW (Big Beautiful Women) abgeschoben. BBW wurde 1979 von Carole Shaw geprägt, als sie das BBW-Magazin lancierte, ein Mode- und Lifestyle-Magazin für Frauen mit Übergröße.[1] Obwohl der Begriff BBW hauptsächlich von Leuten übernommen wurde, die pflegten, sich selbst damit zu identifizieren oder ihre Bewunderung für übergroße Frauen auszudrücken (wie in persönlichen Anzeigen im Internet), ist es inzwischen ein weitverbreiteter Überbegriff, der je nach Zusammenhang unterschiedliche Nebenbedeutungen haben kann. Die Porno-Industrie verwendet ihn, um Pornos zu bezeichnen, in denen voluminösere Frauen auftreten. Manche BBW-Pornos wurzeln in einer Zelebrierung unseres Sexappeals, von Anbetung bis hin zur Fetischisierung unserer Größe. Doch allzu viele von ihnen gehen zu einer wenig verschleierten Herabwürdigung und Beschämung über: Titel wie *Cash for Chunkers, All Ass No Face, Double Dipped Fatties* und *Fat Cocksucking Whores* wollen uns als sexuelle Sonderlinge besetzen, die zum Angaffen und Auslachen da sind. Und es wird vorausgesetzt, dass Zuschauer, die uns gerne anschauen, ebenfalls Sonderlinge sind.

Obwohl mich die Leute als BBW-Darstellerin beschreiben und ich die Beschreibung als eine Art Kürzel, die von Industrie-Leuten verstanden wird, bereitwillig akzeptiere, trete ich nicht in traditionellen BBW-Pornos auf. Stattdessen kollaboriere ich mit meinem Ehemann und weiteren Regisseurinnen und Regisseuren, die ich sorgfältig auswähle, und arbeite nur an Projekten mit, die ich mag. Es ist mir wichtig, als BBW-Darstellerin in Filmen aufzutreten, die nicht als BBW-Filme vermarktet werden. Ich möchte ein Werk hinterlassen, das mein Engagement zeigt, kurvenreichere Frauen in einem positiven Licht darzustellen und die gesellschaftlichen Normen in Bezug auf das, was als begehrenswert, schön und attraktiv angesehen wird, infrage zu stellen. Ich weiß, dass meine Darbietungen bei den Leuten einen Nerv treffen, und ich bin froh, wenn sie es tun. Falls die Leute das Bild einer übergroßen Frau, die ihr sexuelles Selbst genießt, nicht mögen, ist es mein Wunsch, dass sie sich fragen: Warum? Was daran törnt dich ab?

Ich bin eine dicke Frau, die selbst über ihre Sexualität bestimmt. Ich habe hart daran gearbeitet, mein Selbstvertrauen mit der Zeit aufzubauen. Ich möchte andere Frauen inspirieren, das Gleiche zu tun. Wir können sexy, selbstbewusst und glücklich sein – das ist die Botschaft.

Ich passe auch sonst nicht in das Klischee einer typischen Porno-Darstellerin. Ich bin nicht blond, braun gebrannt oder operativ verändert. Ich bin eine fette Latina mit blasser Haut, Tattoos und feuerwehrrotem Haar. Obwohl ich nicht weiß bin, werde ich von anderen manchmal als weiß angesehen. Weil ich nach den beschränkten Porno-Standards nicht wie eine „Latina" aussehe, werde ich nicht im „ethnischen Porno" besetzt – einem weiteren fetischisierten Sub-Genre. „Ethnischer Porno" ist ausgerichtet auf eine engstirnige, verfehlte Darstellung von Minderheiten. Indem ich bei dieser Art von Porno nicht mitmache und mich auf eine differenziertere Identität konzentriere, hoffe ich, eine alternative Sichtweise zu dem, was eine Latina ist, zu bieten.

Ich bin Exhibitionistin: Angesehen zu werden erregt mich. Ich habe mich schon in jungem Alter so gefühlt. Ich erinnere mich, dass ich in meinen frühen Oberstufen-Jahren die Rollläden meines Zimmers gerade weit genug öffnete, damit der Gärtner einen Blick von mir erhaschen konnte, während ich mich für die Schule anzog. Spätesten seit damals hat mich der Gedanke, angesehen und begehrt zu werden, immer angemacht, weshalb ich es liebe, für die Kamera und ein Publikum zu agieren. Vielleicht ist es die Kraft, die ich spüre, wenn ich in jemandem ein Verlangen erwecken kann. Genau wie nach jenem allerersten Fototermin mit Carlos fühle ich mich nach jedem Termin bestärkt und euphorisch.

Ich schätze mich sehr glücklich, dass ich die Chance erhielt, meine Sexualität durch meine Arbeit in der Pornografie zu entdecken und auszubauen. Ich habe meine Fantasien ausgelebt, indem ich Sex auf einer Bühne vor Zuschauern hatte und bei einer Szene mitten im Wald vor einem riesigen Wasserfall mitspielte.

Ich konnte in zahlreichen Szenarios Erfahrungen sammeln – Gruppensex, Dominanz und Unterwerfung, Sex mit anderen Frauen und transsexuellen Männern und Frauen. Diese Möglichkeiten führten von meiner Selbstidentifikation als heterosexuelle Frau zu der Erkenntnis, dass meine Sexualität fließend ist und nicht vom Geschlecht meines Partners bestimmt wird. Diese kraftvollen, einvernehmlichen Erfahrungen spielten sich in sicheren, kontrollierten Umgebungen ab und alles wurde vor dem Dreh genau abgesprochen.

Am häufigsten arbeite ich mit Carlos zusammen. Unsere Arbeit ist ein fortwährendes Statement bezüglich der Veränderung, die wir in der Pornografie gerne sehen würden. Beispielsweise achten wir darauf, eine Reihe unterschiedlicher DarstellerInnen zu besetzen, die verschiedene Körpertypen und Ethnien abdecken.

Die Arbeit in der Pornografie ist nicht meine Haupteinnahmequelle (ich bin Make-up-Künstlerin, Fotografin, Nicht-Porno-Modell), sodass ich die Projekte, an denen ich arbeiten möchte, aussuchen und wählen kann. Ich erwäge eine Menge Faktoren, bevor ich einen Job annehme: den Regisseur oder die Regisseurin, meine FilmpartnerInnen, die Art des Films oder Projekts und wie viel ich bezahlt bekommen werde. Ich habe viele Projekte abgelehnt, von denen ich glaubte, sie würden dickere Frauen nicht vorteilhaft darstellen. Ich gebe mir große Mühe, meinem Ziel treu zu bleiben, bestärkte, kurvenreiche Frauen zu repräsentieren. Aber trotz meiner größten Bemühungen endet Filmmaterial, das ich vorher für einen Film aufgenommen habe, in einem anderen, und ich habe keine Kontrolle darüber. In einem Fall wurde mein Image für einen Film benutzt, in dem zu sein ich niemals zugestimmt hätte. Es war ärgerlich, aber es ist die Realität dessen, was passieren kann, sobald du eine Freistellung unterschreibst. Ich habe Glück, weil fast alle Projekte, an denen ich beteiligt war, mit Freunden und Menschen stattfanden, die ich bewundere. Wenn ich mit Freunden arbeite, entwickeln wir einen Rhythmus und ich kann wirklich verstehen, welche Art von Darbietung sie von mir erwarten. Wenn sie mich als Akteurin fordern, vermitteln sie mir gleichzeitig ihr Vertrauen, dass ich fähig sein werde, ihre Vision zu verkörpern, was mir hilft, mich als Künstlerin weiterzuentwickeln. Es ist eine echte gemeinschaftliche Leistung.

2009 veröffentlichte *Adult Video News (AVN)*, die Fachzeitschrift der Mainstream-Industrie, einen Artikel, der BBW-Darstellerinnen als „dicke Fräulein" bezeichnete und besagte, dass die BBW-Filme „denjenigen, die sich zu sehr schämen, tatsächlich mit fetten Tussen gesehen zu werden, die Möglichkeit bieten, in der Zurückgezogenheit ihres Heims zu ihnen zu wichsen".[2] Ich schrieb eine Antwort auf den Artikel und ließ meine Frustration über die offenkundige Respektlosigkeit des Schreibers – nicht nur gegenüber dickeren Frauen, sondern gegenüber Frauen im Allgemeinen – aus. Meine Antwort, die im Blog erschien, erhielt eine Menge Aufmerksamkeit und Unterstützung, und *AVN* wurde mit Telefonaten und Briefen von Leuten, die genauso aufgebracht waren wie ich, bombardiert.[3] Ich hatte keine Ahnung, dass mein Blog eine solche Flutwelle der Unterstützung von Frauen aller Größenmaße und von Männern, die für übergroße Frauen schwärmten, erhalten würde. Die massive Reaktion machte *AVN* klar, dass es eine Menge Menschen gibt, die dickere Mädchen heiß finden. Acht Monate später war ich die erste BBW, die auf einem Titelblatt von *AVN* erschien.

Ich habe auch als erste BBW ein Sexspielzeug, das nach meiner Vagina gegossen wurde. Diese Tatsache stößt auf gemischte Reaktionen. Einige Personen sehen es als die höchste Form der Verdinglichung. Ich denke, die Herstellung und der Erfolg des Spielzeugs zeigt Fans und Unternehmen, dass eine Menge Leute übergroße Frauen begehren und dass es einen echten Markt für Produkte gibt, die ein breiteres Spektrum an Körpertypen vertreten.

Der bei Weitem lohnenswerteste Teil meiner Arbeit ist das Feedback, das ich von Frauen, Männern und Paaren erhalten habe, die voluminösere Körper attraktiv finden. Andere übergroße Frauen teilen mir mit, meine Arbeit hätte ihnen geholfen, sich selbst in einem positiveren Licht zu sehen, und ihnen ermöglicht, sich genauso sexy zu fühlen wie Frauen, die die Hälfte ihres Umfangs haben. Eine Frau sagte mir, sie sei selten mit ihrem Partner intim gewesen, weil sie sich hässlich und nicht begehrenswert fühlte, dass sie jedoch, seitdem sie meine Arbeit entdeckt habe, fähig sei, sich selbst anders zu sehen. Viele meiner weiblichen Fans haben niemals einen meiner Filme angeschaut. Ich denke, dass es viel ausmacht, schon nur ein Bild von einer zu sehen, die wie sie aussieht und eine positive sexuelle Energie verkörpert, um zu verlagern, wie Frauen sich in Bezug auf sich selbst fühlen.

Ich hoffe, weiterhin Arbeit zu produzieren, auf die ich stolz sein kann und die mich als Person, Subjekt und Künstlerin herausfordert. Für mich gibt es wenige authentischere oder kraftvollere Formen des Selbstausdrucks als die einer Frau, die Sex für andere zum Anschauen vorführt. Es ist der höchste Ausdruck freier Handlungsentscheidung: eine Frau, die bestimmt, was sie mit ihrem Körper tun will, zu ihren eigenen Bedingungen. Ich glaube, sich selbst auf dieser Ebene zu exponieren, braucht Mut und Kraft. Wir stellen nicht nur unsere nackten Körper zur Schau, sondern gleichzeitig unsere Verletzlichkeit und Stärke. Wir drücken aus, dass wir Sex genießen und dass wir die Kontrolle über unsere Sexualität haben.

Ich weiß, dass Vertrauen und eine positive Einstellung eine viel wichtigere Rolle bei der Attraktivität spielen als die Maße deines Körpers. Meine Mission ist es, anderen Frauen zu helfen, das auch zu begreifen.

Anmerkungen

1 „BBW Past and Present", *BBW Magazine*, aufgerufen am 25. Februar 2012, http://bbwmagazine.com/pastandpresent_3.htm.

2 Nelson X, „The $500 Stocking Guide: Fattening Up Sales", *Adult Video News*, April 2009, 82. Ebenfalls online, aufgerufen am 25. Februar 2012, http://www.mydigitalpublication.com/publication/index.php?i=14336&m=&l=&p=96&pre=&ver=swf.

3 April Flores alias Fatty D., „Heifers, Bovines, and Baconators", FattyD.com, 4. Juli 2009, http://fattyd.com/blog/2009/04/07/heifers-bovines-and-baconators.

Die Macht meiner Vagina

Buck Angel

Buck Angel kam als Frau zur Welt, überlebte eine chaotische und zornige Jugend und wurde zu dem erfolgreichen Mann, der er heute ist. Er nutzte das Selbstbewusstsein, das ihm seine Geschlechtsumwandlung gab, und schrieb Geschichte als erster transsexueller Pornostar, der von einer Frau zum Mann wurde (female-to-man, kurz FTM). 2007 wurde er als erster FTM mit dem angesehenen Transsexual Performer of the Year Award der AVN ausgezeichnet. Buck Angel ist darüber hinaus ein bahnbrechender Filmemacher, der eine Reihe öffentlicher Statements zu Themen abgeliefert hat, die nicht oft diskutiert werden, und zwei einzigartige Dokumentarfilme über die Sexualität transsexueller Männer, einen für den Mainstream und einen für ein erwachsenes Publikum. Er ist ein Unternehmer, der eine neue Nische in der Welt der Erwachsenenunterhaltung erobert hat, den FTM-Porno, der Eingang in die Mainstream-Medien fand. In jüngster Zeit betätigt er sich als Redner, informiert junge Leute über Sexualität und Gender und verkündet dabei die universelle Botschaft, dass man lernen muss, sich selbst zu lieben.

Mein Name ist Buck Angel. Ich bin ein Mann. Ich habe eine Vagina und arbeite in der Sexbranche.

Vom Augenblick unserer Geburt an sagt uns unsere Kultur, dass Genitalien das Geschlecht bestimmen und nicht alle Genitalien gleich sind. Man lehrt uns, dass man schwach ist, wenn man eine Vagina hat. Viele Frauen wachsen in der Überzeugung auf, dass es nicht okay ist, wenn sie sexuell Frieden mit ihren Vaginas schließen. Ich empfand das jedenfalls viele Jahre lang so. Ich hatte enorme Probleme mit meiner Vagina; ich konnte sie weder anfassen noch ansehen. Ich schämte mich dafür – nicht so sehr, weil ich „weiblich" war, sondern weil ich meine Vagina nicht mochte. Sie gab mir das Gefühl, weniger wert zu sein als ein Mann.

Durch meine Geschlechtsumwandlung und die Einnahme von Testosteron wuchsen meine sexuelle Erkenntnis und die Empfindungen meines Körpers. Ich verspürte den Wunsch, meinen Körper zu erforschen wie noch niemals zuvor. Ich machte die Wandlung von einer Frau zum Mann durch. Eines Tages beim Masturbieren glitt ich dann mit dem Finger in mich hinein. Was für ein überwältigendes Gefühl, einen Orgasmus mit einem Teil meines Körpers zu erleben, den ich so noch nie erlebt hatte. Schließlich fühlte ich mich sogar wohl dabei, mich von einem Partner penetrieren zu lassen. Ich sah meine Vagina plötzlich so positiv, dass ich das Gefühl mit anderen teilen wollte!

Vorbilder für Typen wie mich fand ich keine in der Welt der Pornografie, daher beschloss ich, mich der Herausforderung selbst zu stellen. Als ich mit meiner Arbeit in der Sex-Industrie anfing, wollte ich mich als transsexuellen Mann darstellen, der sexuell und selbstbewusst ist. Ich wollte zeigen, dass ich als Mann Spaß mit meiner Vagina haben kann und mich nicht schämen oder vor mir selbst ekeln musste. Porno scheut sich nicht, einem alles zu zeigen, und ich wollte mich auch nicht scheuen.

Aber als ich anfing, hatte ich keine Ahnung, dass meine Werke einen derartigen Sturm der Kontroversen entfachen würden. Negative Reaktionen und Hass, die meine Pornos schürten, kamen überwiegend von biologischen Männern, weil die vermutlich so sehr darauf fixiert sind, dass der Penis den Mann ausmacht. Aber einige Frauen und Transmänner überschütteten mich gleichermaßen mit Hass und spuckten Gift und Galle. Manche sagten, dass sexuell explizite Filme erniedrigend sind, besonders für Frauen. Viele Transmänner schienen entsetzt darüber, dass ich der Welt zeigte, dass es Männer wie mich gibt. Sie hegten die Befürchtung, ich könnte versuchen, alle Transmänner zu repräsentieren und so zu tun, als hätten alle Transmänner Spaß mit ihrer Vagina und würden ebenso Gebrauch davon machen wie ich.

Ich wollte aber nur mich selbst repräsentieren und zeigen, dass ich stolz bin auf mich und meine Vagina – und natürlich auch, dass ich nicht weniger ein Mann bin, weil es mir Spaß macht, mich penetrieren zu lassen (von Männern und Frauen). Dass ich in Filmen sexuelle Befriedigung durch meine Vagina erfahren durfte, war eine enorm befreiende und stärkende Erfahrung für mich. Es hat mir noch mehr Selbstvertrauen gegeben, von mehr Lust ganz zu schweigen.

Manche Transtypen meldeten sich bei mir, um mir zu danken. Bevor sie meine Pornos gesehen hatten, fühlten sie sich unwohl in ihren Körpern und dachten, sie bräuchten einen Penis, um ein „ganzer Mann" zu sein. Viele dieser Männer gönnten sich keinen Sex, da sie keinen Spaß an den Körpern hatten, die sie – und die Mehrzahl aller Transmänner – haben. (Der chirurgische Eingriff, sich einen Penis machen zu lassen, ist sehr teuer, riskant, häufig erfolglos, und meiner Meinung nach gebricht es ihm an Ästhetik und Funktion.) Sie sahen mich als Mann, der Sex mit seiner Vagina macht und große Lust dabei empfindet.

Natürlich beunruhigt mich der Hass, der mir entgegenschlägt, aber die positiven Reaktionen haben mir gezeigt, dass ich nicht nur Pornografie mache, damit andere Leute sich daran aufgeilen können. Ich betreibe auch Aufklärung. Ich zwinge die Leute, darüber nachzudenken, wie die Gesellschaft Geschlecht einzig und allein auf Grundlage der Genitalien definiert. Ich ändere ihre Einstellung, was es bedeutet, ein Mann zu sein. Ich mache mich dafür stark, dass es gut ist, eine Vagina zu haben, ganz gleich, an welchem Körper. Ich inspiriere viele Transmänner mit Vagina, dass sie sich sicherer fühlen und auf Sex einlassen. Ich zeige der Öffentlichkeit, dass es Typen wie uns gibt und wir sexy und sexuell aktiv sind. Meine jüngsten Projekte sind sexualkundlich und beinhalten Interviews mit verschiedenen Transmännern über ihre Geschlechtsumwandlungen und wie sich ihre Sexualität mit ihrem Geschlecht und ihren Körpern gewandelt hat. Ich gebe Transmännern eine Stimme – und trete dafür ein, dass mehr von uns lauter sprechen und sich Gehör verschaffen.

Wenn Männer in der Sexbranche arbeiten, betrachtet man sie als „Hengste". Es besteht kein Grund, weshalb es bei Frauen, die dieselbe Arbeit machen, anders sein sollte. Dass diesbezüglich in der Sexbranche mit zweierlei Maß gemessen wird, ist abstoßend. Ich habe mich nicht für diesen Beruf entschieden (was das Klischee für Frauen mit Vaginas ist), weil ich missbraucht und unterdrückt bin oder nichts anderes kann. Ich mache Pornos, weil ich eine erzieherische und beratende Funktion in Sachen Sex und Gender ausüben möchte. Die Botschaft, dass einen Sexarbeit *mächtiger* macht, ist mir sehr wichtig.

Wenn ich heute in meinem Leben das Wort „Vagina" benutze, fühle ich mich wie Superman. Ich stelle fest, dass es anderen Transmännern ähnlich ergeht. Wir müssen nicht mehr glauben, dass uns dieses Wort schwächer macht, sondern dass wir es benutzen und damit unsere persönliche Macht ausdrücken können. Ich glaube, meine Filme haben mit dazu beigetragen, Türen für die Leute aufzustoßen (ganz gleich, welchen Geschlechts), die sich ihres Körpers immer geschämt oder sich darin unwohl gefühlt haben. Das ist meine Form von Feminismus: Kontrolle über unsere Körper übernehmen, sie mit unseren Ausdrücken zu belegen und keine Angst davor zu haben, unsere Macht auszuüben, besonders auf sexuellem Gebiet. Wir haben das Wort „Vagina" zurückerobert und zu einem Symbol der Macht für uns umgemünzt, und dass ich das in Filmen vorführen durfte, hat mein Leben verändert. Und da ich so frei und öffentlich darüber sprechen kann, hat sich auch die Welt ein wenig verändert.

An Erwartungen geknüpft: Die rassifizierte Sexualität des Pornostars Keni Styles

Celine Parreñas Shimizu

Celine Parreñas Shimizu arbeitet als Filmemacherin und Filmwissenschaftlerin und ist Professorin der Abteilung für asiatisch-amerikanische Studien an der Universität von Kalifornien, Santa Barbara. Ihr erstes Buch, *The Hypersexuality of Race: Performing Asian/American on Screen and Scene*, gewann 2009 den Cultural Studies Book Award der Association for Asian American Studies. Ihr zweites Buch war *Straitjacket Sexualities: Unbinding Asian American Manhoods in the Movies. Birthright: Mothering Across Difference*, ihr Debüt-Spielfilm, gewann kürzlich den Preis als Best Feature Documentary beim Big Mini DV Festival. Sie unterrichtet Populärkultur, gesellschaftliche Theorien von Macht und Ungleichheit, Rassen und Sexualität, sowie Film und Vorführung in Theorie und Produktion. Zurzeit arbeitet sie an ihrem neuen Film *Stoop Labor*. Weiteres siehe unter www.celineshimizu.com.

In dem inzwischen klassischen Essay von 1989, „Looking For My Penis", stellt Richard Fung die vorherrschende Anzahl asiatischer Männer fest, die als Hinterteil im Gay-Porno auftreten.[1] Während in der Arbeit des Kritikers und Filmemachers Hoang Tan Nguyen[2] das Abbilden des Hinterns als unerwünscht kritisiert wird, als sei es ein Kraftmangel, greift Richard Fungs Arbeit eine Kritik auf, die ich „Zwangsjacken-Sexualität" nenne und die ich in meinem jüngsten Buch als eingeengte Sex-Definition bezeichne, die Normen vorzieht und unser Verständnis der Vielfalt von Sexualität einschränkt. Sprich, wenn Fung den Mangel einer breiten Darstellungspalette für asiatische Männer in der westlichen Pornografie kritisiert, zeigt uns sein Ansatz, wie ein solch begrenztes Betätigungsfeld wie ein Würgegriff auf die sexuellen Möglichkeiten wirkt, die für asiatische Männer zugänglich sind – nicht nur in der pornografischen Bildsprache, sondern auch im Gesichtskreis der Darstellungen, die wir uns darüber hinaus vorstellen können. Das Problem der begrenzten Darstellung asiatischer Männer in der Pornografie noch verschlimmernd, führen Anti-Pornografie-WissenschaftlerInnen wie Melissa Farley die Abbildungen rassifizierter Subjekte als den endgültigen Beweis für die Opfer schaffende Macht der Pornografie vor.[3] Angeblich verletzt und zerstört die Art von Sexszenen, die farbige Menschen in der Pornografie zeigen, jene Subjekte, die bereits in den Szenen des täglichen Lebens von rassischer Ungleichheit bedroht sind. Im Unterschied zu Farleys Denkansatz, der den Rassismus in der Pornografie schlichtweg zu einem Tatbestand erklärt, beschreiben Fungs schriftstellerisches Werk und seine Videoarbeit, wie Pornografie und explizite Abbildungen die anhaltenden Kämpfe um rassifizierte Sexualitäten ans Licht bringen können. Seine Arbeit *Steam Clean* (1990) erzieht und vermenschlicht, besonders in Zeiten wie den 1980ern und 1990ern, die AIDS-Krise. Und in *Orientations* (1986) und *Chinese Characters* (1990) ist die Methode multipler Perspektiven entscheidend für die Darstellung einer großen Bandbreite an Identitäten aus den Kategorien queer und asiatisch. Er achtet darauf, eine Reihe von Charakteren vorzustellen, sodass jeder ein Netzwerk von Identitäten repräsentiert, die sich selbst aus vielfachen Blickwinkeln erklären. Seine Methode dokumentiert, wie bestimmte Mitglieder der asiatisch-amerikanischen homosexuellen, lesbischen, transsexuellen oder queeren Gemeinschaften die Vielfalt ihrer Begierden, Praktiken und Identitäten öffentlich machen. Fragen mit offenem Ende verwendend, sprechen Fungs Subjekte nicht nur für sich selbst, indem sie ihre sexuellen Erfahrungen beschreiben, sondern verstehen und theoretisieren ihre einzelnen Handlungen und ihre Bedeutung für sie selbst und ihre Beziehung zu anderen.

Pornografie kann wie andere Medientechnologien von farbigen Menschen genutzt werden, um sich selbst als sexuelle Subjekte zu präsentieren, die über ihre eigenen Begierden bestimmen und etwas über sich selbst erfahren können. Anstatt sexuelle Abbildungen als einen Ausdruck von Rassismus zu definieren, tun dies farbige Filmemacher wie Fung innerhalb eines Rahmens von Subjekten im Kampf, die Sexualität als einen Prozess nutzen, während sie ihre eigenen Bilder erschaffen. Das heißt, sie verwenden Medien in dem Versuch, ihre Sexualität innerhalb der und gegen die auferlegten Definitionen und bestehenden Anschauungen über ihre rassischen Identitäten zu verstehen. Um Michel Foucaults Worte zu benutzen: „Wie die Menschen sich selbst und ihr Sexualverhalten wirklich wahrnehmen", finden wir sorgfältig angelegt und aufgezeigt in Vorgehensweisen, die den Bedeutungsgehalt der rassifizierten Sexualität nicht schon voraussetzen.[4]

Ausgehend von Richard Fungs Annäherungsweise – der Wirkungskraft, durch jemandes Darstellung zu sprechen, um dessen Kämpfe mit Sexualität und Rasse zu beleuchten – schätze ich den Einfluss von Keni Styles, der weitgehend als der erste asiatische, heterosexuelle männliche Darsteller der US-Porno-Industrie gilt. Er erhielt mehr als ein Dutzend Preisnominierungen (wie 2011 als Male Performer of the Year von AVN und Urban X Awards) und gewann den Preis für den Best Male Newcomer bei den Adult Film Awards von 2006 in Großbritannien sowie den Male Acting Performance of the Year bei den XBIZ Awards von 2011, was nicht nur Keni Styles' Popularität beweist, sondern auch seine Fähigkeit, geografische Grenzen zu überschreiten. Faszinierend an Keni Styles ist eine thailändische und britische Männlichkeit oder eine asiatische Männlichkeit, die in vielfachen westlichen Zusammenhängen geformt wurde, einschließlich der Vereinigten Staaten, wo er arbeitet. Ich behalte dies im Auge, wenn ich mir ansehe, wie rassifizierte Sexualität in seinen eigenen Geschichten konfiguriert ist und wie seine rassifizierte Sexualität von der feministischen Pornografin Tristan Taormino in *Rough Sex #3: Adrianna's Dangerous Mind* (2011) in einer Gruppensexszene, die für einen Adult Video News Award nominiert war, wiedergegeben wird.

Als erster asiatischer, heterosexueller Pornostar der westlichen Pornografie verkörpert Keni Styles vielleicht den fehlenden Penis, zu dessen Suche Richard Fung aufgerufen hat. Nachdem er sich in der US-Porno-Industrie etabliert hatte, machte Styles es sich zur Aufgabe, anderen Männern über ein Trainingsvideo zu helfen: Seine Selbstdarstellung kommt nicht in Form einer erzählerischen pornografischen Arbeit in Eigenregie daher, sondern als eine pornografische Videoanleitung namens *Superman Stamina* (2011). Das Produkt verspricht, die Probleme von Männern mit vorzeitiger Ejakulation lindern zu helfen, indem es die Philosophien und sexuellen Praktiken der Pornostars verfügbar macht. Mit einer Vorgehensweise, die sowohl den Geist als auch den Körper ansprechen soll, verheißt Styles ein Training, das das Leben durch besseren Sex verändern wird. Bei genauer Betrachtung der Marktstrategien für das Produkt stelle ich fest, dass er seinen ethnischen Hintergrund und seine Erfahrungen – bezogen auf seine mit vorzeitiger Ejakulation verknüpfte Rassifizierung durch andere – einsetzt. In der Tat sind seine sexuellen Probleme rassische Probleme. Angesichts seiner Position als erster asiatischer, männlicher, heterosexueller Pornostar – was bedeutet es für jemanden wie ihn als Mitglied einer Gruppe, der gewöhnlich und speziell in Filmen mangelnde sexuelle Kraft zugeschrieben wird, eine Lösung für das Mangelproblem aufzuzeigen? Bietet er im Verlauf eine alternative Männlichkeit zu der an, die asiatisch-amerikanische Männer als unzulänglich beurteilt? Ich bin besonders interessiert an seiner Möglichkeit, uns nicht nur zu zeigen, wie man seinen Penis findet, sondern auch, welche neuen Diskurse über Männlichkeit er, wenn überhaupt, auslöst. Ich vergleiche dann sein pornografisches Trainingsvideo mit dem feministischen Porno-Werk von Tristan Taormino. Die Verbindung dieser beiden Werke wird mir helfen, Keni Styles' Bedeutung zu veranschaulichen, dessen Pornografie uns über die Möglichkeiten unterrichtet, gegenwärtige Geschichten über Rasse und Sex zu erzählen.

Eine männliche Version von „Ich dich lieben lange Zeit"?: Vermarktung von Keni Styles in *Superman Stamina*

Auf thesuperstamina.com bietet Keni Styles' Video *Superman Stamina* ein Video zum Verkauf an, das die Geheimnisse männlicher Pornostars zur Lösung von oft peinlichen und frustrierenden Problemen mit einer vorzeitigen Ejakulation verrät. Während er den Bedarf für sein Produkt aufzeigt, präsentiert Styles eine Definition der Männlichkeit, die auf die Lust der Frauen fokussiert ist und klar auf eine Reihe von Techniken zur erfolgreichen sexuellen Befriedigung der Frau baut. Anhand eines vierteiligen Systems erläutert er die Notwendigkeit der Penetration, um den Orgasmus einer Frau zu gewährleisten. Er behauptet, „oraler [Sex] reicht nicht aus", und beschreibt penetrierenden Sex als die „biologisch programmierte" Lösung. Während er den Penis als maßgeblich für die Lust der Frau im sexuellen Austausch priorisiert, behauptet er, die Frau bräuchte einen Mann [d.h. seinen Penis] in sich. Styles geht davon aus, dass die Frau Orgasmen nicht nur liebt, sondern tatsächlich „braucht". Dieses Bedürfnis ist durch eine reproduktive Aufladung bedingt. Wenn sie den Orgasmus erreicht, schüttet sie eine Substanz aus, die ihr angeblich „ermöglicht, einen guten Partner zu identifizieren". Wenn also mehr ausgeschüttet wird, „ist es wahrscheinlicher, dass sie dich für den Einen hält, während zu kurze Zeit bedeutet, dass das Gehirn nicht lang genug von der Substanz durchflutet wird, um es zu registrieren". Der Mann ist dann herausgefordert, so Keni Styles, die Frau in einer festen und konstanten Art lang genug zu penetrieren, damit sie eine Zuneigung aufbaut. Tatsächlich bringt Styles hier eine Struktur der Lust vor, die das Problem der Pornografie, wie weibliche Lust so sichtbar wie männliche Lust gemacht werden kann, aufgreift. Aber jenseits dieses Bestrebens, weibliche Lust zu zeigen, definiert Styles letztendlich die Wichtigkeit des sexuellen Erfolgs als männliche Fähigkeit.

Im Vorspann des Videos erscheint eine Definition der Männlichkeit, die besagt, Männer müssten Fähigkeiten und Können, sogar Fachkenntnis demonstrieren, um Frauen zu beglücken. Und diese Demonstration einer einzigartigen männlichen Fertigkeit schaffe männliche Kraft. Der Auslöser, um diese Techniken zu erlernen, ist, dass sie Männern guttun und Frauen zu Derivaten im Kontext männlicher Fähigkeiten machen. Somit kann die sachkundige und sogar die angemessene Verwendung des Penis den Zugang zum Phallus bedeuten – wo Frauen die Männer um Sex anflehen und obendrein, wie das Video andeutet, auf die gesellschaftlichen Rituale, wie beschenkt und zum Essen ausgeführt zu werden, verzichten, nur um in den Genuss der männlichen Penetration zu kommen.

In der Werbung für *Superman Stamina* erzählt Styles, dass er von einer thailändischen Frau, einer Sexarbeiterin, geboren wurde. Er wuchs dann in einem Waisenhaus in London als „einziger asiatischer Mann" auf, wo er „von den anderen aufgezogen und herumgeschubst wurde". Sie verspotteten seine „Augen, Haut und Penisgröße – obwohl sie ihn nicht gesehen hatten". Dieser Spott formte sein Selbstbild, denn „er kam zu der Erkenntnis, [dass] asiatische Männer im Bett keine Hengste sind". Die Abstempelung durch die anderen führte als Erwachsener zur Erfahrung der vorzeitigen Ejakulation. „Ich konnte nichts tun – ich kam, nicht [mittels] Penetration, sondern in meiner Hose." In seinen intimen Beziehungen mit anderen galt, „je heißer das Mädchen", desto schneller „verlor" er es. Diese Unfähigkeit, sexuell aktiv zu sein, formte seine sozialen Beziehungen zu Frauen: Wenn er wegen des Sex nervös wurde, würde er einfach „aufhören zu flirten". Somit führen seine Intimprobleme zu einer Art sozialen Hemmung, wenn er mit Frauen nicht sexuell interagieren kann.

Als er erkannte, dass das Problem körperlicher Natur war, baute Styles seine Athletik durch Boxen auf, um „Vertrauen zu gewinnen [und] Angst abzubauen ... [und] ein Champion [zu werden]". Er sah „zäh" aus, aber „innerlich trug er ein Geheimnis". Er war ein „knallharter Arsch im Ring", im Bett war es allerdings eine „andere Sache". Trotz seines starken Körpers „wurde er für jemand anderen schlecht behandelt (sic!)", als seine „guten oralen Sex[-Kenntnisse] des G-Punkt-Zungenkreisens" von seiner Partnerin als unbefriedigend eingestuft wurden. Pillen halfen auch nicht, sie machten ihn einfach zum „Zwei-Minuten-Mann", der schnell hoch- und schnell wieder runterkam. Er erreichte zwar einen Anschein von Stärke und erfüllte damit die Männlichkeitsdefinition, was seinen Körper anging, aber mit anderen versagte sein Körper, vor allem bei sexueller Intimität. Sich verloren fühlend, trat er der britischen Armee bei und fand da irgendwie und vollkommen unerwartet die Lösung für seine sexuellen Probleme.

Indem er über seine Erfahrungen im Ausbildungslager der britischen Armee berichtet, erzählt Styles erneut eine rassifizierte Geschichte der Männlichkeit. Er war der „einzige asiatische Mann in der Truppe und der Kleine-Schwanz-Witz kam schnell". Seine Rassifizierung als schwacher Mann, der ausgetestet und selbst von jenen gemobbt werden muss, die offiziell die Autorität über ihn haben, findet seine Resonanz in den jüngsten Fällen im US-Militär. Ein Beweis für die verbreiteten nationalen Ansichten über die gesellschaftliche Bedeutung asiatisch-amerikanischer Männer ist Private Danny Chen, der beim Militär unbarmherziges rassisches Mobbing erfuhr, das zu seinem Tod führte.[5] In Keni Styles' Fall quälte ihn ein exerzierender Feldwebel jeden Morgen mit besonderer Hingabe und speziellen Torturen. Der Feldwebel „bestrafte ihn mit intensivem Training, auf der Stelle mit hoch angezogenen Knien laufen, Liegestützen, Rumpfbeugen, Kniebeugen und Burpees". Styles transformierte seine körperliche Erfahrung in einen Test mentalen Durchhaltevermögens. Er verschob seine Schmerzschwelle, das nutzend, was er „mentale Vorbereitung" und „Körperkontrolle" nannte, die ihm halfen, den Schmerz jedes Mal länger und länger zu ertragen. Er führte Körperübungen als mentale Übungen aus: gegen seinen „rebellierenden Magen" zu atmen, sich zu konzentrieren, um nicht zu speien, und trotz seiner „brennenden Lungen" weiterzumachen. Das Zusammenkommen von Geist und Körper führte zu dem, was er einen „Sieg, [der] mein Leben veränderte", nennt. Er meint, „Körperkontrolle" wandle sich grundsätzlich zu einer „Kontrolle der Männlichkeit" um, sobald man seine Konzentrationsfähigkeit verbessere.

Dieser Triumph der mentalen Übung bedeutet eine Rückkehr zu sich selbst, die durch das ausschließlich gesellschaftliche Phänomen der Anerkennung durch andere beurteilt wird. Als der Feldwebel sah, dass „er mich nicht brechen konnte", änderte sich ihre Beziehung. Ein „neues Gefühl" und ein „neues Vertrauen" bestärkte und veränderte Styles. Nicht länger in der Unfähigkeit gefangen, seinen eigenen Körper zu kontrollieren, erreicht er einen neutralen Status, einen der meisterhaften Kontrolle, gleich dem, der „den Code zur Pornostar-Ausdauer knackt".

So nutzt Keni Styles seine Rassifizierung als asiatischer Mann, um seinen Triumph in einem Bereich zu zeigen, in dem man selten einen asiatischen, heterosexuellen Mann findet: in der Pornografie und sogar als Star! *Superman Stamina* vereint mentales Training und physische Kraft, um eine Technik zu erschaffen, die Keni verkaufen will. In einem amerikanischen Kontext benutzt er die Position asiatischer Männer in der rassischen Sexhierarchie, um zu sagen, dass es möglich ist, das Unglaublichste zu erreichen: die Welt der Pornostars.

Die gängigen Diskurse über das sexuelle Versagen asiatisch-amerikanischer Männer mobilisierend, animiert Keni Styles sein *Superman-Sta-*

mina-Programm. Anschließend sind seine Erörterungen des sexuellen Erfolgs nicht rassen-, sondern geschlechterbezogen. Erfolgreiche Männlichkeit erreicht man durch sexuelle Fertigkeit. Er beginnt damit, die Bedürfnisse einer einzelnen Frau zu befriedigen. Verschiedene Positionen mit mehreren Frauen ausprobierend, testet er dann seine Selbstkontrolle und entdeckt seine Fähigkeit, „sogar länger zu können", dreißig bis fünfundvierzig Minuten anstatt der anfänglichen sieben Minuten. Obendrein ist er „derjenige, der entscheidet, wann" er kommt, indem er seinen Körper beherrscht, anstatt von ihm beherrscht zu werden. Bei der Lust der Frau geht es nicht so sehr um den Beweis seiner Fertigkeit, sondern um die Anerkennung seiner Kraft, sobald er „es einem Mädel gibt" und er sie im Gegenzug hören kann – „[seinen] Namen schreiend und [seinen] Schwanz vollspritzend".

Sein Erfolg auf der intimen Seite eröffnet ihm eine neue Präsenz in der gesellschaftlichen Welt. Er trifft nicht nur mehr Frauen, sondern spürt auch ihr offensichtliches Verlangen nach ihm als „dem einen Kerl im Raum, der es ihnen im Schlafzimmer richtig besorgen könnte". Er bestätigt seine Identität als „Hengst" und wie „Frauen dies spüren". Und wie sehr er es genießt, dass Frauen „liebend gerne reden", sodass andere von seiner „Supermann-Ausdauer" hören und es „selbst herausfinden" möchten. Doch die höchste Form der Anerkennung findet er, als die begehrenswerteste, heißeste und „Zum-tot-Umfallen schöne" Frau seine sexuelle und somit gesellschaftliche Macht bestätigt. Wenn wir den asiatisch-amerikanischen Kontext des entsexualisierten asiatischen Mannes, der zu sexueller Kraft findet, aufrechterhalten, können wir sehen, dass es die Sicht der begehrenswerten Frau ist, die ihn so sehr bestätigt und wertschätzt, dass er letztendlich davon profitieren kann – in Form eines Lösungspakets für Männlichkeitsprobleme. So wird der Penis ein Erfüllungsgehilfe des Phallus im Sinne einer eher traditionellen, eingeschränkten Definition der Männlichkeit, die die sexuelle Fähigkeit den Legionen von Fraueneroberungen – für Männeraugen eine Heldenhaftigkeit – vorzieht, wie wir im nächsten Beispiel sehen werden.

Styles' neue Großtuerei wird bestärkt durch die Aussage seines besten Freundes Nolan, der sich beklagt, er müsse mit seiner Freundin im

Austausch für Sex schick essen gehen und ihr Geschenke kaufen. Sobald er die *Superman-Stamina*-Techniken einsetzt, bewirken Nolans übliche dreißig Sekunden Vorspiele, dass seine Freundin die Augen „weit aufreißt, mit starrem Mund, als hätte sie einen Geist gesehen [und] dann zu schluchzen anfängt, sich krümmend und schreiend und für fünf Minuten zitternd". Zu Nolans Erschütterung erklärt sie, sie hätte soeben ihren „ersten Orgasmus [überhaupt]!" gehabt. So wird der Triumph zu einem Machtgewinn für Männer, die Frauen befähigen, Lust zu erfahren. Nolan muss seine Freundin nicht mehr für Sex bestechen, sie „bettelt" darum, auch ohne „schicke Geschenke". Styles lässt sich für die „Rettung ihrer Beziehung" und die Einführung einer Geschlechterordnung feiern, die Frauen in die Welt der heterosexuellen Lust versetzt. In dieser neuen, von Post-*Superman-Stamina* angetriebenen Welt können wir eine Geschlechterordnung verzeichnen, in der Männer den Phallus besitzen, den Frauen als Geschenk vergöttern.

Superman Stamina wird als Mittel verkauft, um einen „unfairen Vorteil vor anderen" Männern zu erringen, weil es befähigt „so lange steif zu bleiben, wie du willst; Sex [zu haben], überall und beliebig oft und mehr als ein Mal pro Nacht". Dieses Können bestärkt Männer voraussichtlich, in einer Mitwelt „Vertrauen zu gewinnen", die die Männlichkeit als Fähigkeit wertet, Frauen sexuellen Genuss zu bereiten und mit sexueller Macht über sie zu herrschen, indem sie als Mittel zur Kontrolle von den Männern „mehrfache Orgasmen" bekommen.

Andere Pornostars werden, so Keni Styles, wegen der „Veröffentlichung ihrer Geheimnisse" sauer auf ihn sein. Weit entfernt von der Rassifizierung des schwachen asiatischen Mannes, mit der seine Geschichte begann, bringt Styles plötzlich das Schema dieses „jungen Kerls aus Thailand" auf, der wie „viele andere Jungs" ist, die „Frauen den intensivsten, zehenkräuselndsten Orgasmus bereiten möchten", indem sie seinen „Enthüllungs-Kurs" anbieten. Sein Vorhaben ist es, einen schwachen asiatischen Mann in einen starken zu verwandeln. Er versichert, anderen mit den „streng gehüteten Geheimnissen der Pornostars!" zu helfen, „vorzeitige Ejakulation innerhalb von Tagen zu kurieren": „Knacke den Code, lerne in Minuten und nutze noch heute Nacht" die Methoden zur Ausdauer und Dauer, die „Größe" und

„Tricks" im Wesentlichen schlagen. Er verspricht, du „schaffst es fünfzehn Minuten oder bekommst es gratis!". Schließlich, zur Vermarktung der sexuellen Rassifizierung asiatischer Männer zurückkehrend, baut Styles auf die Geschichte der Schwächeüberwindung als diejenige, die sein *Superman Stamina* verkaufen und glaubhaft machen kann.

Aus dieser indirekten Selbstdarstellung oder der Verwendung seines Andersseins – um ein Selbst zu verkaufen, das Macht ausübt, die für andere zugänglich gemacht werden kann – erwächst in der Populärkultur eine alternative Männlichkeit. Tatsächlich baut er eine Art Macho-Sex auf, der selbst sehr gebend ist, vor allem gegenüber dem jeweiligen Partner. In *Full Metal Jacket* (1987), als die vietnamesische Prostituierte Papillon Soo Soo die Worte „Ich dich lieben lange Zeit!" murmelte, versprach sie eine sexuelle Erfahrung, die das Bedienen des weißen Mannes priorisierte, gleichzeitig als selbstaufopfernde asiatische Frau, die nicht weiß, wie sie aufhören soll, ihn zu lieben, mit einer Bindung ohne Ende drohend.[6] Mit der Ausdauer von Keni Styles' *Superman Stamina* wird die Chance angestrebt, Zugang zu einer Männlichkeit zu erhalten, die Frauen beglückt, um männliche Macht zu erreichen – aber auch, um neue Möglichkeiten für die Beziehungen von Männern zu Frauen zu eröffnen. Seine Geschichte der verachteten Männlichkeit führt über sexuelles Wissen, das neue Beziehungen ermöglicht, zu einer Befreiung aus dieser Position. Er formuliert eine sowohl gewissenhafte als auch aggressive Sexualität, die sich den Sinnesfreuden der Frauen und dem Entstehen neuer rassifizierter Männlichkeiten mittels der Großzügigkeit im Sex widmet.

Keni Styles in Feminist Porn: Tristan Taorminos *Rough Sex 3: Adrianna's Dangerous Mind* (2011)

In Tristan Taorminos Serie *Rough Sex* beginnt jede Szene mit einem Interview mit den DarstellerInnen vor ihrem Auftritt. Während das Interviewformat für Gonzo-Porno Standard ist, ist Tristan Taormino einzigartig in ihrer Fähigkeit, die Subjektposition der weiblichen Schauspielerin innerhalb eines feministischen Rahmens zu zentrieren. Sprich, im Unterschied zum Gonzo-Porno, wo Filmemacher wie Ed Powers das

Interview als Teil der Sexszene nutzen,[7] reißt Tristan Taormino mit AkteurInnen, die ihre eigenen Interpretationen bieten, wahrhaftig die vierte Wand nieder. Grundsätzlich bittet sie alle AkteurInnen, ihr Verständnis von Macht während des Sexualakts zu theoretisieren, insbesondere in puncto „hartem Sex". Auf diese Weise erfassen wir die Bedeutungen von Macht, Kraft und Bewusstheit rund um die Bewilligung anderer, vor allem geschlechtsspezifischer Machtverhältnisse.

Tonangebend in den Interviews ist die Frau als Bezugspunkt hinsichtlich der Artikulierung ihrer Wünsche, Fantasien und Vorstellungen. Die männlichen Darsteller diskutieren ihre Beziehung zu ihr und vor allem ihre Rolle bei der Erfüllung ihrer Gelüste. Star Adriannas weibliche Partner besprechen ebenfalls Themen zu Sex und Geschlecht, z. B. was es für eine Frau bedeutet, an hartem Sex mit einer anderen teilzunehmen. In der Tat ist die Thematik, die für Taorminos Einsatz für ein ethisches, feministisches Filmschaffen spricht, die Erkundung von geschlechtsspezifischen Machtverhältnissen während des Sexualakts. Wir sehen, wie Frauen Genuss an Szenen empfinden, die als Herabwürdigung erscheinen könnten, aber in Wirklichkeit Inszenierungen sind, die genau erforschen, was es bedeutet, sich mit Macht und Machtverhältnissen zu konfrontieren.

In *Rough Sex* ist Einverständnis entscheidend für die Produktion dieser Szenen. Neben dem Einverständnis schafft die Filmemacherin eine ethische und verantwortungsvolle Beziehung zu ihren Darstellern und Darstellerinnen. Die Filmemacherin hört ihren Subjekten aufmerksam zu, besonders ihrer weiblichen Akteurin, weil sie es ist, die die Rahmenbedingungen für die Szenen bestimmt. Der weibliche Star äußert seine Wünsche in Bezug auf Akte, die als pervers und tabu angesehen werden könnten, und Taormino kümmert sich um die konkrete Struktur für die Inszenierung dieser weiblichen Fantasien, ohne zu verurteilen, worin sie besteht. Stattdessen respektiert sie die Darstellerin und lässt sie somit frei aussprechen, was sie sich wünscht. Der höchste ethische Moment ist Taorminos Einsatz für das, was Michel Foucault als die Bedeutsamkeit herausstreicht, die Freiheit der sexuellen Wahl anstatt die Freiheit der sexuellen Akte zu betonen.[8] Die Sexualakte in Taorminos Film sind einvernehmlich, was wörtlich in ihrem Vorspann bestätigt wird. Es gibt kein

Geheimnis bezüglich dieser Vereinbarung zwischen DarstellerInnen, FilmemacherInnen und folglich ZuschauerInnen.

Vor der „Jock"-Szene in *Rough Sex #3* mit Keni Styles in der Hauptrolle erscheint Adrianna für ein Interview, das in der gleichen Umkleidekabine stattfindet, in der ihre sexuellen Fantasien vom „Gruppen-Sex im gemischten Duschraum … mit heißen Jungs, die ins Fitnessstudio gehen", spielen. Im Zwischenschnitt mit Adrianna bestätigt Keni Styles die Anonymität des Sex, wie er in der Szene angelegt ist. Über seine Rolle sprechend, ist er sich der Tatsache bewusst, seine Sexpartnerin nie wiederzusehen. Anschließend beschreibt Adrianna Nat, ihren ersten Filmpartner, als einen mit einem „schönen Gesicht, Lächeln und schönen Augen" – und den sie wirklich mag. Wir wechseln dann zu Nat mit dem schönen Gesicht, Lächeln und den schönen Augen, der sagt, er „mag sie ficken, weil sie gerne fickt". Es ist auffällig, dass in den Interviews vor den Szenen keiner die Bedeutungen und Rollen irgendwelcher rassischer Unterschiede in den von ihnen vorgeführten Sexszenen erwähnt, obwohl die „Jock"-Szene aus der blonden weißen Frau Adrianna, dem großen schwarzen Mann namens Nat, einem kleineren weißen Mann namens Danny, einem kleineren asiatischen Mann Keni und einem weiteren großen Mann, Evan, der weiß ist, gestaltet wird. Stattdessen beschreiben die AkteurInnen ihre jeweiligen Persönlichkeiten und individuellen Fähigkeiten in einer Art farbenblinder Erzählung, die den rassischen Unterschied als Faktor, der die Gruppensexszene auflädt, vermeidet.

Wie wirkt es sich aus, dass die rassischen Unterschiede im Aufbau der Sexszenen nicht diskutiert werden, ob positiv als Möglichkeit, aufzureizen und zu erregen, oder negativ hinsichtlich der Zuschreibung von Perversität? Könnte ein Teil des Kitzels durch den rassischen Unterschied bedingt sein, wie er in der Fantasie der weißen Frau, Sex mit gleichermaßen fitten, aber ethnisch unterschiedlichen Männern zu haben, ausgemalt wird? Kann Begehren dazu führen, Unterschiede zu sehen und das Interesse an den gegenseitigen Unterschieden zu erkunden? Evan äußert, das Einzigartige an Adrianna sei, wie sie „genießt, was sie tut, sodass es leicht ist, da zu arbeiten". Er beschreibt, wie sie „dich anschaut und dich die ganze Zeit fesselt". Ich behaupte, der Blick dient dazu, die andauernden Kämpfe um Rasse und Sexualität in ihrer Konfrontation zu thematisieren, selbst wenn das in der Szene unausgesprochen gelassen wird.

Adrianna führt Keni auf diese Art ein: „Oh, er ist ein netter Mann", während er sie mit viel mehr Einzelheiten beschreibt. Mit seinem coolen Stil und seinem gelassenen Auftreten artikuliert Keni: „Sie liebt Sex und gibt dir das Gefühl, du besäßest den letzten Schwanz der Welt und sie sei die glücklichste Frau, ihn zu bekommen." Neben ihm nickt Danny zustimmend mit dem Kopf. Kenis charmante und geistreiche Ansprache ist kurz, aber prägnant. Wir bemerken, dass er Brite, wenn auch Asiate ist, und selbst dieser Unterschied wird nicht erwähnt, obwohl er bestimmt Teil seiner Anziehungskraft ist. Wir gehen dann weiter zu Evan, den Adrianna ihren „Porno-Freund" nennt. Er erzählt, wie sie „Spaß am Sex hat, wie jemand, der mit seinem Körper im Einklang ist". Obgleich der rassische Unterschied nicht angesprochen wird – allein durch die Erwähnung, dass dies eine wahrlich interessante und gegenwärtig sehr neue Zusammenstellung einer mehrrassigen Besetzung ist, sind sich die Schauspieler beim Anheuern der geschlechtlichen Dynamik von Sex und Macht bewusst, sind aber auch klar mit den sexuellen Aktivitäten, die sie als Wert erachten, gedreht und gesehen zu werden, einverstanden.

Die Politik des Einvernehmens, gerade was die geschlechtsspezifischen Unterschiede der physischen Kraft angeht, tritt aus den vielfältigen Diskussionen zwischen den Porno-AkteurInnen klar hervor. Mit einem Glanz in den Augen schwärmt Adrianna, wie sehr sie es mag, wenn „Kerls mich hart angehen", denn es „ist wie ein Feuerwerk!". Alle Männer beschreiben, sie würden ihre sexuellen Kontakte nicht mit Härte beginnen – Keni beispielsweise meint, er würde gerne reagieren und ihrer Leitung folgen, so als wollte er ermessen, was sie am liebsten mag. Alle drei Darsteller antworten ähnlich, wenn sie sagen: „Ich fange nicht [mit hartem Sex] an, außer das Mädchen mag es." Oder wie Nat meint: „Es ist nicht etwas, was ich beginnen würde, aber wenn sie danach verlangt, genieße ich es." Danny Wylde sagt, er „möchte keine Verletzungen verursachen oder jemandes Haut beschädigen". Er erzählt, eine „Bewusstheit" für Schmerz zu besitzen. „Was harten Sex angeht", sagt er, bevorzuge er ihn als „Teil des Sex und nicht als eine

Aktivität, die außerhalb erfolgen sollte". In der Thematik, die in seinem Gespräch angesprochen wird, steht die Anerkennung der Geschlechter bedeutend mehr im Vordergrund als der rassische Unterschied.

Ich biete aber dennoch eine rassische Interpretation, weil sie eindeutig ein Teil der Handlung ist, speziell in dem, was „von Angesicht zu Angesicht" zwischen ihnen geschieht. Ausgehend von Emmanuel Levinas und seiner Auffassung des Gesichts als Schauplatz der „Unendlichkeit" oder als ein Mysterium, das nie gelöst werden kann, selbst wenn wir Kenntnis von seinen Nuancen erhalten, beobachte ich den Gesichtsausdruck, um die Verbindung zwischen den SexualpartnerInnen aufzuzeigen. Alle Darsteller außer Keni Styles stellen mit Adrianna eine Verbindung von Angesicht zu Angesicht her. Der Unterschied, behaupte ich, veranschaulicht die Bürde der Repräsentanz, die er trägt, indem er den asiatischen Mann vertritt, und zeigt zudem erfolgreich, dass rassisches Anderssein für Asiaten in der Pornografie fortbesteht, selbst im feministischen Porno. Weil er gebunden ist an das, was ich eine Fessel der Erwartungen an einen asiatischen heterosexuellen männlichen Pornostar nenne, sind seine Möglichkeiten begrenzt. Es entsteht eine Herausforderung: Während die Subjektivität der Frau im Mittelpunkt steht, zeigen sich die Unterschiede zwischen den Männern, um uns an die vielfachen Komplexitäten von Macht in sexuellen Szenen, wo Rasse ein dynamischer, noch im Verlauf befindlicher Kampf von Subjektivitäten ist, zu erinnern.

Die Szene beginnt. Ein großer, muskulöser, dunkelhäutiger Mann namens Nat steht vor seinem offenen Spind, fast nackt. Adrianna kommt herein, anscheinend sucht sie die Duschen. Bekleidet in kurzen Shorts und einem dünnen, transparenten T-Shirt, fällt ihr blondes Haar in zwei Zöpfen herab, die ihr Gesicht umrahmen. Das Outfit, das sie trägt, ist ein bildlicher Ausdruck dessen, was sie darstellt: das junge weiße Mädchen mit der unschuldigen Verführungskraft. Er lächelt, sein freundliches Gesicht offen zu ihr gewendet. Sie geht auf ihn zu. Er mustert sie ruhig von oben bis unten, informiert sie, dass sie sich in der Männerumkleide befindet, während er sie berührt und umdreht, um ihren Körper – als sähe er ihn durch die Kleider – besser betrachten zu können. Er verschiebt ihre Shorts, um ihr Gesäß zu enthüllen. Er schaut ihr in die

Augen und sagt, er wüsste, dass sie „etwas anderes sucht". Sie begegnet ihm mit einem Blick, der eindringlich direkt und begierig großäugig ist. Ihr gesamtes Gesicht öffnet sich, um ebenfalls ein Verlangen nach ihm auszudrücken. In diesem Ausdruck gegenseitigen Verlangens küssen und umschlingen sie sich augenblicklich. Er tätschelt ihren Po und sagt, sie werde „nun für eine Weile hierbleiben". Und sie bestätigt, dass sie deswegen „eigentlich hier reingekommen" sei. Sie beginnen ein ausgedehntes Wechselspiel auf der Bank des Umkleideraums, wobei jeder den anderen stimuliert. Sie beugt sich vor, er verschlingt ihren Hintern. Sie sitzt und reitet auf ihm, lächelnd. Es entsteht ein sehr persönlicher Austausch zwischen ihnen und er geschieht über die Augen. Während sie masturbiert, suchen ihre Augen seine, um eine Verbindung herzustellen. Ihre Aktionen enthüllen, wie Berührung Genuss erzeugt, und ihre Augen bestätigen es in den ausgetauschten Blicken, während sie wild wird – äußerst ersichtlich aus ihrem Gesicht und den zerzausten Haarsträhnen. Sie wird ihn weiterhin anschauen, selbst als die Positionen sich ändern. Sie schwitzen zusehends und er ist besonders durchgeweicht. Von seinem Gesicht ergießen sich kleine Ströme von Nässe. Als er sie in der Dusche vorbeugt, zieht er an ihren Haaren, sodass ihr Gesicht ihm zugewendet ist. Dann biegt sie ihren Arm nach hinten und dreht sich um, um einen wilden Blick auszutauschen. Sie beißen beide die Zähne zusammen, die Kraft vorführend, die sie füreinander aufwenden. Die Interviews hatten recht: Adrianna fesselt sie Auge in Auge mit etwas, was vielleicht das charakteristischste Element der Sexszene ist.

Im Unterschied zu den ausbeuterischen und karikierten Darstellungen schwarzer Männer in der von Gail Dines diskutierten Pornografie ist das sexuelle Wechselspiel zwischen Nat und Adrianna erheblich anders.[9] Sie fesseln einander von Angesicht zu Angesicht im Sinne einer gemeinsamen genussvollen Erfahrung. Allerdings haben wir hier auch eine Bevorzugung des Kontakts zwischen dem schwarzen Mann und der weißen Frau als der wichtigsten sexuellen Beziehung. Sie beansprucht die meiste Zeit und Aufmerksamkeit und ist zudem auch die erste. Die weiße Frau und der asiatische Mann genießen die kürzeste Zeit miteinander, was zeigt, dass in diesem Werk eine gewisse Rassenpolitik existiert und fortbesteht.

Während Nat und Adrianna vorgebeugt sind und an der Fliesenabsperrung der Dusche lehnen, kommen Keni und Danny herein, angezogen in Boxershorts und mit Handschuhen in den Händen. Es ist Adriannas Gesicht, das die beiden Boxer sehen, als sie den Umkleideraum betreten. Ihr Gesichtsausdruck kann als so unverhohlen und in seinem sexuell bedingten Genuss so offen beschrieben werden, dass ihr Blick sie wie eine Einladung trifft. Nat und Adrianna lösen sich voneinander und er verlässt den Umkleideraum. Sie liegt allein auf der Bank, als die Boxer, zwei kleinere Männer, über ihr stehen, ihre Penisse nahe an ihr Gesicht haltend, während sie ihren Genitalschutz abstreifen.

Ein Interview mit den AkteurInnen unterbricht die Szene, um uns an deren Aufbau als eine Fantasie zu erinnern. Danny Wylde sagt: „Dies würde im richtigen Leben nicht passieren. Wenn ich da hereinkommen und sie nicht kennen würde, würde ich echt lauthals zu lachen anfangen. Ich weiß nicht, ob ich mitmachen würde." Keni Styles meint, er werde „visuell erregt". Und die Stimme der Regisseurin bestätigt aus dem Off: „Du siehst gerne zu." Adrianna sagt, einem Mann zuzusehen, der „abseits steht und wichst, ist supergeil".

Zurück in der Szene, zieht Keni Adrianna unter die Dusche und sie nimmt sich gleich viel Zeit, um beide Darsteller zu befriedigen, indem sie ihre Penisse mit ihrem Mund oder ihren Händen massiert. Danny, der weiße Schauspieler, penetriert sie zuerst. Er stellt ihr Bein gegen die Wand auf und versohlt sie. Als sie ficken, bewegt sich Keni weg von der Szene, während er sich selbst stimuliert. Im Kontext einer geschichtlichen Darstellung, die weiße Männer in den Mittelpunkt und asiatische Männer an den Rand stellt, wie ich in *Straitjacket Sexualities* argumentiere,[10] ist die Bedeutung von Kenis sekundärer Rolle in dieser Szene Teil einer filmischen Tradition, die viel größer und älter als die Pornografie ist. Sie sucht nach ihm, streckt sich nach ihm zur Seite der Bildfläche hin. Der weiße Mann drückt in seinem häufigen „Oh mein Gott"-Murmeln eine Art Überwältigtsein von ihr aus. Sie wird wilder mit ihm, während sie ihren Kopf zurück auf den Boden lehnt, und er reißt fast an ihren Brüsten, als sie ihre Beine öffnet. Er dreht sich um und verlangt, sie solle sich auf seinen Schwanz setzen, während er flach auf dem Boden der Dusche liegt.

Wir denken, Keni Styles ist nicht mehr in der Szene, aber er taucht erneut auf. Dieses Mal sitzt er am Boden, an der Wand, mit gespreizten Beinen onanierend. Die Szene entwickelt sich wie in Echtzeit, als ob sie einfangen wollte, dass Erregung Zeit braucht. Danny und Adrianna gehen von genüsslichem Grunzen zu Gelächter über. Sie teilen mehrere intensive Momente von Angesicht zu Angesicht, wie Küssen, Lachen oder Ausdrücke der Hingabe. Keni verschwindet erneut, und indem er das tut, macht er den ihm fehlenden Angesicht-zu-Angesicht-Kontakt in seiner Beziehung zu ihr offenkundig. Danny küsst Adrianna, während sie sich ansehen, selbst als er von hinten in sie eindringt. Ihre Augen öffnen sich extrem weit. Während ihre Gespräche hauptsächlich füreinander bestimmt sind, da die Filmemacherin kein Mikrofon verwendet, um ihr Flüstern zu übertragen, konstatiert Danny, „du verdienst es, mein Sperma ins Gesicht zu bekommen", was sie bereitwillig akzeptiert. Nach dem Money Shot wird die Ruhe von Keni Styles unterbrochen, der hereineilt und sich über sie stellt, sich schon erigiert zeigend.

Die Sexszene mit Keni und Adrianna dauert eine Minute. Er legt sich auf den Boden und fickt sie sofort. Er spreizt sie beinahe, als ob sie ein Paar Scheren wären, mit ihren beiden Köpfen auf gegenüberliegenden Seiten. Dann bewegt er sie, zieht an ihrem Haar, um ihr Gesicht von ihm weggedreht zu zeigen, sodass sie ihn immer noch nicht ansieht. Er kommt kurz danach über ihr ganzes Gesicht und hält den Penis über ihren Mund, damit sie seine Tropfen auffängt, während sie vor ihm kniet. Auffallend hier ist die Kürze des Geschlechtsverkehrs mit dem asiatischen Mann und das Fehlen eines direkten Augenkontakts mit der Frau, während die beiden anderen Männer, die ihm vorausgehen, ein schwarzer und ein weißer, und selbst der eine danach eine viel längere Begegnung mit ihr genießen, mit einem ausgedehnten Augen- und Gesichtskontakt. Wir können diese Szene mit Keni als dem „Ein-Minuten-Mann" als Beweis für den sekundären Status asiatischer Männer im Vergleich zu schwarzen und weißen Männern in der Pornografie deuten, insbesondere im Zusammenhang mit *Superman Stamina*. Seine Unfähigkeit hier und jetzt könnte jedoch viele Ursachen haben, einschließlich des Drucks, als der asiatische heterosexuelle Penis im Porno aufzutreten.

Das letzte sexuelle Paar in dieser Gruppenszene gibt sich ebenfalls unterschiedlich. Es entsteht ein wahres Gespräch. Nachdem Keni gegangen ist, lehnt sich Adrianna an die Duschwand zurück, mit Sperma im Gesicht und im Haar. Die Kamera schwenkt, um Evan unter der Dusche zu zeigen, der sie anschaut. Er stellt beiläufig die rhetorische Frage: „Harter Tag im Studio?" Und sie kontert: „Ich bin noch nicht fertig mit dem Training", was als Einladung gilt, ihr Treffen zu vertiefen, und einschließt, dass er sie sauber macht und sie mehr Sex hat. Wie der weiße Danny und der schwarze Nat stellt dieser weiße Mann Evan den Kontakt mit der weißen Frau auf der Gesichts- und Konversationsebene her. Sie sehen sich an und achten darauf, was der andere sagt, indem sie einen Schlagabtausch bezüglich der Fantasie selbst entwickeln, selbst als er mithilft, sie zu realisieren.

Wie bewerten wir die Arbeit von Keni Styles im Zusammenhang mit den anderen drei Sexszenen in „Jock", insbesondere was die Kürze der Sexszene asiatischer Mann/weiße Frau angeht? Wir können diese auf zahlreiche Arten interpretieren – wie der Verwendung von Rassen und der Sichtbarkeit von rassischen Unterschieden als einen Brennpunkt der Analyse. Und es ist eine wichtige Enthüllung, da Pornografie kein Ort ist, an dem Rassenpolitik sich auflöst. Es enthüllt, wie Ungleichheiten existieren, ob in Form von Bildschirmzeit oder der Intensität einer Sexszene. Oder wir können auf eine rassische Deutung verzichten und sagen, Keni Styles sei einfach nicht so sehr auf sie abgefahren. In *Rough Sex* wählt die weibliche Darstellerin ihre Partner und legt die Grenzen ihrer Szenen fest. In diesem Kontext können wir die nicht rassische Deutung der unpassenden Chemie – seiner oder sogar ihrer fehlenden Anziehungskraft – hervorholen. Dies war im Grunde genommen auch die einzige wirkliche Gruppenszene des „Jock"-Programms. Eine nicht rassische Deutung ist tatsächlich produktiv, jedoch würde ein solcher Deuter die Intensität der Beziehung zwischen Adrianna und ihren Sexpartnern ignorieren, außer mit Keni – den sie gewählt hatte! Auf diese Weise wirkt Rasse in einer solch schwer festzumachenden und doch enthüllenden Art beim Verständnis dessen, was in dieser Szene geschieht.

Mein Kriterium des direkten Augenkontakts bei der Beurteilung des Sexualakts beabsichtigt nicht, die Ziele des feministischen Pornos einzugrenzen, der neue Genüsse in all seinen unzähligen Formen einführen und ausweiten will. Aber ich bezeichne das Fehlen des Augenkontakts als eine entscheidende Möglichkeit, das Fehlen der Subjektivität des asiatischen Mannes in der Pornografie – und nicht nur den Penis – zu messen. Adriannas Augenkontakt mit drei der Männer garantiert eine Intensität, die die Szene belebt und in kurzen Momenten die Distanz aufzeigt, die asiatische Männer in Bezug auf weiße Frauen haben. Emmanuel Levinas spricht über Eros nicht als „Besitz und Macht" über andere, sondern als eine Art Kommunikation zwischen Identitäten, die „weder ein Kampf noch eine Verschmelzung noch ein Wissen [ist]. Man muss seinen einzigartigen Platz unter den Beziehungen erkennen. Er ist die Beziehung zum Anderssein, zum Mysterium, sprich, zur Zukunft."[11] Hier privilegiert Levinas die erotischen Beziehungen als einen Ort, an dem wir unsere Beziehungen zu anderen verstehen können – sogar unsere intimsten Beziehungen, wo er behauptet, dass wir allein seien. Sein Verständnis des Alleinseins des Selbst ist weiter gefasst. Und indem er das Gesicht als den Vermittler unverhüllter Emotionen bevorrechtigt, bedeutet das Fehlen des Augenkontakts eine Art von Verschwinden. Umfasst *allein* dann die Art, wie Keni Styles vom Sex verschwindet und wie er, als er zur Szene zurückkehrt, nur eine Minute auftritt, sich über sein Versprechen, dass er wüsste, wie man lange kann, hinwegsetzend?

Ist Isolation für Keni Styles, der sich im Bild rein- und rausbewegt, als Adrianna mit einem anderen Mann zusammen ist, eine Wahl? Es ist hier wichtig, die freie Handlungsentscheidung des Darstellers zu betonen, weil er derjenige ist, der sich aus der Szene fortbewegt. Zu Beginn ihrer Ménage-à-trois entsteht eine Art chancengleicher sexueller Austausch, im entscheidenden Moment jedoch geht er. Er verlässt buchstäblich die Szene, obwohl er weiterhin in der Szene willkommen ist. Adrianna würde seine weitere Anwesenheit begrüßen, wie durch ihre auffordernde Geste, zurückzukommen, bewiesen wird. In den Interviews bespricht Danny, wie heiß es sei, einen anderen Mann und eine andere Frau miteinander zu sehen, wenn er selbst aus den Gruppenszenen heraustrete. Sex kann hier nur im Sinne der Bürde der Erwartung einsam sein, die Keni Styles als einziger asiatischer Mann in der Szene und in der breiteren Pornografie-Industrie empfinden könnte. Oder es könnte der

Umstand sein, dass er beiseitetreten muss, weil der weiße Mann sie zuerst penetriert, er also abrücken muss. Oder einmal mehr, könnte es für ihn nicht anziehend sein, zu bleiben. Er verweilt, onanierend. Ihre Gesichter bleiben konzentriert auf das Nehmen und Geben von Lust. Und er greift nach ihr und stimuliert sie, während sie Danny oralen Sex gibt. Bedeutet Kenis Weggehen die Akzeptanz einer Art rassischer Hierarchie? Ich halte dies nicht für die einzige Option.

Falls wir das Argument akzeptieren, können wir die Einsamkeit der Figur selbst in den Sex-Verwicklungen sehen. Wir können sein Weggehen auch als Hinweis auf seine Distanzierung deuten – ob als Europäer oder Asiate, der es für wichtig hält, nicht auf seine Rasse hinzuweisen, selbst wenn sie sehr eindeutig ist. Welche Annehmlichkeiten und Vertrautheiten werden in den weißen und schwarzen Paarungen mit der weißen Frau vermittelt? Ist Keni in solche Vertrautheiten nicht eingeweiht? Um es klar zu sagen, es fehlt eine Porno-Tradition, die Paarungen zwischen weißen Frauen und asiatischen Männern zeigt. Wenn Nats Szene von der Tradition des ausbeuterischen Sex zwischen schwarzen Männern und weißen Frauen abweicht, generiert Keni jedes Mal, wenn er auftritt, Tradition? Und wie steht's mit dem Zuschauer? Der dunkelhäutige Keni mit dem britischen Akzent und dem kleinwüchsigen, fitten Körper – wie passt er in das Repertoire der Körper, die wir zu sehen gewohnt sind? Diese Fragen, einmal gestellt, kontrollieren die andauernde Dynamik, die unsere Wahrnehmung über aktuell fortbestehende rassische Unterschiede informiert – bewiesen durch den einzigartigen Fall von Keni Styles als dem prominentesten, wenn nicht einzigen asiatischen männlichen Darsteller in der amerikanischen heterosexuellen Pornografie, der ganz gewiss nicht nur mit der Fessel der Repräsentation, sondern auch mit der der Erwartung konfrontiert ist. Falls wir hier Richard Fungs Methode folgen würden, hätten wir mehr Vielfalt und mehr Repräsentation. Höhere Zahlen würden die Bürde, ganze Volksgruppen zu vertreten, sicherlich erleichtern. Keni Styles' Darbietung in dieser Szene steht nicht für das Versagen aller asiatischer Männer, sie wirft aber nicht nur das Problem der Repräsentation, sondern auch das der Erwartung auf.

In einem stilistischen Einverständnis mit der Fähigkeit des Kinos, Türen und Fenster zur Existenz zu bieten, können wir – indem wir die Gesichter der DarstellerInnen während der Sexfreuden und der Agonie des Orgasmus betrachten – auch die Türen und Fenster zur rassischen Bedeutung intimer Beziehungen öffnen? Schließlich können wir sehen, dass feministischer Porno die Subjektivität der Frauen bevorzugt. Wie ändern sich Rassenbedeutungen in deren Beziehung zu einer mehrrassigen männlichen Besetzung? Und wie werden in der Erklärung zum Engagement des feministischen Pornos, Verschiedenartigkeit abzubilden, die andauernden Kämpfe um Rassen und ethnische Unterschiede in sexuellen Beziehungen erfasst? Können sie uns helfen, die Rassenpolitik sexueller Lust aufzuzeigen? Und wie kann ein ethisches Filmschaffen die Dramen – nicht nur des Geschlechts, sondern auch der Rasse – beilegen?

Letztendlich entdecken wir dann, dass feministischer Porno kein utopischer Ort für die Repräsentation von Rassen ist. Im Prozess der Erneuerung von Pornografie – was durch die Fokussierung auf die komplexen Subjektivitäten der Frau geschieht, wie bei der Interview-Methode in Tristan Taorminos *Rough Sex* – zeigt feministische Pornografie die Grenzen der rassischen Repräsentation und speziell die Bürde der Erwartungen, die Styles zu tragen hat. Wir sehen die ethnischen Hierarchien, die in Adriannas Gespräch über ihre Fantasie nicht angesprochen werden. Wir sehen, wie sich rassifizierte Dynamiken entwickeln, selbst wenn sie unausgesprochen bleiben. Verbal ist Rasse in ihrer Beschreibung des schwarzen Mannes mit dem „schönen Gesicht, Lächeln und den schönen Augen" – oder in seiner Beschreibung, wie sehr sie „Sex mag" – nicht vorhanden. Ob rassische Unterschiede diskutiert werden oder nicht, Bedeutungsgehalte können und sollten abgeleitet werden. Die Arbeit und Präsenz von Keni Styles zu untersuchen hilft, den Prozess der Rassifizierung, der selbst im feministischen Porno fortbesteht, zu erkennen. In *Superman Stamina* definiert er Männlichkeit als Investition in die Neudefinierung männlicher Kraft als eine gebende. Und in *Rough Sex #3: Adrianna's Dangerous Mind* kann eine einminütige Darbietung die asiatischen Männer erneut in eine ach so mangelhafte Männlichkeit einreihen – wenn wir die Szene mit einer radikalen Lupe betrachten. In beiden übertreffen Keni Styles' Darbietungen die Beurteilungen über die Diskriminierung ethnischer Subjekte im anti-feministischen Porno. Jedes dieser Beispiele zeigt eine unbehagliche Beziehung zur heteronormativen Männlichkeit. Solch eine Feststellung fordert uns, die wir im feministischen Porno arbeiten, heraus, weiterhin Wege zu finden, um über die Rolle der Rasse in der Pornografie zu sprechen. Was wir wirklich lernen, indem wir Keni Styles' Arbeit sowohl in *Superman Stamina* als auch in *Rough Sex #3* untersuchen, ist, dass er eine unfaire Bürde der Erwartungen trägt. Wir lernen auch, dass jede pauschale Beurteilung des in der Pornografie vorhandenen Rassismus nicht die aufregenden und verheißungsvollen Möglichkeiten erfasst, ethnische Subjekte in der Pornografie mit der Macht und Strategie der Sexualität kämpfen zu sehen.

Anmerkung der Autorin: Dank an Juno Parreñas und meine Mitherausgeberinnen für das Lesen und ihre Hilfe, mit ihren genauen Auslegungen, Nachfragen und Erkenntnissen dieses Essay zu verbessern.

Anmerkungen

1 Richard Fung, „Looking for My Penis", in: *How Do I Look?: Queer Film and Video*, Hg. Bad Object Choices (Seattle: Bay Press, 1991).
2 Hoang Tan Nguyen, *Forever Bottom!* (San Francisco: Frameline, 1999), DVD.
3 Melissa Farley, „Prostitution, Trafficking, and Cultural Amnesia: What We Must Not Know in Order To Keep the Business of Sexual Exploitation Running Smoothly", *Yale Journal of Law and Feminism* 18, Nr. 2 (2006).
4 J. O'Higgins, „Sexual Choice, Sexual Act: An Interview with Michel Foucault (1982)", in: *Foucault Live: Collected Interviews 1961–1984*, 2. Aufl., Hg. Sylvere Loringer (Los Angeles: Semiotext(e), 1996), 322–334.
5 Deepti Hajela, „Chen Case: Asian American Troops Endure Bias", Military.com, 20. Februar 2012, http://www.military.com/news/article/chen-case-asian-american-troops-endure-bias.html.
6 Celine Parreñas Shimizu, *The Hypersexuality of Race: Performing Asian/American Women on Screen and Scene* (Durham: Duke University Press, 2007).
7 *More Dirty Debutantes #101*, Regie Ed Powers (4-Play Video, 1999), DVD.
8 „Sexual Choice, Sexual Act", 322–334.
9 Gail Dines, „The White Man's Burden: Gonzo Pornography and the Construction of Black Masculinity", *Yale Journal of Law and Feminism* 18, Nr. 1 (2006), 283–297.

10 Celine Parreñas Shimizu, *Straitjacket Sexualities: Unbinding Asian American Manhoods in the Movies* (Stanford: Stanford University Press, 2012).

11 Emmanuel Levinas, *Ethics and Infinity: Conversations with Philippe Nemo*, Übers. Richard A. Cohen (Pittsburgh: Duquesne University Press, 1985), 68.

Interesse an Schwänzen: Penetration und die Lust der Transmänner im feministischen Porno

Bobby Noble

Bobby Noble ist Assistenzprofessor an der York University in Toronto, Kanada, in den Fachbereichen Englisch und „sex studies". Seine Studien konzentrieren sich auf Transgender, Maskulinität und feministische Pornos als Teil seiner „cultural studies". Er hat zwei Monografien verfasst: *Sons of the Movement: FtMs Risking Incoherence on a Post-Queer Cultural Landscape* und *Masculinities Without Men?: Female Masculinity in Twentieth Century Fictions.*

Die Arbeit in diesem Essay basiert auf dem neu gegründeten Feminist Porn Archive and Research Project. Dabei handelt es sich um eine mit öffentlichen Mitteln finanzierte, dreijährige kanadische Studie über die Kultur feministischer Pornos und die Gründung eines Archivs für feministische Pornos. Pornografie wurde im Feminismus kontrovers diskutiert, feministischer Porno rückte jedoch in den späteren Jahrzehnten des zwanzigsten Jahrhunderts als Produkt – und als Intervention – vieler dieser Diskussionen ins Blickfeld. Produktion und Konsum feministischer Pornos schreibt sich nicht nur die weibliche sexuelle Lust auf die Fahnen, sondern konfiguriert auch die Sexualität von Transmaskulinität innerhalb ihres Gegenpublikums neu. Dieser Essay hat die komplexe geschlechtliche Lust als Teil seines zweifachen Brennpunkts zum Gegenstand. Zuerst einmal analysiert er feministischen Porno als ein Archiv des Wissens – das heißt, er argumentiert dahingehend, dass feministischer Porno selbst eine Methodologie der Produktion von Wissen und des Wissens ist – und als solcher dem klassifizierenden Prozess ein Dorn im Auge – der Pornografie in einem geheimen Museum eingesperrt hat, einem imaginären Ort der Gefahren, wie es Walter Kendrick formuliert, zu dem manche Zugang haben, vor dem wieder andere (meist Frauen und Kinder) beschützt werden müssen.[1] Kendrick argumentiert, dass Pornografie weniger ein Ding und mehr eine Idee oder „Gedankenstruktur" ist, eine Sammlung von Prozessen, die um Objekte kreisen, die wenig miteinander gemein haben, aber durch klassifizierende, diskursive und definierende Praktiken erkennbar gemacht werden. Dieses Projekt stellt auch die Frage, inwieweit feministische Pornografie eine Kampfansage an die Vorstellungen von Pornografie ist, Sexualität und Geschlecht, wie sie vom feministischen Fundamentalismus vertreten werden. Mit Fundamentalismus meine ich eine Reihe feministischer Praktiken, die in ihrer Wirkung auf seltsame Weise mit sozialen, moralischen und biologisch koerziven Normalisierungen übereinstimmen.

Die Art, wie feministischer Porno Maskulinität angreift, ist das zweite Thema dieses Essays: Wenn man über die Kultur feministischer Pornos nicht nur durch methodologische Arbeit theoretisieren kann, sondern *als* methodologische Arbeit, wie verändert dies das, was man wissen – und unterschiedlich wissen – kann, und zwar nicht nur über Frauen im Porno, sondern über das schwer fassbare und stumme Subjekt, das doch angeblich ganz im Vordergrund steht: Maskulinität im Porno? Dieser Essay fragt: Wie werden transmaskuline Körper dargestellt und erfahrbar gemacht? Trans-, Butch- und FTM-Körper werden zu extrem bedeutsamen Angelpunkten im komplexen Nexus von feministischem Porno und seinen Maskulinitäten. Jüngste Porträts von Transmaskulinitäten verwenden eine gegenöffentliche und potenziell Post-Porno-Praxis, die ich *transing* nenne. Diese Darbietungen haben sowohl Maskulinitäten wie auch den Porno selbst vom heteronormativen, männlichen, phallischen Körper und dem visuellen Spektakel des „money shot" *getranst* oder deterritorialisiert. Sie produzieren die Verbreitung von Lust über denatuarilisierte Körper des Begehrens und Stätten geschlechterabhängiger Lust in Darbietung, Produktion und Rezeption. Um diese Deterritorialisierungen zu erkennen, analysiere ich zuerst die höchst ambivalenten Schilderungen von Maskulinität in den Werken eines Anti-Porno-Feministen, Robert Jensen.[2] Danach vergleiche ich diese Schilderungen mit zwei verschiedenen Darstellungen von FTM-Sex-Kulturen.

Die erste ist der Dokumentarfilm *The Butch Mystique* von Debra A. Wilson.[3] Zwei weitere Beispiele feministischer Doku-Pornos werden analysiert: *Linda/Les and Annie* von Annie Sprinkle; und Luke Woodwards *Enough Man*, um anzudeuten, dass *trans-formierte* maskuline Freuden und ihre Ausstreuung über die Inkohärenz von Trans-Körpern eine neue feministische Porno-Sexualgrammatik kristallisiert haben, die maskuline Sexualität rekonfiguriert.[4] Um diese neue Grammatik epistemologisch signifikant zu machen, mussten drei zusammenhängende Fragenkomplexe gestellt werden: Wie sieht feministische maskuline Sexualität aus? Welches sind ihre affektiven Ökonomien? Wie kommt es, dass feministische Pornos – rund dreißig Jahre nach den unrühmlichen Feministischer-Porno-Kriegen – nicht nur eine Möglichkeit geworden sind, transmaskuline Sexualität auf produktive Weise darzustellen, sondern ein mächtiger Gesprächspartner und Champion?

1 Penetration feministischer Maskulinitäten

Das Verlangen der Maskulinität im Porno und nach Porno stellen eine signifikante Herausforderung dar, die unmittelbare Nähe von „feministisch" und „Porno" anders als mit Misstrauen zu betrachten. Fundamentalistische Feminismen, die strikt gegen Porno sind, wie etwa Andrea Dworkin und Catherine MacKinnon, aber auch die zeitgenössischen Anti-Porno-KreuzzüglerInnen Gail Dines und Robert Jensen, stufen Maskulinität und ihr Verlangen grundsätzlich als gefährlich und essenziell pornografisch ein – das heißt, von Natur aus ausbeuterisch, versachlichend, gefährlich und brutal.[5] Robert Jensen, der rund dreißig Jahre nach Andrea Dworkin schreibt, bringt diese Struktur des Fühlens auf den neuesten Stand. Er wendet dieselben rhetorischen Strategien an, die Dworkin in Gang gebracht hat, und greift in seiner Ökonomie der Kritik am häufigsten auf einen (eingebildeten) meinungsfreien dokumentarischen Realismus zurück, dem Maskulinität nur dazu dient, zu unterstreichen, wie brutal Sex für Frauen im Porno ist. Einer der primären Effekte dieses rhetorischen Stils ist ein zutiefst ironischer Standpunkt-Essenzialismus, der sowohl die Pornografie konsumiert, die er anprangert, als auch einer selbstbestrafenden, selbstbevormundenden und moralischen Panik über Maskulinität selbst Vorschub leistet. In *Getting Off: Pornography and the End of Masculinity* (2007), seinem Buch über Maskulinität und Porno, begründet Jensen sein Argument genau mit so einer Behauptung, wenn er versichert: „Ich bekomme Erektionen bei Pornografie. Das halte ich für epistemologisch signifikant; mein Körper begreift die Ladung der Pornografie. Da ich in einer sexistischen Kultur aufgewachsen bin, in der es wenige (wenn überhaupt) Einflüsse gab, die diesen Sexismus gemildert hätten, bin ich in einer Position, zu erforschen, wie diese Ladung mit der Ideologie männlicher Dominanz und weiblicher Unterwerfung verbunden ist, die der zeitgenössischen kommerziellen Pornografie ihre Struktur gibt."[6]

Die Strategie, Pornografie durch die Linse des dokumentarischen Realismus zu sehen, wird in Jensens gesamtem Text deutlich, den er dem Andenken an Dworkin gewidmet hat. Jensen spricht das Offensichtliche aus, dass es einen wachsenden Zusammenhang zwischen Kapitalismus und Pornografie gibt, und verkündet imperativ, dass man Maskulinität nicht von sich selbst befreien kann; man muss sie stattdessen zerstören. In Jensens Worten: „Eine Reaktion auf diese toxische Maskulinität waren Versuche, neu zu definieren, was es bedeutet, ein Mann zu sein, eine gütigere und sanftere Maskulinität zu schaffen, die für Frauen und Kinder nicht so eine große Bedrohung darstellt und lebenswerter für Männer ist. Doch ein solcher Schritt ist unzureichend; unser Ziel sollte nicht sein, Maskulinität neu zu formen, sondern zu eliminieren."[7] Der Gebrauch des Wortes „eliminieren" an dieser Stelle ist extrem vielsagend. *Eliminieren* leitet sich vom lateinischen *eliminatus* ab, was „zur Tür hinausgeworfen werden" oder „über eine Schwelle" bedeutet – was sich auch wiedergeben ließe mit: etwas beenden; zu töten, zu zerstören oder etwas oder jemanden unwirksam zu machen; zu besiegen und einen Spieler oder ein Team aus dem Wettkampf zu nehmen; etwas als irrelevant oder unwichtig zu entfernen; und interessanterweise und keinesfalls zuletzt, Abfallprodukte aus dem Körper auszuscheiden. Das ist seltsam. Mit seiner Rhetorik der Eliminierung schlägt Jensen teilweise vor, dass man nicht nur von dem Wunsch ablassen sollte, Maskulinität neu zu konstruieren – was er als unzureichende Reaktion bezeichnet –, sondern dass Maskulinität stattdessen vollkommen zerstört, entfernt, abgetötet und als Abfall ausgeschieden werden sollte. Natürlich wird die Behauptung durch die Teleologien und Tautologien in Jensens Logik unterstützt: „Ich bekomme Erektionen bei Pornografie. Das halte ich für epistemologisch signifikant." Jensen schlussfolgert zwei Punkte über den männlichen Körper: Erstens, seine Reaktionen sind unwillkürlich; und zweitens, dass diese Reaktionen für sich ein A-priori-Beweis für elende, unauflösliche Sträflichkeit und Schuld sind. Nicht-mitschuldige Maskulinität bleibt undenkbar.

Solche körperlichen Selbstbeweise und Verwerflichkeit sind genau das, wovor Judith Butler in ihrem Werk warnt, während sie gleichzeitig die Vitalität des Undenkbaren auf andere Weise und mit anderen Worten anerkennt. Jensen, Dworkin und Butler schreiben alle über den unmöglichen Körper als Effekt heteronormativer Hegemonien, aber Butlers Konstruktion der Verkörperung unterscheidet sich von der Jensens. Während er einen Körper schildert, der konstruiert wird durch seinen überdeterminierten biologischen Zwang, einen Trieb, Weiblichkeit zu besetzen und zu zerstören, um eine normalisierte Männlichkeit zu erreichen, ist der Körper für Butler der Effekt normativer sozialer Prozesse und kann seinerseits „die Norm auf Myriaden Weisen besetzen, die Norm übertreffen, die Norm überarbeiten und bloßlegen, dass Realitäten, die wir für unumstößlich hielten, offen für Veränderungen sind".[8] Mit anderen Worten, wo Materie für Jensen keine Möglichkeit des Exzesses schreiben darf, sieht Butler in der Reartikulation einen grundsätzlichen Teil, weswegen Materie in Exzess bewohnt sein und zusammenhanglos für Theorie und Politik sein muss. „Körper sind nicht", schreibt Butler, „als räumliche Gegebenheiten bewohnt. Sie sind in ihrer Räumlichkeit auch unterwegs in der Zeit: altern, verändern die Form, verändern die Bedeutung – abhängig von ihren Interaktionen – und das Netz visueller, diskursiver und taktiler Beziehungen, die Teil ihrer Historizität werden; ihrer konstitutiven Vergangenheit, Gegenwart und Zukunft."[9] Was vis-à-vis von Jensens Reartikulation von Anti-Pornografie-Feminismus und Maskulinität herauskommt, ist das genaue Gegenteil von dem, was Butler zu kartografieren versucht. Bei Jensen haben wir einen Strom des Affekts, der nicht nur in Mimesis fußt, oder eine Vermutung von Realismus ohne Mediation. Stattdessen ist es ein relational (als Mediation zwischen Text und Publikum) produzierter Affekt, ein Affekt, der auch heftig damit infiziert ist, dass er Maskulinität durch problematische und sehr begrenzte Subjektpositionen konstituiert: der einzige feministische Affekt, der Maskulinität zur Verfügung steht, ist Selbstbestrafung, Verzweiflung und schwächendes Pathos. Jensen punktuiert und performt dieses Pathos in seinem gesamten Text, indem er lamentiert: „Ich bin traurig. Es scheint, als gäbe es nur sehr wenige Auswege" für eine Maskulinität, die im schuldigen männlichen Körper gefangen ist und für die Eliminierung die einzige Erlösung darstellt.[10] Wenn Sara Ahmed recht hat, wenn sie postuliert, dass Affekt nichts ist, das natürlich oder organisch aus dem individuellen Körper strömt, sondern den sozialen Körper zusammenhält oder bindet, dann müssen wir fragen, was ist der Affekt feministischer Maskulinität im individuellen und sozialen Körper im feministischen Porno?[11]

2 Female-to-Male-Transmänner: Lustspiegelungen der Maskulinität an der Penetration

Mit bemerkenswerten Ausnahmen sind explizite sexuelle Abbildungen von FTM-Transkörpern bis in jüngste Zeit selten und weit verstreut gewesen. Noch obskurer, jedenfalls in einem öffentlichen, darstellerischen Sinn, sind diese Körper als sexuelle Körper. Wenn, wie ich unlängst argumentiert habe, FTM-Transmänner eine Stätte politischer und körperlicher Inkohärenz sind, wo verkörperter Sex, Geschlechterpräsentation, erotische Objektwahl und rund um Geschlechtsakte organisiertes Verlangen nicht normativ oder innerhalb von Gittern der Verständlichkeit ausgerichtet sind, könnten ebendiese Körper dann nicht gleichermaßen produktiv sein als Stätten maskuliner und femininer Sexualitäten?

Gelehrte, die sich mit feministischem Porno beschäftigen, sollten der zunehmenden Präsenz von FTM-Transmännern in feministischen Pornokreisen Beachtung schenken. In gewisser Weise waren Transmännerkörper immer Bestandteil der feministischen Post-Porno-Kulturen. Der Ausdruck „Post-Porno" wurde bereits durch zwei unterschiedliche Produktionskreise mit unterschiedlichen Geschichten in Umlauf gebracht: einmal durch die Sexarbeiterin Annie Sprinkle, die vor der selbsterklärten zeitgenössischen feministischen Pornokultur kam; und einmal durch Transporno-KünstlerInnen wie jenen, die in diesem Projekt dokumentiert werden. Dass sich diese Kreise in Transkörpern im zeitgenössischen Porno überschneiden, ist kein Zufall. Annie Sprinkle beginnt, diese *Post*-Temporalitäten feministischen Pornos zu formen, als sie sich – lange bevor die eigenlobigen Praktiken feministischer Porno-KünstlerInnen überhaupt existierten – als Mainstream-Pornoarbeiterin, als Feministin und als „Post-Porno-Modernistin" identifizierte.[12] Wie Shannon Bell bemerkte, ist Sprinkles Show *Post Porn Modernist* ein Amalgam kürzerer Darbietungen, die Sprinkle seit etwa 1984 aufführt.[13] Sprinkles Arbeit dokumentiert ihre Verwandlung sowohl, was ihre Identität anbelangt (vom Geburtsnamen „Ellen Steinberg" zur selbst geschaffenen „Annie Sprinkle") und Arbeiterin in der Mainstream-Pornografie-Branche, was über zweihundert „Pornofilme", zahllose Zeitschriften und ihre Arbeit in der Sex-Industrie beinhaltet. Aber die Bedeutung ihrer Performance für den feministischen Porno kann man gar nicht hoch genug einschätzen. Wie Bell (1999), Schneider (1997), Williams (1999) und andere festgestellt haben, war Sprinkle eine der Ersten, die Feminismus und Porno unter einen Hut brachten, und das zu einem Zeitpunkt in der Geschichte, als so eine Artikulation einem Oxymoron gleichkam.[14] Anfang der 1980er-Jahre haben Sprinkle, Candida Royalle, Veronica Vera und andere gegen die scheinbare Unmöglichkeit von Feministinnen als Sexarbeiterinnen in der Branche aufbegehrt. Bell erkennt das Sinnen und Trachten und die Auswirkungen an: „Es war in dreierlei Hinsicht ein Wendepunkt [...] Prostituierte und Pornostars haben dokumentiert, dass sie denken, reden und ihre Gefühle kommunizieren können, dass sie weder dumm noch Opfer sind und sich wissentlich für eine Arbeit in der Pornografie entschieden haben. Das war ein Wendepunkt in der Porno-Debatte, weil ein neuer, feministischer Standpunkt ins Spiel kam, der der Porno-Darstellerin. Und es war ein Wendepunkt, da eine neue Form feministischer Performance-Kunst entstand."[15]

Die Transtypen, die ihre Körper zur Schau stellten, bedeuten einen weiteren Wendepunkt. Ihre Darstellung im feministischen Porno begann mit Annie Sprinkles Post-Porno-Werk. *Linda/Les and Annie*, ein Film, den Sprinkle produziert hat und in dem sie selbst mitspielt, ist nicht nur eine der ersten Porno-Dokus – ein Genre, das mit einer Mischung aus Dokumentarfilmtechniken (speziell Interviews) und Porno-Konventionen daherkommt –, sondern auch der erste sexuell explizite Film, der einen sexuellen FTM-Körper nach der Umwandlung zeigt. *Linda/Les and Annie* handelt von FTM Les Nichols nach dessen chirurgischer Geschlechtsumwandlung, zu der bei ihm auch eine Phalloplastie gehörte, die chirurgische Nachbildung eines Penis. Man kann in diesem Film viel analysieren – nicht zuletzt dessen Überbetonung der amerikanischen Ideologie der Freiheit, was auf Les' Brust tätowiert ist –, doch für meine Zwecke hier ist er vor allem interessant wegen seiner Darstellung von FTM-Genitalien und sexuellen Praktiken. In dem Film ist Annie seine Sex-Partnerin; gemeinsam erforschen sie vor laufender Kamera seine Umwandlung und Les' Körper in einem sexuellen Kontext, als sie versuchen, Les' Penis zur Penetration zu nutzen. Außerdem reflektieren sie beide über den chirurgischen Eingriff, ihr Liebesspiel und ihre respektiven Prozesse nach Les' Umwandlung. Phalloplastien sind keine perfekten medizinischen Eingriffe; Les und Annie finden heraus – und zeigen –, dass mittels dieses Eingriffs produzierte Penisse keine Erektion bekommen können, die zu einer Penetration ausreichen würde. Man hätte diesen Moment als Pathos und Niederlage inszenieren können, aber Les und Annie nehmen „ein paar Anpassungen" vor, wie uns eine Stimme aus dem Off erklärt, und ficken weiter vor der Kamera, wobei sie die Möse und den neuen Penis von Les gleichzeitig benutzen. Während Sprinkle für die Kamera schauspielert, erklärt ihre Stimme aus dem Off die Komplexität dessen, das ich als das Werk feministischen bzw. weiblichen Vertrauens bezeichnen möchte; als „Femme", für die sexuelle „Butch"-, „Genderqueer"- und FTM-Intimität in einer komplexen Gender- und Queer-Grammatik durchgespielt wird. Es wäre sicher nicht falsch, wenn man feststellt, dass Kamera und Off-Stimme Les' neue Genitalien im selben Maße fetischisieren wie zeigen, doch der Film bleibt bedeutend als visuelles Archiv von FTM-Geschlechts-Neuzuordnungs-Historien wie auch queerer Trans-Sexpraktiken zwischen einer feministischen Pornografin und einem FTM-Transmann.

Natürlich gibt es enorme und bedeutende Historien, die die Temporalitäten zwischen *Linda/Les and Annie* und neueren Darstellungen von

FTM-Körpern und Transsex in aktuellen Pornos markieren. Was Transkörper in zeitgenössischen feministischen Pornos mit Sprinkles Post-Porno gemeinsam haben, ist eine körperliche, darstellerische und gelebte Problematik, die im einundzwanzigsten Jahrhundert vollbringt, was *Linda/Les and Annie* 1989 nicht konnte: Erwartungshaltungen von, aber auch die verschiedenen, komplexen Lüste an geschlechtlicher und sexueller Inkohärenz zerreißen. Was in den heutigen FTM/Transgender-Pornokulturen zutage tritt, ist nicht mehr Pathos, sondern ein produktiver Raum der Ambivalenz und Unvereinbarkeiten über sexuelle Transkörper und, exakter, über sexuelle Penetration. Transmaskulinitäten im feministischen Porno werfen komplexe Fragen über Körper auf: Wie organisieren Transmänner nach dem chirurgischen Eingriff normative Konstruktionen über das sogenannte Bonusloch, die ehemalige „Vagina"? Und welche psychischen, sozialen und visuellen Verhandlungen, um die essenzialisierende und repräsentionale Sturheit dieses „Lochs" abzuschwächen, wenn es sexuell wie visuell penetriert wird, sind in Genres sexueller Darstellungen erforderlich, die davon abhängig sind, dass der scheinbar unbeeinflusste Körper für das Publikum zur Schau gestellt wird? Feministischer Porno ist teilweise durch einen epistemologischen und politischen Imperativ der Inkohärenz geformt, und diese Inkohärenz informiert seine visuelle Sprache. Dieser Imperativ, den Sinn zu zerreißen, ist in sich kompliziert. Wenn er die Basis der öffentlichen Kultur und der Imperativ feministischen Pornos ist, wie kann man ihn dann als Tropus benutzen, um etwas abzubilden, das bereits als inkohärent konstituiert ist: Transkörper? 1989 verwenden Les und Annie die Sprache der „Bisexualität" und „Möse", wenn sie die Ökonomien von Körpern, Sex und Verlangen kontextualisieren. In neueren Werken verändert sich diese Sprache dramatisch und bittet uns, dass wir hinterfragen, wie die Subjekte dieser ironischen Überdeterminierungen (das heißt zwischen Sex, Sexualität und Geschlecht) – „Stone Butches", Genderqueers und FTMs – ihre sexuellen Komplexitäten vor einer Kamera verhandeln, die von, wie es nun mal ist, queeren und feministischen Pornografinnen gehalten wird. In zwei anderen Filmen – eine Dokumentation, Debra A. Wilsons *The Butch Mystique* (2003), und ein Doku-Porno, Luke Woodwards *Enough Man* (2004) –, charakterisieren

FTMs Penetration als höchst „genderisierte" Sexualpraktik und in hohem Maße invasiv. Nicht nur wird der *Vorgang* der Penetration von den Subjekten in diesen Filmen hartnäckig „genderisiert", er markiert für Transmänner häufig auch Räume von Trauma, Scham und Ambivalenz. Aber wann ist eine Vagina keine Vagina mehr? Diese Filme provozieren Fragen über Namen, Bedeutung und Nutzung jener Körperstellen, da sie gleichzeitig die Arbeit von Geschlecht und Macht ausüben. Der Transkörper, der für Butches entweder als „weiblich" oder für FTM-Transmänner als „unvollständig mit einem Penis" überdeterminiert ist, soll eine Stätte der Scham und Unmöglichkeit sein. Stattdessen treten im feministischen Porno zwei Strategien zutage. Erstens: Als eine Form mit der Absicht, Konventionen und Kontent zu zerreißen, konvertiert der feministische Porno die Traumata, andersgeschlechtlich zu sein, in eine sexuelle Grammatik, deren Verlangen es ist, anders zu sehen. Und zweitens: Der Widerstand, Geschlecht zu essenzialisieren, ist aggressiv als gegenöffentlich und sexuell queer kodiert. Wie diese Kodierungen als visuelle Grammatik funktionieren, da wird ihr respektiver Beitrag zu öffentlichen sexuellen Kulturen sehr faszinierend. Meine Frage lautet also: Innerhalb solcher Ökonomien, wo Verkörperung eine Stätte von profunder Ambivalenz und politischer Beschämung für Butches und/oder FTMs darstellt, wie kann man da soziale und diskursive Macht durch komplexe Sexualitäten und inkohärente, aber entschieden maskuline Identifikationen verhandeln? Welche Form von Werk entsteht durch diese komplexen Begierden, eine andere Inkohärenz – die „Mann-Möse" – als selbst konstruiertes visuelles Spektakel vis-à-vis feministischen Pornos zur Schau zu stellen? Ist dieses Werk für FTMs vergleichbar zum Gender-Werk, das durch die wiederholte und ergo ambivalente öffentliche und darstellerische Verweigerung der Penetration für manche Butches entsteht? Können beide Momente – die Momente der Selbstkonstituierung durch Abbildung wie auch durch Darstellungsaktivitäten wie eine wiederholte Verweigerung – als Umgruppierung von kultureller und politischer Scham gelesen werden, die diese Körper und Grammatiken der Inkohärenz animiert?

3 „Das Loch sehen": Über die inkohärenten Grammatiken der Sehen-Beziehungen des Post-Pornos

Die Subjekte in der preisgekrönten Dokumentation *The Butch Mystique* sind Zeugen der produktiven Potenzialitäten dieser Korrelationen. Produzentin und Regisseurin von *The Butch Mystique* ist Debra A. Wilson; der Film ist formal entschieden kein Porno und spürt dem Mysterium um weibliche und Trans-Maskulinitäten im Leben einer Gruppe von afroamerikanischen Butch-Hengsten nach, und in einigen Fällen von (FTM) transidentifizierten Leuten, von denen viele den Ausdruck „fag" [Schwuchtel] verwenden, um eine Repräsentation von und eine gültige Relation zu queerer Maskulinität zu konstituieren.

Auf den ersten Blick mögen weibliche und Transgender-Maskulinitäten, die mit den Maskulinitäten identifiziert werden, die das Wort „fag" evoziert, seltsam inkohärent erscheinen. Der Ausdruck signalisiert schwule Identität und evoziert ein Set von Epistemologien, die die Beziehung zwischen Maskulinität, Körpern und Sexualität beherrschen. Elsye, eine FTM aus *Butch Mystique*, und andere in diesen neueren Filmen, identifizieren sich selbst mit diesem Ausdruck und seiner Überdeterminierung der Maskulinität nicht so sehr, um Gender-Nonkonformität auf eine sexuelle Objektwahl zu *reduzieren*, sondern mehr, um, wie es ist, auf laterale Kontinuitäten zwischen bestimmten Arten von Maskulinitäten am empfangenden Ende zu verweisen. Jedoch sind die höchst paradoxen post-queeren sexuellen Gender, die dieser Ausdruck signalisiert, nicht unähnlich denen, die FTM-Pornostar Buck Angel artikuliert. Auf die Frage, welche Demografie seine Sexarbeit anspricht, antwortet er: „Schwulen Männern gefällt [meine] Maskulinität, die fühlen sich nicht zu Frauen hingezogen, aber einige davon stehen definitiv auf Mösen."[16] Der Widerspruch – dass eine „Möse" nicht immer gleichbedeutend mit einer „Frau" oder einer „Frau mit Vagina" ist – deutet an, dass sexuelle „Geschlechter" Körper nicht trotz Sex, sondern wegen Sex artikulieren. Was das *Werk* dieser post-queeren, inkohärenten sexuellen Szenen zu bewerkstelligen scheint, ist also ein Zerreißen der Art, wie Körper, Geschlechter und sexuelle Identifizierungen arrangiert werden.

In *The Butch Mystique* und *Enough Men* sehen wir die gemeinsame Arbeit, die Bedeutung sexueller Aktivitäten außerhalb der begrenzten, heteronormativen und misogynen Gender-Überdeterminierungen neu zu arrangieren. In *Butch Mystique*, zum Beispiel, stellt Skyler, der einen der körperlich geformtesten Körper besitzt, den Unterschied dar: „Die Butch, die [vaginal penetriert wird], gibt ein enormes Vertrauen in diese Frau auf." Das Konzept des Vertrauens ist eine aktive, stets verhandelte Beziehung. Sie wird damit verglichen, dass etwas aufgegeben oder übergeben wird, dass in der sexuellen Szene etwas getauscht wird. Das funktioniert wie ein geteiltes Set von Übereinkünften und Arrangements darüber, wie diese Körper und Begierden in Exzess oder über die Grenzen des konventionell gesexten oder sexualisierten Körpers hinaus materialisieren. Solches Vertrauen visualisiert und zeigt darstellerisch der jüngste Porno-Dokumentarfilm, dem ich jetzt meine Aufmerksamkeit widmen möchte, *Enough Man*.

Enough Man schildert das Leben und Liebesleben von mehrheitlich weißen Transmännern in den Vereinigten Staaten. Das von Luke Woodward produzierte und unter seiner Regie entstandene *Enough Man* ist und bleibt einer der vielschichtigsten Texte über transsexuelle Praktiken und Körper. Der Doku-Porno ist außerdem bemerkenswert dafür, wie die interviewten Trans- und Queerleute von Prahlerei und Geselligkeit zu Beginn des Interviews zu sehr nachdenklichen, intimen und bestechend ehrlichen Schilderungen der Wonnen und Paradoxe ihrer umgewandelten Körper gelangen. Darüber hinaus zeigen auch viele Paare Sexszenen vor der Kamera. *Enough Man* fasst den eigenen Titel offenbar als eine Art von Frage auf – das heißt, wann ist ausreichend physische oder körperliche Materie vorhanden, um einen Körper als männlich zu qualifizieren, oder wann ist ein Mann ein Mann? – und antwortet: Wenn der fragliche Körper es sagt. Der Körper selbst ist, wie viele Trans-, Feminismus- und Queer-TheoretikerInnen argumentiert haben, eine Metapher oder/und Stätte psychischer und sozialer Prozesse.[17] Als solche kann er umgeschrieben werden und gleichzeitig Widerstand gegen diese Prozesse markieren. Mindestens drei der in *Enough Man* vorgestellten „Paare" kodieren sich und ihr sexuelles Geschlecht auf der Ebene des Films so aggressiv für Inkohärenz, dass die Narration im Herzen des

Films sich unter der Last visueller Widersprüche verbiegt. Gleichzeitig stellt sich eine neue Form von Verständnis ein, die keine Aufklärung von Gender-Widersprüchen erfordert.

Als gelebte und verkörperte Lektion in der Politik der Inkohärenz identifizieren sich fast alle Transmänner in der Dokumentation mit dem „genug"-Qualifikator in ihren Präsentationen, womit sie sich an hegemonistische Maskulinität annähern, sie vielleicht angreifen, aber nicht zwangsläufig unproblematisch reproduzieren. Mehr noch, dieselben drei Paare illustrieren das Ausmaß, in dem FTM-Penetration sich einer Beschämung widersetzt, aber auch Lesarten – populären wie akademischen gleichermaßen –, die Mösen und Penetration ausschließlich mit Weiblichkeit in Zusammenhang bringen. Casey und Natalie, Wendell und Randall, und auch Raven und Joshua, alle sprechen auf höchst komplexe Weise über Körper, Begierden und Geschlecht, bevor sie vor der Kamera Sex machen. Alle identifizieren sich selbst als FTM, außer Natalie, die sich als „Femme" und „cisgendered" und als Sexarbeiterin bezeichnet (eine „Hure" wie sie sich selbst ausdrückt). Mit Ausnahme von Randall und Wendell haben alle Transmänner chirurgische Eingriffe hinter sich (meistens am Oberkörper); weder Randall noch Wendell haben sich am Oberkörper operieren lassen, und zum Entstehungszeitpunkt des Films scheint auch keiner Testosteron zu nehmen. Alle Paare praktizieren Safer Sex und in unterschiedlichem Maße einvernehmlichen BDSM-Sex. Interessanter ist, dass keine(r) von denen, die sich nackt auf der Leinwand zeigen, erkennbare chirurgische Eingriffe am Unterleib („bottom") hinter sich haben, aber auch nicht zulassen, dass die reduktive Politik von Genderessenzialismus Mösen mit eindeutiger Weiblichkeit identifiziert.

Geschlecht und Sexualität konvergieren also bei diesen inkohärenten Körpern auf sehr komplexe und antiessenzialistische Weise. Geschlecht entsteht nicht nur durch chirurgische und chemische Interventionen am bzw. im Körper, sondern bildet sich auch jenseits dieser Technologien aus. Casey und Wendell identifizieren ihre Form der Maskulinität als etwas, das ich oben als die durch den Ausdruck „fag" evozierte Inkohärenz bezeichnet habe, wenn sie durch weibliche Maskulinität überlagert wird; beide bezeichnen ihre Annäherungen an die Maskulinität als

„flammende Schwuchteln". Bei Casey bringt dies freilich einen etwas ungewöhnlichen Akkord zum Klingen, da seine Partner überwiegend „Femmes" sind. Wie bei Elyse in *Butch Mystique*, markiert „fag" hier mehr einen antinormativen Raum des Geschlechts als eine exklusive Objektwahl, obwohl der Raum des Männlichen in beiden Fällen vom Gespenst der „Queerness" überschattet wird, auch wenn diese „Queerness" nicht in jedem Falle gleich funktioniert. Caseys Erscheinung in dem Film unterstützt das; er trägt goldene Shorts, einen Cowboyhut, und seine Körpersprache sendet auf Wellenlängen, die nicht so konventionell maskulin sind, auch seine Objektwahl – „Femmes" – seine Sexualität als „heterogendered" markierend. Wendell andererseits hat keine Oberkörperchirurgie an sich vornehmen lassen, doch seine ganze Gender-Präsentation ist sehr viel mehr konventionell maskulin. Mit einem Bürstenschnitt, Drillichklamotten und nicht so flamboyant, signalisiert Wendells „fag" Objektwahl sehr viel deutlicher als bei Casey. Wendells Sexpartner vor der Kamera ist Randall, ein anderer junger FTM vor der Umwandlung, der sich nicht nur als atypisch männlich identifiziert (seine Wortwahl), sondern auch als Wendells sexuellen „bottom".

Was in *Enough Man* indessen seltsam inkohärent ist, das ist die Art und Weise, wie sich diese sexuellen Identifikationen falten und auf eine antiessenzialisierende Weise durch das Geschlecht artikulieren. Das ist weder ein Verständnis von Sexualität, das sich auf Geschlechteridentitäten reduzieren lässt, noch die Sexualitäten von Geschlechteridentifikationen, ohne entweder Geschlecht oder Sexualität im Sinne von Heteronormativität zu wiederholen. Es ist stattdessen etwas anderes: komplexe, triangulierte sexuelle und „gendered" Identifikationen, wo jede die Essenzialismen der anderen verhindert und unterbricht. Aber diese meist maskulinistischen Gender bleiben auch unangemessen mit queeren sexuellen Performativitäten und heteronormativen Gendern. Zum Beispiel ist Wendell top-sexuell, daher ermöglicht ihm, genderqueer zu sein und die Szene zu drehen, Zugang zu dem, wie er sich ausdrückt, tatsächlichen Körper unter seinen Brüsten. Randall dagegen kommt als Wendells Boy und „bottom" mit einem entschieden femininen Genderausdruck daher. „Bottoming", sagt Randall, „ist wie ein Genderausdruck. Ich bin gern ein Boy, der in seine Schranken verwiesen wird."

Beide teilen Wendells Analyse des Vertrauens, das heißt eine Verhandlung um die Inkohärenz von Geschlechteridentität, Körpern und sexuellen Praktiken: „Biologie und Geschlecht sind separat. Auch wenn mir jemand den Finger in die Vagina steckt, spielt das keine Rolle, solange er/sie mich als einen Mann wahrnimmt." Raven und Joshua dagegen sind beide FTMs, die beide als Teil eines intergenerationalen, alternativen Beziehungssystems oder einer Familie existieren, die aus ihrer Beziehung plus einer MTF-Transfemme besteht. Die drei haben, wie Raven es ausdrückt, „fließende Bande"; sie haben ungeschützten Sex miteinander, aber geschützten Sex mit Leuten außerhalb ihrer Familie. Raven ist ein Top und Joshua sein Boy-Bottom. Sie existieren in einer einvernehmlichen Besitzer-BDSM-Beziehung, wo Raven vertraglich Besitzer von Joshuas Sexualität ist; Dominanz und Unterwerfung ist das Szenario, das sie vor der Kamera vorführen. Abermals transzendiert diese Beziehung zwischen zwei transsexuellen FTM-Männern, die keine Unterleibschirurgie („bottom chirurgy") hatten, den Essenzialismus, ja, aber auch konventionelle und heteronormative Verwandtschaftssysteme einschließlich Inzest-Tabu. Raven identifiziert ihre Verwandtschaftsbeziehung, nicht notwendigerweise ihre Objektwahl, als transpervertiert und deutet damit an, dass ihre verwandtschaftlichen Beziehungen gleichermaßen signifikant im Sinne von Identität sind wie ihr Geschlecht und ihre sexuellen Identifikationen. Und offenbar spielt jedes für sich in die Stätte des anderen hinein. Raven ist Daddy-Top für Joshua und Butch für die Femme seiner Frau. Sexualität wird durch Körper artikuliert, die „gendered" sind, die als Effekt des Sexspiels entstehen, auch wenn keines Index oder Ursache des anderen ist. Gleichzeitig wird BDSM, das Penetration durch „Bottoming/Topping" beinhaltet, zu einem Ausdruck von Geschlechteridentitäten.

Um es anders zu formulieren: Die Geschlechtsidentifikationen und Sexualitäten dieser visuellen Texte sind jenseits auch nur eines simplen „Queering" heteronormativer Subjektivitäten. Aber gleichermaßen wahr ist die Prämisse, dass ihre relativen sozialen Stellungen ihre sexuellen und Geschlechterkonfigurationen konditionieren. Wenn der Körper genau deswegen ein Boden ist, um soziale Beziehungen zu verhandeln, weil diese Beziehungen diesen Körper durch ein Trauma animieren, dann funktioniert sexuelle Verkörperung (wie Penetration) auf potenziell produktive Weise. Ann Cvetkovich erinnert uns daran, dass diese Erfahrungen nicht zwangsläufig traumatisch im herkömmlicheren Sinne des Wortes sein müssen, sondern traumatisch in dem speziellen Sinn sind, dass sie eine Verletzung von Körpergrenzen darstellen; als solche besitzen sie denn auch das Potenzial, die Sexualität „queer" zu halten, indem sie sie in öffentlichen Sexkulturen lokalisieren, die trachten, Scham und Perversion zu widerstehen, statt sie von ihrer Unordnung zu befreien, um sie akzeptabel zu machen.[18] Aber diese inkohärenten Körper sind auch Teil einer, wie es Anne McClintock formuliert, Ökonomie der Konversion, eine Art von sexuellem Theater oder Bühne, das seine Kulissen, Requisiten und Szenen aus der alltäglichen Kultur der Macht ausleiht und die Fähigkeit der Regulierung dieser Kultur umkehrt, indem sie öffentlich macht, was privat bleiben sollte. Transkörper machen als feministischer Porno das, was BDSM mit der Sexualität macht: Sie üben soziale Macht aus, die „kontingent und konstitutiv ist, weder von Gott noch von Schicksal sanktioniert, sondern durch soziale Konventionen und Erfindungen, und damit offen für historische Veränderungen".[19]

Aber speziell Casey und Natalie „queeren" diese Grammatiken nicht nur, sondern trotzen ihnen und *penetrieren* sie. Als sexuelle Top begehrt Natalie vorübergehend die Instabilität von Caseys Körper. Das Sexspiel der beiden ist äußerst gereizt und beinhaltet Natursekt und genitale Nadelspiele. Diese Nadelspiele im Film sind ein Beweis für die politische Nutzung sexueller Inkohärenz – von Geschlecht und sozialen Beziehungen konditioniert –, da die Nadeln selbst (für jene, die ihnen ausgesetzt sind) als Mittel für Testosteroninjektionen erkennbar sind: eine Eins-Komma-fünf-Zoll-Nadel. Es ist mehr als ein wenig ironisch, dass diese Nadel zu einer Requisite wird, die Natalie buchstäblich benutzt, um Caseys Männermöse zu penetrieren. Natelies Gebrauch von medikalisierten Mechanismen sexueller Umformung – Testosteronnadeln – markiert diese sexuellen Körper und Begierden als politische, wo die perverse Lust der sexuellen Szene von dem politischen Kampf konditioniert wird, überhaupt erst in den Genuss nach wie vor streng reglementierter Geschlechtsumwandlungstechnologien zu kommen. Als politisierte und perverse Resignifikation des angeblichen körperlichen „Unvermögens" des Transmannes (dass sein Körper nicht Manns genug ist, sein eigenes Testosteron oder einen Penis zu produzieren, ein Unvermögen, auf das in *Linda/Les and Annie* ambivalent hingewiesen wird), vernäht speziell diese Szene Sexspiel und Penetration mit der sozialen Welt, kalibriert sie aber gleichzeitig beide durch „Queering" einer geschlechtlich unterschiedlichen Scham. Das sind sehr vielsagende und komplexe Umkehrungen feministischen Pornos: Als Mann wird Casey zu Natalies Objekt, sie zum Subjekt, und ihre Lust verhindert, ja, penetriert seine. Aber dem Objekt der Penetration nach zu urteilen (das ist die Nadel), ist seine auch nicht völlig irrelevant. Als „Femme-Top" gewinnt Natalie ihre Lust dadurch, dass sie ein trans(itives) Objekt für ihr recht aktives Verlangen findet; diese sexualisierten Objekte (Trans-Boys) können nicht ohne Subjekt (Femme-Top) existieren, von dem ihre eigene Fähigkeit, als Subjekt zu handeln, abhängig ist. Dadurch wird die BDSM-Szene zwischen den beiden zu einer feministischen sexuellen Grammatik, die sich zwingend aus ihrer Genderinkohärenz ergibt, aber gleichzeitig von einer politischen Entwicklung, einem Imperativ gar, von perverser Lust als raison d'être feministischen Post-Pornos angetrieben wird.

Mehr noch, wo viele Doku-Pornofilme über FTM-Kulturen die Inkohärenz und Unvollständigkeit des FTM-Körpers umgehen, stellt *Enough Man* als öffentlicher Post-Porno diesen Körper, ohne zu erröten, innerhalb von, wie Eve Kosofsky Sedgwick es ausdrückt, einstweiligen Taxonomien zur Schau, stets wuchernden, aber kontingenten Kategorien in einer Taxonomie, die von einem binären Wahrheitsregime weder erkennbar noch gesichert ist.[20] In einem transsexuellen FTM-Körper zu leben heißt natürlich, in, mit und durch körperliche Inkohärenz zu leben. Sehr wenige FTMs können sich eine erfolgreiche Unterleibschirurgie leisten, da die meisten Phalloplastien einfach unerschwinglich bleiben. *Enough Man* und besonders Casey nehmen beide diese privaten, maskulinen Ängste über das Leben mit unbestimmten Körpern (das heißt Körpern, die in der Öffentlichkeit als männlich gelten, einer visuellen Untersuchung jedoch nicht standhalten) und verweigern die soziale Scham, indem sie der Kamera erlauben, die Stätte zu filmen, die von FTM-Männern heimlich und euphemistisch als „das tyrannische Bonusloch" bezeichnet wird. In seinen Interviews mit FTMs wie auch mit Intersex-Leuten kitzelt Colin Thomas die Art und Weise heraus, wie transitive Leute Geschlechtermöglichkeiten reartikulieren, die auf einer Dekodierung des binären Geschlechtersystems basieren, während dieses System gleichzeitig versucht, seine Subjekte einzuschränken. „Mit geschlechtervarianten Leuten abzuhängen", schreibt Thomas, „kann rasch die eigenen Vorstellungen zum Einsturz bringen, was es bedeutet, männlich oder weiblich, schwul oder hetero zu sein."[21] Tatsächlich merkt eines seiner Interviewsubjekte an, wie diese Grenzen der Sprache die Grenzen des Körpers widerspiegeln, wenn „er" sagt: „Wenn es ein Transenpronomen gäbe, würde ich es verwenden ... ich bin männlich, aber ich bin nicht auch plötzlich dieser Bio-Typ [...] ich habe aber vor, mein tyrannisches Bonusloch zu behalten. Das bedeutet bleiben, wie ich bin." Das ist nicht dieselbe Stätte der Körperlichkeit, die heteronormative Feminität und einige radikal-fundamentalistische Feminismen gleichermaßen beschreibt (die Vagina als Scheide für den Penis), und durch Implikation auch Lesbianismus (die Vagina nur für Frauen); dies ist der paradoxe Raum, der existierenden Geschlechtern und sexuellen Taxonomien trotzt, ihre Imperative jedoch als Vorspiel nutzt. Als Homage an die frühen feministischen Porno-Arbeiterinnen, und besonders Annie Sprinkle, vollzieht Casey, als queerer Trans-Sohn dieser Post-Porno-Bewegung, eine Darbietung in dem Film, die er sein „Andy Sprinkle" nennt. Während seine Partnerin Natalie eine Taschenlampe hält, stemmt Casey die Füße in Steigbügel und lädt die ZuschauerInnen – unterstützt von Natalie und durch die Linse der Kamera – buchstäblich ein, seine Genitalien zu betrachten und in seine Vagina zu schauen, sein Boy-Loch, wie er sich ausdrückt. Mit einem Kommentar aus dem Off – ein Stilmittel, das unmittelbar an Sprinkle in *Linda/Les and Annie* erinnert – stellt Andys Szene voll und ganz jenen produktiven Raum des Nichts und der Unmöglichkeit zur Schau und präsentiert seinen Körper innerhalb einer öffentlichen Darbietung, während gleichzeitig seine Essenzialismen infrage gestellt werden. Es ist etwas schwindelerregend Inkohärentes an Andys Körper, der buchstäblich zwischen den Geschlechtern in Bewegung ist, sich auf keines reduzieren lässt, Merkmale von beiden zeigt und von seiner Femme-Top, der er auch gehört, in queeren, darstellerischen Kreisen von Begierde beschrieben wird. Geschlechtliche

Diskurse der Scham könnten die Komposition der sexuellen Szene erzwingen, aber ihr Werk ist stumm.

Analysiert man sie gemeinsam, bieten *The Butch Mystique* und *Enough Man* trotz Unterschieden in der Form beide die Gelegenheit, Geschlechterarbeit, die durch sexuelle Identifikationen, wie sie im feministischen Porno zur Schau gestellt werden, sowohl bewerkstelligt wie auch dekonstruiert werden, neu zu bedenken. Sosehr die Grammatiken von Geschlechteressenzialismus und Heteronormativität Identifikation durch eine Politik der Scham regulieren, werden beide von dem unterbrochen, das das jeweils andere nicht völlig unterdrücken oder zurückhalten kann. Elyses, Wendells und Caseys geschlechtlicher sexueller Raum der „fag"-Maskulinität steht Transmännern als produktiver Tropus geschlechtlicher sexueller Rezeptivität zur Verfügung, die durch dieselbe beschämende Logik inszeniert und trianguliert wird. In diesem Fall jedoch sind Identifikation und Begierde nicht von den grundlegenden und sexualisierten Körper konditioniert oder ermächtigt; das heißt, als Frau oder Mann sehen oder begehren ist eingeschränkt durch essenzialistische Körper. Stattdessen beschreiben diese Texte selbst zerstörte Transkörper, die sexuelle Inkohärenz animiert, statt sie zu besiegen. Tatsächlich ist das Bild eines Mannes mit einer Möse, die penetriert wird, ein Indikator für das, was Leslie Heywood und Jennifer Drake die gelebte und trotzige Unordnung der Geschlechter als produktiver Widerspruch, nicht Scheitern, nennen.[22] In dieser geschlechtlichen Sexualkultur wird die Vagina zum Bonusloch, das zur „Möse" wird, die zu Geschlecht ohne Genitalien wird, leere Andeutung ohne Referenz. Penetration bedeutet eine stringente Inkohärenz, wo Top/Bottom-, Aktiv/Passiv-, Männlich/Weiblich- und Schwul/Hetero-Dichotomien zu sexuell dekonstruierten Imperativen werden. Annie Sprinkle mag es ironisch gemeint haben, als sie sagte, „man kann einen Gebärmutterhals niemals demystifizieren".[23] Aber die Transmänner deuten an, dass es *im* feministischen Porno und *als* feministischer Porno durchaus möglich sein könnte, stattdessen die intransingente Kohärenz zu penetrieren.

4 Postskriptum: „Ich bin nur eine Feministin, die sich für Schwänze interessiert": Schwänze bei den Feminist Porn Awards 2011

Das Kontingent dieser stark um sich greifenden Post-Porno-Taxonomie, die Maskulinität umdeutet, zeigt sich am deutlichsten bei der Verleihung der Feminist Porn Awards (FPAs), ein Ereignis, das jährlich in Toronto abgehalten wird. Die Feminist Porn Awards, deren Größe exponentiell zunimmt, feiern und ehren „feministischen Schmutz" mit einem dreitägigen Kongress, dessen Höhepunkt die Preisverleihung ist, bei der Pornostars, ProduzentInnen, RegisseurInnen und SchauspielerInnen in einer Vielzahl von Kategorien Preise bekommen („Hottie des Jahres"; „Beste Besetzung"; „Bester Bi-Film"; „Aufregendster Transfilm"; „Heißester Pervers-Film" und „Film des Jahres", um nur einige Kategorien aufzuführen). Die FPAs sind in den letzten Jahren stark angewachsen und zu mehr als nur einer Feier geworden. Porno-ArbeiterInnen, ProduzentInnen und Vertriebsleute haben begriffen, dass Demografie, Maßstab und in zunehmendem Maße das höchst mannigfache Publikum der FPAs eine einmalige Möglichkeit bieten, Werke im feministischen Porno zu ehren, vorzustellen und zu vermarkten, wie es sie vorher nicht gab.

Penetrierende Intransingenz ist nicht zwangsläufig ein konsistenter Bestandteil aller feministischen Pornos, aber ganz gewiss eine wiederkehrende Struktur perversen Fühlens, die die sexuell affektive Grammatik des feministischen Pornos als etwas definiert, das ihn vom nicht-feministischen Porno unterscheidet. Und abermals, Transkörper gehören zwar nicht zum Standardrepertoire eines jeden Beispiels von feministischem Porno, aber diese Kultur wird von dem Beharren geprägt, dass man auch keinesfalls von der Voraussetzung ausgehen sollte, dass die Körper vor und hinter der Kamera nicht Transkörper sind. Zuletzt, und am vielsagendsten, wo feministische Fundamentalismen der Maskulinität profund ambivalent und misstrauisch gegenüberstehen, operiert der feministische Porno auf zweierlei Weisen anders. Er präsentiert in seiner Produktion verschiedene Arten maskuliner Subjekte als Objekte der Begierde – FTM, trans, genderqueer, Butch und cisgender –, überdenkt aber auch die Vollzugspraktiken von Maskulinität und weigert sich, eine feministische Politik zu akzeptieren, die davon ausgeht, dass heterosexuelle, cissexuelle männliche Darsteller oder Zuschauer oder Begierden gefährlich sind. Der Trend der Feminist Porn Awards 2011 war sogar, was Inhalte, aber auch was Kultur angeht, eine vollkommen rekonfigurierte epistemologische Nähe zu und ein Verlangen nach Maskulinität. Man kam nicht umhin, unterschiedliche Ökonomien von Maskulinität, feministischer Sexualität und queerem Affekt in den Post-Porno-, sogar post-queeren Kulturen feministischen Pornos zu erkennen; Kulturen und Praktiken, die letztendlich von anti-pornografischen feministischen Fundamentalismen abgelehnt und verleugnet werden. Zwei sehr interessante ArbeiterInnen im feministischen Porno – hinter und vor der Kamera – illustrieren das post-queere Wissen, das als Motive während der gesamten FPAs wiederholt wurde: der aufgehende heteromaskuline Superstar Mickey Mod und die außergewöhnliche Filmemacherin Shine Louise Houston, die in der Literatur zum feministischen Porno häufig als „die ethische Pornografin" bezeichnet wird. Houston, ursprünglich als „farbige Lesbierin" identifiziert (und jüngst zu „queere farbige Person" aktualisiert), schuf als Filmemacherin/Produzentin den Film *The Crash Pad* (*TCP*, 2005) und die Online-Serie, die darauf basiert (CrashPadSeries.com).[24] *TCP* ist faszinierend in Design und Aktualisierung: das Konzept ist ein Apartment, wo anonyme Leute Sex in einem Raum haben, der mit Kameras gespickt ist. Am Anfang zeigte *TCP* nur lesbische Kontakte, entwickelt sich jedoch weiter und beginnt so mit einer Kartografierung der Flugbahn über den feministischen Porno (ohne bewusste Reihenfolge): von lesbischen Paaren wandeln sich die Körper zu Butch-Femme, Genderqueer, Punk-Queer und Tattoo-Queer, zu Frau/Femme auf Frau/Femme, zu Transfig-Sex, zu Dreiern zu FTM-Kerlesex, zu Mickey Mod in einem Dreier mit Syd Blakovich, auch ein Porno-Superstar; und dann über den live-online Reality-Porn hinaus, wo etablierte Superstars des feministischen Pornos wie Nina Hartley sich neuen Superstars wie der genderqueeren Darstellerperson Jiz Lee zusammentun.[25] Mickeys Auftritt in der *TCP*-Serie ist extrem bemerkenswert. Er ist einer der ersten Cisgender-Männer, die in der Serie auftreten. Am bedeutsamsten ist jedoch: Er wird zu einer Art Brücke zu einer andersgeschlechtlichen und queeren Ökonomie des Sehens und des Verlangens, Maskulinität anders zu erfahren – eine Epistemologie, die durch den queeren feministischen Blick dargestellt wird, da Houston eine neue Pornowebseite für schwulen Männerporno namens HeavenlySpire.com startet, deren Aushängeschild Mickey ist.[26] Heavenly Spire ist ein Projekt faszinierender Inkohärenz und zentriert sehr absichtlichen feministischen Blick und Kamera direkt auf die Körper queerer Maskulinität. Um aus der eigenen Beschreibung zu zitieren, es ist „eine Kreation von Shine Louis Houston zum Zwecke der Würdigung der Maskulinität. Heavenly Spire konzentriert sich auf maskuline Schönheit und Sexualität und wie sie sich in unterschiedlichen Körpern manifestiert. Heavenly Spire wird von derselben Vision getrieben wie Houstons frühere Projekte und versucht, wahre Lust in einem einzigartigen kinematografischen Stil zu zeigen."

Houston ist die Meisterin des profunden Einzeilers, in dem sie die Paradigmenwechsel kartografiert, die zu feministischem Porno führen und den sie umgekehrt ermöglichen. Ich ende mit beiden. In einer Dankesrede auf der Bühne der FPAs evoziert Houston 2010 sehr spezifisch eine der bedeutendsten feministischen Denkerinnen des zwanzigsten Jahrhunderts – Audre Lorde: „Ich habe in der Branche gelernt, dass man das Haus des Meisters auf keinen Fall mit den Werkzeugen des Meisters einreißen kann ..." Eigentümlich freilich ist die einzigartige feministische Wendung in Lordes unrühmlichem Axiom „des Meisters Werkzeuge reißen niemals des Meisters Haus ein".[27] Bei den 2011er FPAs macht Houston ihre eigene queere Umkehr von Lordes Axiom wirksam, als sie auf der Bühne, wo sie einen Preis für ihre neue Webseite erhält, den Leuten dankt und sagt: „[Meine Webseite Heavenly Spire] ist lediglich eine Spielwiese für eine Feministin, die sich für Schwänze interessiert." Will man der Reaktion des Publikums nach urteilen, gab es kaum eine Person, die nicht der Meinung gewesen wäre, dass Maskulinität nie besser ausgesehen hat.

Anmerkungen

1 Walter Kendrick, *The Secret Museum: Pornography in Modern Culture* (Berkeley: University of California Press, 1978), XIII.

2 Robert Jensen, *Getting Off: Pornography and the End of Masculinity* (Cambridge, MA: South End Press, 2007).

3 *The Butch Mystique*, Regie: Debra A. Wilson (New York: Outcast Films, 2003), DVD.

4 *Linda/Les and Annie: The First Female-to-Male Transsexual Love Story*, Regie: Annie Sprinkle (Oakland, CA: New School of Erotic Touch, [1898] 1992), DVD. *Enough Man*, Regie: Luke Woodward (San Francisco: Frameline, 2004), DVD.

5 Andrea Dworkin, *Intercourse* (New York: Free Press Paperbacks, 1987); Catharine MacKinnon, *Pornography and Civil Rights* (Minneapolis, MN: Organizing Against Pornography, 1998); Gail Dines, *Pornland* (Boston: Beacon Press, 2010).

6 Jensen, 135.

7 Jensen, 7.

8 Judith Butler, „Imitation and Gender Insubordination", in: *Inside/Out: Lesbian Theories, Gay Theories*, Hg. Diana Fuss (New York: Routledge, 1991), 217.

9 Butler, 217.

10 Jensen, 138.

11 Sara Ahmed, *The Cultural Politics of Emotion* (New York: Routledge, 2004).

12 Annie Sprinkle, *Hardcore from the Heart: The Pleasures, Profits and Politics of Sex in Performance* (London/New York: Continuum, 2001).

13 Shannon Bell, *Reading, Writing and Rewriting the Postitute Body* (Indianapolis: Indiana University Press, 1994).

14 Bell, 1994; Rebecca Schneider, *The Explicit Body in Performance* (London/New York: Routledge, 1997); Linda Williams, *Hard Core: Power, Pleasure and the „Frenzy of the Visible"* (Berkeley/Los Angeles: University of California Press, 1999).

15 Bell, 143.

16 Katrina Fox, „Buck's No Angel", SX News, Februar 2006, http://press.buckangel.com/interviews/sx2.jpg.

17 Ann Cvetkovich, *An Archive of Feelings: Trauma, Sexuality and Lesbian Public Cultures* (Durham: Duke University Press, 2003), 65.

18 Cvetkovich, 65.

19 Anne McClintock, „Maid Order: Commercial S/M and Gender Power", in: *Dirty Looks: Women, Pornography, Power*, Hg. Pamela Church Gibson und Rome Gibson (London: BFI Publishing, 1993), 210.

20 Eve Kossofsky Sedgwick, *Epistemology of the Closet* (Berkeley: University of California Press, 1990).

21 Collin Thomas, „Beyond the Binary: Adventures in Gender", *Straight.com*,

28. Juli 2005, http://www.straight.com/article/beyond-the-binary-adventures-in-gender.
22 Leslie Herwood und Jennifer Drake (Hg.), Third Wave Agenda: *Being Feminist, Doing Feminism* (Minneapolis: University of Minnesota Press, 1997).
23 Sprinkle, I.
24 *CrashPadSeries.com*, Regie: Shine Louise Houston (San Francisco: Pink & White Productions, 2009), http://crashpaderies.com/.
25 „Volume 5, Episode 53", *CrashPadSeries.com*, Regie: Shine Louise Houston (San Francisco: Pink & White Productions, 2009), http://crashpaderies.com/.
26 „Mickey Mod", *Heavenly Spire*, aufgerufen am 3. August 2011, http://www.heavenlyspire.com/wordpress/mickey-mod-preview/.
27 Audre Lorde, *Sister Outsider: Essays and Speeches* (Trumansburg, NY: The Crossing Press, 1984).

Aus der Reihe getanzt: Die sexy Strategie des „weiblichen Krüppels" oder „Femmegimps", es zur Schau zu stellen!

Loree Erickson

Loree Erickson ist eine polyamouröse, queere „Femmegimp"-Pornostar-Akademikerin in einem Doktoratsstudium der York-Universität von Toronto. Sie ist die Schöpferin von *want*, einem international preisgekrönten Pornofilm, und eine Community Organizerin. Sie reist gerne, um Vorlesungen zu halten, „Queercrip"-Pornos zu drehen und Workshops zu einer Reihe von Themen anzubieten, wie kollektive Betreuung, Behindertenrecht bzw. radikale Behindertenpolitik und all jenen Dingen, die mit Sex und Behinderung zusammenhängen. Sie ist zudem ein Fan von Sonne, Glitzersachen und sozialer Gerechtigkeit. Ihre Website heißt femmegimp.org.

Ich möchte euch eine Geschichte erzählen, die, wie sich herausstellen wird, eigentlich aus mindestens drei zusammengehörenden Geschichten besteht.

1 Alltägliche Momente können viel aussagen

Eines Tages, der in Wirklichkeit irgendein Tag sein könnte, verließ ich mein Haus in echt guter Laune. Ich hatte ein entzückendes Fleckchen Sonne zum Sitzen gefunden, während ich auf den Bus wartete. Binnen Kurzem erhielt ich Gesellschaft von einem weiteren Buspassagier, der etwa vier oder fünf Fuß entfernt von mir stand. Nach einer Minute oder zwei ging eine weitere Person ohne wirkliche Schwierigkeiten an mir vorbei, hielt es aber für nötig, mich im Vorbeigehen anzumeckern, dass ich mein „Auto [genauer gesagt Rollstuhl] woanders hätte parken sollen“, da ich den Gehsteig blockierte. Ich blockierte gar nichts. Die Person, die mit mir wartete, war über einen solch groben, diskriminierenden Kommentar dieser anderen Person schockiert. Ich war nicht überrascht. Noch war ich über die Botschaft hinter diesen Worten überrascht, die lautete: Du bist im Weg. Du und „dein Auto“ nehmen zu viel Platz weg. Ich ließ es einfach dabei bewenden und wartete. Ich war erleichtert, als der Bus, der Augenblicke später kam, zugänglich war, und war ein bisschen verwundert, als die andere wartende Person beiseitetrat, um mich einsteigen zu lassen, anstatt sich an mir vorbeizudrücken – wie viele Menschen es tun und den Bus so schwieriger passierbar machen.

Während ich darauf wartete, dass der Fahrer den Bus klarmachte, sah die Person, die mit mir gewartet hatte, abwechselnd auf die Stufen des Busses und dann auf meinen Rollstuhl und fragte, ob ich Hilfe bräuchte. Ich antwortete einfach, der Bus hätte eine Rampe. Hinter dieser Art gut gemeinter Fragen steht die allgegenwärtige Annahme, ich bräuchte Hilfe. Ich erlebe dies auch, wenn ich irgendwo sitze und darauf warte, einen Freund oder eine Freundin zu treffen. Die Leute kommen einfach zu mir und fragen, ob ich okay bin. Während der Bus anfuhr, dachte ich daran, wie sehr sich diese Momente wiederholten, als ich eine laute, schrille Stimme aus dem Heck des Busses ausrufen hörte: „Du bist unglaublich!“ Ich erstarrte. „Die Art, wie du soeben mit deinem kleinen Wagen genau zu diesem Plätzchen gesaust bist.“ Ich ignorierte es, zu müde, um nach drei diskriminierenden Begegnungen in zehn Minuten irgendwelche witzigen Retourkutschen parat zu haben, und zu verärgert, um das Gefühl zu haben, ich müsste jemanden erziehen.

Diese drei Begegnungen sind keine vereinzelten oder ungewöhnlichen Erfahrungen. Leider sind sie häufig und systembedingt. Diese drei Momente zeigen uns nur, was Behinderung bedeutet, wie sie erscheint und wie sie behandelt wird. Behinderungen und viele damit verbundene Erfahrungen werden oft auf wesentliche biomedizinische Einschränkungen oder Fehlfunktionen bestimmter Körper reduziert. Behinderung kann präziser als ein Prozess beschrieben werden, der durch gesellschaftliche Beziehungen verordnet wird.

Obwohl der Begriff Behinderung Körper und wie sie agieren, sich bewegen, leben, fühlen, denken, existieren, kommunizieren zu beschreiben scheint, ist das Etikett damit belastet, diese Körper – mittels illusorischer, willkürlicher und vorgeschriebener sozialer und ökonomischer Standards, dazu geschaffen, bestimmte Verhaltensarten gegenüber anderen zu rechtfertigen – als anderen Körpern unterlegen zu erachten. Behinderung ist eine komplexe, verzweigte, kulturelle und fließende Konstellation von Erfahrungen und Konstrukten.

Während dies meine Geschichte systembedingter Diskriminierung ist, ist es nicht – und könnte es auch nicht sein – die Geschichte jeder systembedingten Diskriminierung. Meine Geschichte basiert auf meiner speziellen Körperlichkeit und dem kulturellen Zusammenhang, welcher körperliche Behinderung, Weißsein und einen hohen Bildungsgrad umfasst, jedoch nicht darauf beschränkt ist. Als vierunddreißigjährige, queere Femmegimp, die unter der Armutsgrenze lebt, bin ich durch ein einzigartiges Zusammenspiel von Identitäten geprägt.[1] Behinderung tritt niemals vereinzelt auf, sie hängt immer mit anderen Ausgrenzungen und Privilegien zusammen. Systembedingte Diskriminierung offenbart sich anhand von anderen Ausgrenzungen und Privilegien (Rasse, anderen Erfahrungen mit Behinderung, Klasse, Geschlecht und weiteren).

Die Begegnungen in der vorangegangenen Geschichte drücken etwas darüber aus, wie die Menschen meinen Körper verstehen: sowohl die Ängste, die sie darauf projizieren, als auch die gleichzeitige Löschung, die sie vortäuschen. Dieses sind Momente unter vielen, in denen sich die Machtverhältnisse offen zeigen. Beispielsweise unterstreicht die Vorstellung, dass Menschen „zu viel Platz" wegnehmen, die Auffassung, manche Menschen seien es wert, Platz zu besetzen, und andere nicht – und erinnert an andere sozialgeschichtliche Praktiken der Isolation und Absonderung. In *Reading and Writing Disability Differently* schreibt Tanya Titchkosky: „Der Bedeutungsgehalt von Behinderung ist zusammengesetzt aus Konflikten der Eingliederung und Ausgliederung, da sich dies mit unserer üblichen Art, Menschen zu erkennen, überschneidet … oder auch nicht."[2]

2 Warum ich ein Pornostar wurde

Behinderte Menschen stellt man sich oft als im Weg, unwichtig, hilfebedürftig vor oder bezeichnet sie als „inspirierend", um alltägliche Dinge zu tun. Behinderte Menschen werden als weniger fähig oder nicht so gut wie „normale" Menschen (ebenfalls ein problematischer Begriff) imaginiert. All diese Einstellungen unterstützen und erschaffen gleichzeitig Taktiken und Praktiken, welche die Assoziierung von Behinderung mit Unerwünschtheit propagieren. Wir sehen dies in den staatlich geförderten Praktiken der Finanzierung und der Einweisungen in Institutionen, wie der Einkerkerung in Gefängnissen, psychiatrischen Abteilungen und Krankenhäusern, Wohn- und Pflegeheimen mittels gemeindebasierter Unterstützung; in der Immigrationspolitik, die rassistische, kapitalistische und behindertenfeindliche Definitionen dazu, wer als erwünschter Bürger zählt, verwendet; in historischen und zeitgenössischen eugenischen Idealen (alle Arten von marginalisierten Körpern und Psychen betreffend); in den Rhetoriken von „Leben, die nicht lebenswert sind" und der konsequenten Verweigerung medizinischer Betreuung für jene, die als unwürdig erachtet werden, sowie auch in Wohlfahrts- und Behindertenrenten-Programmen, die uns verarmen und hungern lassen.

Die gleichen Strukturen, die andere Bereiche unseres Lebens bestimmen, indem sie ein erdrückendes Klima der Herabwertung schaffen, regulieren auch unser sexuelles Leben.[3] Von unfreiwilliger und erzwungener Sterilisation bis hin zu institutioneller Überwachung, die die Privatsphäre einschränkt, gibt es vielfältige Systeme, die die sexuellen Erkundungen und Ausdrucksmöglichkeiten behinderter Menschen pathologisieren, kontrollieren und bestrafen. Weitverbreitete patriarchalische Unterstellungen charakterisieren behinderte Menschen als hypersexuell und/oder hyperverletzlich. Diese schädliche Ideologie wird benutzt, um die Absonderung zu rechtfertigen. Behinderte Menschen – alle Menschen – brauchen bestätigende Ressourcen, sexpositive Informationen und Wege, ihr sexuelles Potenzial zu erkennen. Die Antisex-Gesetze in vielen US-Staaten kriminalisieren bestimmte sexuelle Aktivitäten, die für manche behinderte Menschen eventuell bevorzugte Formen sein könnten, um Genuss zu erfahren und Begehren auszudrücken.

Behinderte Menschen sind oft auch medizinischer und psychologischer Begutachtung ausgesetzt, was unsere Erfahrungen mit unserem Körper inklusive unserem Geist verdinglicht, stigmatisiert und pathologisiert.[4] Vielen Kindern, die mit einer Behinderung geboren werden oder sie früh bekommen, wird direkt oder indirekt vermittelt, dass sie nicht erwarten sollten, jemals eine Familie oder eine Liebesbeziehung mit jemandem zu haben.[5] Behinderte Menschen erfahren die geballte Wirkung dieses umfassenden Systems der Entsexualisierung jeden Tag.

Die Leute haben begonnen, sich gegen diesen Schauplatz der Unterdrückung so offen und effektiv zu organisieren, wie wir es für andere Probleme der Zugänglichkeit und Gerechtigkeit getan haben. Es gibt viele Hindernisse, die mit dieser Art Organisation verbunden sind, und häufig erhält sie keinen Vorrang. Zum Teil liegt das daran, dass es eine Abkopplung der Sexualität von anderen Bedürfnissen gegeben hat. Es kann argumentiert werden, man sollte sich mehr auf Bedürfnisse wie Unterkunft, geeignetes Pflegepersonal, Beschäftigung, Transport und Ähnliches konzentrieren. Trotzdem ignoriert diese Ausgrenzung der Sexualität, wie tief all diese Aspekte unseres Lebens miteinander verknüpft sind. Als weiterer Teil der Bemühungen, die Sexualität in die Organisationsziele einzubeziehen, ist es für uns erforderlich, die Art, wie Sex in der westlichen Gesellschaft gehandhabt wird, infrage zu stellen. Wir lernen, Sex mit Scham zu assoziieren. Wir sind umgeben von Bildern, die eine sehr begrenzte Definition von Sex und begehrenswerten Körpern vermittelt. Wir lernen, dass wir nicht über Sex sprechen sollten. Dieses Manipulieren der maßgebenden Begierden ist stärker als das Leben und lässt keinen Raum für eine ganze Reihe von genussvollen Erfahrungen und Möglichkeiten. Wenn Sex als großzügiger Spielplatz der relativ Wenigen gedacht ist, die sich den illusorischen Idealen des begehrenswerten Körpers (dünn, weiß, körperlich gesund, reich usw.) annähern können, dann bleiben Sex, Begierde und Genuss für den Rest von uns ziemlich unsichtbar. Sex und sexueller Ausdruck werden oft auch als ungerechtfertigte „Wünsche" – anstatt als grundlegende Aspekte der Menschheit – abgelehnt. Dies trifft besonders auf Menschen mit Behinderungen zu.

Wenngleich sie als persönliche und private Gefühlsregung empfunden wird, wird Scham – konstruiert von unseren sozialpolitischen, kulturellen Institutionen und dem medizinisch-industriellen Komplex – eingesetzt, um viele der oben genannten Unterdrückungen sowie auch andere zu verinnerlichen, zu naturalisieren und zu individualisieren. Wie Abby Wilkerson behauptet: „Scham ist nicht so sehr eine psychologische Befindlichkeit der Individuen als solche (selbst wenn sie die individuelle Subjektivität prägen kann), sondern eher ein gesellschaftlich basiertes Leid, dem unterdrückte Gruppen auf besondere Weise ausgesetzt sind ... Scham wird als ‚politische Ressourc[e] verwendet, die manche Leute nutzen, um andere zum Schweigen zu bringen oder zu isolieren'."[6] Ich möchte diese Idee ausweiten, um einzubeziehen, wie Scham nicht nur als Werkzeug der sozialen Kontrolle benutzt wird, um uns von anderen zu isolieren, sondern uns auch daran hindert, auf diese besonderen Teile unseres Selbst, unserer Körper, unserer Begierden und unserer Erfahrungen (meist verpackt in unseren Abweichungen von dem früher erwähnten illusorischen Ideal) zuzugreifen, die ihrerseits das größte Änderungspotenzial enthalten, indem sie uns einen anders gearteten Weg zeigen, in der Welt zu existieren.

Anstatt diese besonderen Orte der tiefsten Scham zu verstecken, zu leugnen und zu ignorieren, müssen wir sie nicht nur annehmen und von ihnen lernen – wir müssen sie zur Schau stellen.

Welche bessere Art gibt es, die Konventionen der Sexualität zur Schau zu stellen, als Porno zu machen? Pornografie ist von Scham umgeben. Wir empfinden Scham, wenn wir sie anschauen, genießen, herstellen und erwerben. Der Inhalt der Pornos ruft ebenfalls oft Scham in uns hervor. Wir können uns schlecht fühlen, weil wir bestimmte Standards nicht erfüllen (sowohl bezogen darauf, nicht in die Form zu passen, in der Körper als schön empfunden werden, als auch darauf, den sexuellen Fähigkeiten und Fertigkeiten nicht zu entsprechen). Es gibt Porno, der unser Selbst und unsere Erfahrungen herabwürdigt und unterdrückende Machtdynamiken wiederholt. Porno ist vielfältig, facettenreich – und ja – machtvoll. Anstatt ihn zu regeln und zu kontrollieren, was ihn nur weiter in den Untergrund und in die Arme jener Vorzugsberechtigten treibt, müssen wir die Arbeit sexpositiver Feministinnen weiterverfolgen und die vielen Vorteile entdecken, die eine aus solch alternativen Perspektiven geschaffene Pornografie zu bieten hat.[7]

Dies alles könnte wie ein unwahrscheinlicher Start in die Pornostar-Welt aussehen. Indem ich „Queercrip-Porno" machte, tanzte ich aus der Reihe und wählte den „andersartigen" und „schrägen" Weg, um neue Geschichten in Reichweite zu platzieren.[8] Ich nahm diesen Weg, um neue Möglichkeiten und Vorstellungen zu eröffnen.

Meine Reise begann in einem progressiven Sexshop in San Francisco im Jahr 2000. Ich entdeckte einen Beitrag in *On Our Backs*, einem lesbischen Porno-Magazin, der einen Artikel über Sex und Behinderung enthielt. Ich war so aufgeregt ... bis ich zu dem Artikel blätterte. Da gab es ein Bild von jemandem im Rollstuhl, mit jemandem auf dem Schoß, der/die sie küsste. Diese eine Abbildung – das einzige Bild, das ich bis zu jenem Zeitpunkt meines Lebens gefunden hatte, das Sex und Behinderung verband – war invertiert, sodass das Bild verdunkelt und kaum zu erkennen war. Ich wollte Körper sehen, die wie meiner aussahen und sich bewegten und anfühlten, dargestellt in der lustvollen, aber sicherlich trotzdem problematischen, queeren Sexkultur. Ich wollte etwas sehen, was meine Begierden reflektierte! Ich wollte wissen, ob es möglich war, Menschen wie mich zu begehren. Ich beschloss dann und dort, ein Pornostar zu werden.

Im Sommer 2006 machte ich einen Kurzfilm namens *want*, der sexuell explizite Bilder mit alltäglichen Momenten und Szenen aus der Welt der Behindertendiskriminierung verwebt. Er schafft es, Leute heiß zu machen, und bietet ein einfühlsames, vielseitiges, ehrliches und aufregendes Abbild von Behinderung und geschlechtlich transsexuellen Körpern. *want* war und ist eindeutig begehrt. Er gewann mehrere Preise und wird weiterhin international bei Filmfestivals, Konferenzen und Workshops ausgestrahlt.

Ich würde jetzt keine Pornos machen, wenn ich nicht so stocksauer wäre. Ich würde keine Pornos machen, wenn ich nicht fast mein ganzes Leben darum gekämpft hätte, als sexy und sexuelles Wesen anerkannt zu werden, oder wenn die Welt nicht so abgefuckt wäre. Aber Pornos zu machen ist eines der besten Dinge, die ich je getan habe. Auf einer politischen Ebene konnte ich einen Film drehen, der nicht nur einen

Moment der Anerkennung, wie sexy Queercribs sein können, bot, sondern auch die Möglichkeit, anderen zu zeigen, wie ich gesehen werden wollte. Mit diesem Video konnte ich mir einen Freiraum schaffen und neu entwerfen, was sexy ist.

Für mich persönlich war es eine unglaubliche Erfahrung – und nicht nur wegen alldem wirklich großartigen Sex. Wir drei (mein Filmpartner, der Videokünstler und ich) schafften einen Ort der Gemütlichkeit, Schönheit, des Respekts und der Lust. Das mit anderen teilen zu können war wirklich außergewöhnlich. Jener Tag war einer der ersten in meinem Leben, an denen ich mich für genau das, was ich bin, begehrt gefühlt habe. Das erste Mal empfand ich das mit meinem ersten Liebhaber. Leider sind solche Erfahrungen für viele Menschen selten. Ungeachtet der reinen Freude an dem Tag – ich muss noch Tage danach gelächelt haben –, kostete es mich eine Weile, bis ich den Nerv aufbrachte, das Videomaterial anzuschauen. Ich befürchtete, was ich sehen würde, könnte all diese Geschichten, die ich auslöschen wollte, wieder hochbringen und meine Erfahrung jenes Tages verunreinigen. Während es einige kurze Passagen gab, die für mich hart zum Anschauen waren, stellte sich das Ganze als nicht so schlecht heraus – und ziemlich heiß. Ich konnte sehen, dass ich sexy war. Ich fühle noch immer diesen Sog des Zweifels, aber ich erschaffe jede Menge Geschichten, aufreizende Geschichten, um den anderen entgegenzuwirken.

3 Ein Pornostar zu sein ist harte Arbeit

Bevor dies zu einer simplen Geschichte der Überwindung von Widrigkeiten wird, möchte ich die Dinge etwas komplizieren. Sich „zur Schau zu stellen" geschieht nicht ohne Schwierigkeiten, aber es hilft, die Knoten etwas zu lösen und der Fantasie mehr Raum zu geben. Weil unsere Körper, Identitäten, Begierden und Erfahrungen vielfältige Bedeutungen haben, brauchen wir vielfältige Geschichten. Wir brauchen Geschichten über Liebe, Lust und all den anderen Kram. Wir brauchen die Erfolgsgeschichten und die Geschichten über Schmerz und Frustration. Wir brauchen auch Geschichten über die Wirkung jener Geschichten, die ohne uns über uns erzählt werden. Diese inspirieren bis heute unsere eigenen Geschichten. Und schließlich müssen wir die Wirkung unserer eigenen Geschichten betrachten. Hier einige Geschichten, die versuchen, dies zu leisten.

Mainstream-Porno benutzt eine Reihe von Konventionen, um die Diskussion darüber, was sexy ist, zu prägen. Wie ich vorher erwähnt habe, könnten wir Scham empfinden, diesen Standards nicht gewachsen zu sein. Trotz meiner Strategie sah ich mich während des Schnitts versucht, diese Standards wieder einmal zu bestätigen. Ich wollte das chaotische Material herausschneiden, genau die Dinge, die diesen Porno anders machten. Falls ich diese Schauplätze der Scham beibehielt – könnte das bewirken, dass es uns nicht mehr peinlich wäre, wenn wir nicht makellos auf das Bett sanken, unser Haar perfekt über das Kissen drapiert? Ich habe andere Pornofilme gesehen, die dies tun. Sie machen Pausen für Handschuhe und Gleitmittel und den Verhandlungsprozess: „Versuch, mein Bein dahin zu schieben" oder „Ich mag das" oder „Berühr mich hier". Wie kraftvoll wäre es, zu zeigen, dass ein Zurückfallen oder Ausrutschen von uns nichts ruiniert? Wir machten einfach weiter. Dann erkannte ich, dass ich innerhalb der Machtkonstellationen etwas widersprüchliche Ziele hatte. Wie weit konnte ich in Richtung auf eine neue Vision von sexy gehen und immer noch als sexy anerkannt werden? Wie weit konnte ich mich von jener Standardreferenz entfernen, ohne als zu abweichend abgetan zu werden oder meinen Film als Fetischfilm abgeschrieben zu sehen? Falls wir, wie Foucault behauptet, die Machtverhältnisse niemals verlassen können, wie erschaffen wir etwas Neues, ohne die unterdrückenden Ideologien erneut zu bestärken? Letztendlich schloss ich einen Kompromiss, ich zeigte Teile von beiden.

Neben den köstlichen Momenten der Anerkennung, die der „Queercrib-Porno" mit sich brachte, gibt es auch jene Momente, in denen die normativen Leitbilder enthüllt werden, die unser Verständnis in bestimmten Zusammenhängen begrenzen und/oder formen. Beispielsweise setzen manche Menschen voraus, meine Filmpartnerin und ich seien lesbisch. Zum Teil basiert diese Annahme auf ihrer normativen Auslegung des Geschlechts, etwa die Verwendung eines bestimmten Stimmklangs automatisch einem Geschlecht zuzuschreiben oder, was manchmal ein Dildo ist, immer als Dildo zu interpretieren (während es manchmal jemandes Penis ist). In den Augenblicken, in denen ich/wir als entweder hetero oder lesbisch angesehen werden, wird die Verkörperung von und die Begierde nach transsexuellen Körpern (sowohl seinem als auch meinem) gelöscht. Diese Annahme geht davon aus, Begehren entstehe entlang heteronormativer binärer Achsen von Geschlecht, Sex und Sexualität. Auch trägt die Art, wie freie Handlungsentscheidung behinderten Menschen oft abgesprochen wird, zu einer mangelnden Anerkennung des subversiv vorgeführten Geschlechtsausdrucks bei.

Heiße andersgeschlechtliche Liebesakte mit männlichen und weiblichen Krüppeln müssen einmal mehr undurchschaubar gemacht werden, damit bestimmte Körper und Begierden nicht aus der Reihe tanzen. Ich finde diese Momente der „Nichtanerkennung" durchaus enthüllend und nützlich. Sie zeigen, wie schwer es sein kann, unsere Vorstellung, nur bestimmte Körper seien begehrenswert, abzulegen, aber sie verdeutlichen auch die endlosen Möglichkeiten der Verkörperung jenseits der Zweiheiten.

Das erste Mal, als ich *want* bei einem Festival vorführte, kommentierte ein anderer Filmregisseur während des Frage-und-Antwort-Teils: „Irgendwann verblasste dein Stuhl und du warst einfach ein heißes Mädchen, das gefickt wird." Er meinte es als Lob. Er machte mir das allzu vertraute Kompliment: „Du warst so heiß, ich vergaß vollkommen, dass du in einem Rollstuhl warst." Ich erfüllte nicht das asexuelle Paradebeispiel des Stereotyps, das er unter Behinderung verstand. Behinderung und Sexappeal konnten nicht gleichzeitig existieren. In seiner Sicht ließ er das, was er als den am wenigsten begehrenswerten Teil ansah, verschwinden. Aber mein Rollstuhl verblasst nicht einfach. Wenn ich erregt bin, bin ich immer noch behindert. Ich denke, ich sollte hier erwähnen, dass ich, um diesen Austausch zwischen ihm und mir überhaupt möglich zu machen, erst eine widerwärtige Auseinandersetzung, warum meine Vorführung nur in einem rollstuhlgerechten Theater stattfinden könne, austragen und gewinnen musste. Sorry, nein, ihr könnt eure kleine Seifenblase queerer, sexpositiver Aktivitäten oder die Schauplätze besagter Aktivitäten nicht einfach genauso beibehalten und mich miteinbeziehen. Die Übereinstimmung, was den unzugänglichen Schauplatz des Events und seine behindertenfeindlichen Ansichten von „Sexappeal" anging, war nicht zufällig.

Abbildungen von Liebe zwischen andersgeschlechtlichen, männlichen und weiblichen Krüppeln sind immer noch selten, was viele Zuschauer im Unvermögen belässt, sich diese Identitäten, Körper und Erfahrungen jenseits des gleichmachenden, liberalen Rahmens der vorherrschenden Kultur vorzustellen. Dies ist mit ein Grund, warum Filme wie meine sowohl verunsichernd als auch produktiv sind. Sie schaffen Raum für Behinderung und verkörperte Sexualität, zu koexistieren und gesehen zu werden. Sie geben Zuschauern die Möglichkeit, zu erkennen, neu zu imaginieren und anzuerkennen, dass Aus-der-Reihe-Tanzen, Krumm-, Anders- und Verschiedensein brennend heiß sein kann. Dies ist machbar, wenn Akteure und Akteurinnen sich vollständig akzeptiert fühlen können – selbst wenn wir nicht in einer Linie sind oder unser Anderssein verbergen. Wie bereits erwähnt, ist Scham ein panoptischer Kunstgriff, dazu verwendet, unsere Körper zur Anpassung und Normalität zu drängen. In meinem Leben hatte ich weder das Privileg noch allzu viele Möglichkeiten, bestimmte Orte der Scham zu verbergen, was für mich kompliziert und in gewisser Weise hart war, es hat mir jedoch auch neue Chancen und Wege eröffnet, in dieser Welt zu existieren. In *want* zeige ich mich als Körper, der explizit sexuell ist und gleichzeitig intimer und täglicher persönlicher Pflege bedarf. Körper, die ihre gegenseitige Abhängigkeit, Erfordernisse und Undichtheit nicht so gut wie andere verbergen können oder wollen, waren einer langen Geschichte der Gewalt, Diskriminierung und Entsexualisierung ausgesetzt. Als abhängiger Körper gesehen zu werden ist eine der wichtigsten Möglichkeiten, behinderte Körper als nicht begehrenswert einzustufen. Ich wollte diese beiden, angeblich grundverschiedenen Teile von mir zusammenbringen, weil ich sicher bin, dass Behinderung niemals vollkommen begehrenswert sein wird, solange die Ansichten über Abhängigkeit und Fürsorge nicht neu formuliert werden. Ich wollte zeigen, wie die Einführung eines unkonventionellen Modells, meiner Pflegebedürftigkeit durch ein Kollektiv von Leuten meiner Gemeinde nachzukommen, nicht nur meinen sexuellen Ausdruck ermöglicht, sondern auch einen Raum für so viel mehr eröffnet hat. Die Wechselseitigkeit dieser fürsorglichen Beziehungen trägt zu neuen Wegen des Beisammenseins mit anderen in dieser Welt bei.[9]

In dem Artikel „Loving You Loving Me: Tranny/Crip/Queer Love and Overcoming Shame in Relationships" konstatiert Samuel Lurie: „Begehrt zu werden, dem zu vertrauen, es zu erwidern, bricht uns auf."[10] Offen und verletzlich zu bleiben ist beängstigend aufgrund der Scham, der früheren Verletzungen (sowohl systembedingter als auch zwischenmenschlicher) und der sehr realen Wahrscheinlichkeit eines Nachteils, es ist aber auch schwierig, weil es bedeutet, dass wir neue Geschichten erzählen müssen. Wir müssen Geschichten erzählen, die dem allgegenwärtigen Refrain widersprechen, der uns sagt, wir seien nicht gut genug, um begehrt zu werden.

Diese Geschichten könnten schwer zu erzählen sein, weil sie manchmal schwer zu glauben sind, sie müssen jedoch erzählt werden, denn ihre Erzählung macht die Änderung möglich. Wie Eli Clare argumentiert:

> Nie werden wir als Urheber unserer eigenen Sehnsüchte, unserer eigenen Leidenschaften, unserer eigenen sexuellen Identitäten angesehen, erhört oder anerkannt. In diesem Labyrinth verschwinden die Leben queerer Krüppel wahrhaftig. Und ich meine, es wird Zeit für uns, wieder aufzutauchen. Zeit für uns, über Sex zu reden, Sex zu sein, Sex zu tragen, unseren Sex zu genießen, sowohl den Sex, den wir haben, als auch den Sex, den wir uns wünschen. Ich meine, es ist Zeit für einige queere Behindertenerotika, Zeit für eine Sammlung von Schweinkram für Krüppel im queeren Stil. Zeit für uns, Porno zu schreiben, zu filmen, vorzuführen, zu lesen, Porno zu reden. Ich meine es ernst. Es wird Zeit.[11]

Nachdem ich *want* auf einer queeren Konferenz in Massachusetts gezeigt hatte, dankte mir eine junge Frau mit einer Behinderung und sagte, sie hätte niemals eine Liebesbeziehung gehabt. Bevor sie den Film gesehen habe, sagte sie, hätte sie niemals auch nur daran gedacht, dass dies ein Weg für sie wäre.

Dies ist die Art von Porno, von dem ich mehr möchte. Ich möchte weiterhin Porno machen, der erschließt, wen und wie wir lieben und begehren, die Art und Weise zeigt, wie wir Körper erfahren und verstehen. Ich möchte auch, dass mehr Menschen Porno erschaffen, der unsere Geschichten der Belastbarkeit, des Widerstands und der systembedingten Veränderung erzählt.

Anmerkungen

1 Femmegimp und Queercrip sind zurückgeforderte Worte, Perspektiven, Erfahrungen und manchmal selbst gewählte Identitäten. Eine Beschreibung dessen, was Femmegimpsein für mich bedeutet, finden Sie in Loree Erickson, „Revealing Femmegimp: A Sex-Positive Reflection on Sites of Shame as Sites of Resistance for People with Disabilities", *Atlantis* 31, Nr. 2 (2007), 42.

2 Tanya Titchkosky, *Reading and Writing Disability Differently: The Textured Life of Embodiment* (Toronto: University of Toronto Press, 2007), 6.

3 Dies trifft auf viele Erfahrungen der Ausgrenzung zu. Ein einfacher Vergleich lässt sich ziehen, wenn man die Ehe-Gesetze während der Prohibition bezüglich gemischtrassiger Ehen, gleichgeschlechtlicher Ehen usw. anschaut.

4 Lisa Blumberg, „Public Stripping", in: *The Ragged Edge: The Disability Experience from the Pages of the First Fifteen Years of the Disability Rag*, Hg. Barrett Shaw (Lousiville, KY: Advocado Press, 1994), 77–81.

5 *Willing and Able: Sex, Love and Disability*, Regie: Lina Cino (Toronto: SexTV, 2003), Videokassette.

6 Abby Wilkerson, „Disability, Sex Radicalism, and Political Agency", *NWSA Journal* 14, Nr. 3 (2002), 45.

7 Loree Erickson, „Revealing Femmegimp: A Sex-Positive Reflection on Sites of Shame as Sites of Resistance for People with Disabilities", *Atlantis* 31, Nr. 2 (2007), 42.

8 Sarah Ahmed, *Queer Phenomenology: Orientations, Objects, Others* (Durham, NC: Duke University Press, 2006).

9 Janet Price und Margrit Shildrick, „Bodies Together: Touch, Ethics and Disability", in: *Disability/Postmodernity: Embodying Disability Theory*, Hg. Mairian Corker und Tom Shakespeare (New York: Continuum, 2002).

10 Samuel Lurie, „Loving You Loving Me: Tranny/Crip/Queer Love and Overcoming Shame in Relationships", Vortrag, Queerness and Disability Conference, San Francisco State University, San Francisco, Kalifornien, 2.–3. Juni 2002, http://www.bentvoices.org/bentvoices/lurie_loving%20you.htm.

11 Eli Clare, „Sex, Celebration, and Justice: A Keynote for QD2002", Grundsatzreferat, Queerness and Disability Conference, San Francisco State University, San Francisco, Kalifornien, 3. Juni 2002, http://www.disabilityhistory.org/dwa/queer/paper_ clare.html.

Anmerkung der Redaktion

In den Übersetzungen hat sich die Redaktion um eine alle Geschlechter einbeziehende Sprache bemüht. Bei Komposita wie Porno-, Anti-, Sex- usw. hat die Redaktion auf strikte Einheitlichkeit verzichtet und zugunsten der Leserlichkeit entschieden.